Eva Stützel

MACHT VOLL VERÄNDERN

Rang und Privilegien in »hierarchiefreien« Projekten

Mit Illustrationen von
Alix Einfeldt

Für Anna Karina und Mila Lovis –
möget Ihr in einer Gesellschaft leben,
in der alle ihr Potenzial entfalten können!

Bibliografische Information der Deutschen Nationalbibliothek:
Die Deutsche Nationalbibliothek verzeichnet diese Publikation in der Deutschen Nationalbibliografie. Detaillierte bibliografische Daten sind im Internet über www.dnb.de abrufbar.

Sieben Linden 50, 38489 Beetzendorf

Verlag: eurotopia
Layout und Satz: Margaretha Shaw
Korrektur: Matthias Löhnhardt
Umschlaggestaltung: Margaretha Shaw
Umschlagabbildung und Illustrationen: Alix Einfeldt
Druck: printzipia

2. Auflage, Dezember 2024

ISBN 978-3-911460-01-9

Inhalt

1

Keine Macht für Niemand!

„Keine Macht für Niemand" von Ton, Steine, Scherben war einer der bekanntesten Songs aus meiner Jugend in den 70er und 80er Jahren.[i] Wir schmetterten es am Lagerfeuer und waren sicher, das ist unser Lied. Keine Macht sollte uns unterdrücken, wir wollten eine neue Gesellschaft erschaffen, in der es keine Macht gibt!

Es war die Zeit der Hausbesetzungen, der Anti-Atomkraft- und der Friedensbewegung. In vielen Initiativen wurde Anarchie gelebt – eben dieses „herrschaftslose" Idealbild. Es hat nur in wenigen Fällen funktioniert. Doch in vielen Initiativen und Gruppen, die einen Wandel in unserer Gesellschaft erreichen wollen, ist dieser Ansatz weiterhin geblieben: „Keiner soll hier Macht haben! Wir sind doch alle gleich!" Mit diesem Anspruch starten viele politische Initiativen, Wohnprojekte, Nachbarschaftsinitiativen, Solidarische Landwirtschaften, Lebensgemeinschaften, Tauschringe, Freie-Schul- oder Kulturinitiativen. Sie eint der Wunsch danach, eine Kultur aufzubauen, in der es keine Dominanz einzelner Menschen über andere gibt. Mit dem Anspruch, deshalb alle gleich zu machen, schütten sie allerdings meiner Erfahrung nach häufig das Kind mit dem Bade aus.

Weil wir keine *Macht Über* andere Menschen wollen, weil Macht verbunden wird mit Machtmissbrauch und unethischem Macht-Streben, wird versucht, ein Modell aufzubauen, in dem es keinerlei Macht gibt. „Du bist mir zu mächtig!" wird zum Totschlagargument, das vielen Menschen entgegenschlägt, die Gestaltungsinitiative einbringen. Formelle Machtpositionen werden abgeschafft oder von Anfang an vermieden, und so gehen viele davon aus, dass damit das Problem gelöst sei. Auf der anderen Seite bringen viele Menschen ihre Gestaltungskraft nicht ein, weil sie Sorge haben, damit als zu dominant wahrgenommen zu werden. Sie halten ihre Kompetenz ganz bewusst zurück, obwohl sie der Gruppe dienen könnte.

Allerdings wurde selten ein Problem gelöst, indem ein Thema tabuisiert wurde, „weil nicht sein kann, was nicht sein darf". Denn Menschen sind unterschiedlich, und so sind wir eben nicht alle gleich, sondern wir bringen unterschiedliche Ausgangsvoraussetzungen, Privilegien und Kompetenzen mit. Wenn wir diese ignorieren, dann lösen wir damit überhaupt nichts, sondern wir machen das, was schwierig daran ist, nur weniger greif- und besprechbar. Nicht die Unterschiedlichkeit der Menschen ist das Problem, sondern der unbewusste Umgang damit macht das Thema so brisant. Das Ignorieren der Konsequenzen dieser Unterschiede schafft Unfrieden.

1.1. Meine eigene Macht- und Privilegien-Geschichte

Ich lebe und arbeite mein gesamtes Leben lang in Initiativen, die aus dem Paradigma von „Macht ist böse" kommen. Seit über 30 Jahren lebe und arbeite ich in dem Projekt, das heute „Ökodorf Sieben Linden" heißt. Ich bin eine Person, die von der Geburtslotterie sehr begünstigt wurde: Im friedvollen und reichen Mitteleuropa geboren, aufgezogen von liebevollen Eltern, die mir immer das Gefühl gaben, angenommen und geliebt zu sein, ohne finanzielle Sorgen aufgewachsen, beschenkt mit Intelligenz und der Fähigkeit, schnell, kreativ und praktisch zu denken, in guten Schulen gewesen, durch Engagement bei den Pfadfinder:innen frühzeitig gelernt, Verantwortung zu übernehmen, ... die Liste ließe sich fortsetzen. Viele Geschenke in meiner persönlichen Geschichte trugen dazu bei, dass ich eine Person bin, die gerne Initiative ergreift und gut Projekte realisieren kann. Ich habe in meinen Initiativen häufig meine Gestaltungskraft einbringen können. Das Wort „Gestaltungskraft" ist manchen lieber als das böse M-Wort, denn wenn man von Macht spricht, weckt es sofort negative Assoziationen.

Aber ehrlich gesagt, ich bin und war auch mächtig – und das in hierarchiefreien Projekten, wie einer Gemeinschaftsinitiative oder links-politischen Initiativen in der Öko-Szene. Das wurde mir auch immer wieder vorgeworfen. Es gipfelte in dem Vorwurf: „Du solltest zu diesem Thema nichts im Plenum sagen, denn wenn Du was sagst, beeinflusst Du die Leute zu sehr!“ Da musste ich erstmal tief durchatmen. Darf ich meine guten Argumente nicht mehr vorbringen, weil sie Menschen überzeugen? Für wie urteilsschwach hält diese Person den Rest des Plenums? Welcher Machtkonflikt steckt in diesem Versuch, mir das Wort zu verbieten? Und was ist der wichtige Kern darin, über den ich wirklich nachdenken sollte?

Viel gelernt habe ich zu diesem Thema in meinen Fortbildungen in Prozessorientierter Psychologie. Dieser Ansatz, der urteilsfrei alle Stimmen wahrnimmt und das Bewusstsein über die Prozesse in den Vordergrund stellt, hat mir geholfen, sowohl mein eigenes Verhalten zu reflektieren wie auch viele Auseinandersetzungen besser zu verstehen.

Dieses Buch ist aus der Perspektive einer häufig „Mächtigen“ geschrieben, und ich denke, das merkt man dem Buch auf jeder Seite an. Ich habe auf einem Netzwerktreffen einmal eine „Selbsthilfegruppe für Wirkmächtige in Ökodörfern“ angeboten. Dabei habe ich gemerkt, dass ich mit der Frage: „Wie bringe ich meine Geschenke, die ich mitbekommen habe - und die mir diese Macht verleihen - so in meine Gemeinschaft ein, dass es der Gemeinschaft gut tut?“ nicht alleine bin. Dieses Thema ist für sehr viele Menschen, die ihre Kompetenzen in Projekte einbringen wollen und dort auf die Ablehnung von Macht stoßen, ein brennendes Anliegen.

Seitdem bewegt mich die Machtfrage in verschiedenen Kontexten: ich habe am eigenen Leibe immer wieder gute und schlechte Erfahrungen damit machen können und parallel viel an Literatur dazu verschlungen. Neben dem Besuchen von Fortbildungen in Prozessorientierter Psychologie, Deep Democracy und in Soziokratie habe ich auch in Einzelsessions und Supervisionen an dem Thema gearbeitet.

Seit ich die Fragestellungen um Rang und Macht in meinem ersten Buch zum „Gemeinschaftskompass“ in einem Kapitel vertieft habe, spricht mich fast jede Gruppe, mit der ich arbeite, darauf an, dass auch sie mal zu diesem Aspekt mit mir arbeiten wolle. So durfte ich nicht nur aus den Erfahrungen meiner eigenen Projekte, sondern inzwischen auch aus denen vieler anderer, die ich begleitet habe, lernen.

Die Essenz meiner Erfahrungen nehme ich hier vorweg: Es braucht viel Bewusstheit für das Thema, eine angemessene Ethik, einen achtsamen

Umgang damit und Respekt für alle Beteiligten – dann kann ein konstruktiver Umgang mit „Macht“ gelingen! Es wird leider auch dann nicht ausbleiben, dass es Konflikte darum gibt, das gehört zum Leben und Wachstum dazu. Mit diesem Buch möchte ich dazu beitragen, “Macht“ aus der Tabuzone zu befreien und zu einem konstruktiven Umgang damit einzuladen, weil ich davon überzeugt bin, dass dies ein Schlüssel für gesündere Menschen und blühendere Initiativen und Projekte ist.

Auch wenn ich in vielen Situationen eher in einer privilegierten und einflussreichen Position bin, es gibt auch die andere Seite, Situationen, in denen ich unsicher und/oder rangniedrig war oder bin. Als Mutter eines Frühchens in einer Neugeborenen-Intensivstation, mit Schmerzen in der Kaiserschnittnarbe und voller Angst und Unsicherheit um mein Kind. Die Ärzt:innen und Schwestern wissen, was zu tun ist, ich bin nur hilflos und voller Sorge um das kleine Wesen. Als einzelne Teilnehmerin an einem Tantra-Seminar, in dem ich niemanden kenne und wo ich nicht wirklich weiß, was mich erwartet. Als Schnippelhilfe im Küchendienst; als Neuling und einzige Frau im Gemeinderat einer kleinen ostdeutschen Gemeinde.

Allerdings sind das Ausnahmesituationen. Ich kann es manchmal auch genießen, einfach das zu tun, was mir die Küchenchefin sagt. Es kann auch sehr entspannend sein, den Kopf auszuschalten und gesagt zu bekommen, was man zu tun hat. Aber das fällt mir deshalb leicht, weil ich weiß, dass es auch die anderen Momente gibt.

Damit dieses Buch nicht zu einseitig wird, habe ich für dieses Buch verschiedene Menschen interviewt, die deutlich weniger privilegiert sind als ich und versucht, dadurch andere Perspektiven zu integrieren.

Die Geschichten von Mia-Irene, Maria, Paul, Emel und Kristina sind autorisierte Zusammenfassungen von Gesprächen, die ich mit diesen Menschen geführt habe. Bei manchen wurden im beiderseitigen Einverständnis zum Schutz der Privatsphäre Name und kleine Details geändert.

Ich bitte alle Menschen, die Macht aus einer anderen Perspektive als meiner kennengelernt haben, um Rückmeldungen, was ich in einer zweiten Auflage dieses Buches noch verändern könnte, um die Vielfalt der Perspektiven weiter zu erhöhen.

1.2. Unsere kollektive Geschichte mit Macht

Wir kommen aus einer Kultur, in der Rang und Macht historisch mit Machtmissbrauch und *Macht Über* andere verbunden und dementsprechend negativ besetzt sind. Das Thema Macht hat viele Traumata hervorgebracht und unsere Gesellschaft dadurch geprägt. Jahrhunderte der Feudalherrschaft, in der Menschen Leibeigene der Feudalherren waren, die Macht und Gewalt der Inquisition stecken noch in unserem kollektiven Gedächtnis. Unsere Kultur kolonialisierte Gegenden, in denen andere Menschen lebten, und ging selbstverständlich davon aus, dass diese Menschen minderwertig waren. Im letzten Jahrhundert zeigten sich in Deutschland die Gräuel des missbräuchlichen Umgangs mit Macht im Nationalsozialismus und der Vorstellung einer Herrenrasse, die mehr Platz brauchte. Mit all diesen Erfahrungen im Gepäck besteht eine riesige Wunde rund um das Thema Macht. Machtmissbrauch und Herrschaft über andere Menschen in der Geschichte unserer Zivilisation haben so viele Traumata hervorgebracht, dass unsere Gesellschaft davon geprägt wird.

Daher ist es nicht verwunderlich, dass Macht einen schlechten Ruf hat. Seit Jahrtausenden wird Macht auf Kosten der Schwächeren ausgelebt.

Auf diesem Hintergrund entwickelte sich in der linken Szene das Ideal von hierarchiefreien Projekten, in denen es keine Leitungsrollen und keine Menschen geben durfte, die mehr entscheiden dürfen als andere. Hierarchiefreiheit wurde ein hohes Gut. Niemand soll mehr bestimmen dürfen als andere, alle sollen überall mitbestimmen dürfen. So wird es häufig in konsensorientierten Projekten gelebt. Diese Entwicklung führt aber oft zu einer Schwächung dieser Projekte, weil Menschen mit hoher Gestaltungskompetenz dann oft in ihrer Kraft gebremst werden. Gleichzeitig gibt es Menschen mit großen Kompetenzen, die diese, weil sie damit nicht dominieren wollen, bewusst zurückhalten. Auch dies sorgt dafür, dass Projekte nicht in ihre Kraft kommen. Gleichzeitig kosten gemeinschaftliche Entscheidungsfindungsprozesse viel Zeit. In der Folge klagen fast alle Menschen in selbstverwalteten Projekten über Zeitnot und Überlastung. Ist das nicht ein Stückchen eine selbstgemachte Falle, die wir uns mit dem Anspruch an Hierarchiefreiheit stellen? Ich bin davon überzeugt: der Ausstieg aus dem alten Macht-Paradigma, das unsere Gesellschaft seit Jahrtausenden prägt, aber auch der Ausstieg aus der Gegenbewegung, die jegliche Macht verteufelt, sind ganz wichtige evolutionäre Schritte.

Ein Modell, das die Entwicklung von kulturellen Grundwerten und Persönlichkeit auf anschauliche Art und Weise illustriert, ist die von Don Beck und Clare W. Graves entwickelte Spiraldynamik. In der Spiraldynamik werden verschiedene ‚Meme' identifiziert, die als verschiedene Stadien von Kultur- und Persönlichkeitsentwicklung gesehen werden können. Den verschiedenen Memen ordnen sie Farben zu.

- Beige: Überlebenswille – Instinkte und angeborene Sinne bestimmen.
- Purpur: Der Stamm gibt Sicherheit und Wärme.
- Rot: Ich setze mich durch und befreie mich aus Zwängen.
- Blau: Regeln, Pflichten, Strafen geben hierarchische Ordnung vor.
- Orange: Leistungsorientiert: Wer viel beiträgt, bekommt viel.
- Grün: Gemeinschaft, basierend auf Gleichberechtigung. Liebevolle Verbundenheit.
- Gelb: Intelligentes, selbstorganisiertes System für Potenzialentfaltung.
- Türkis (teal): Ko-Kreativität,...

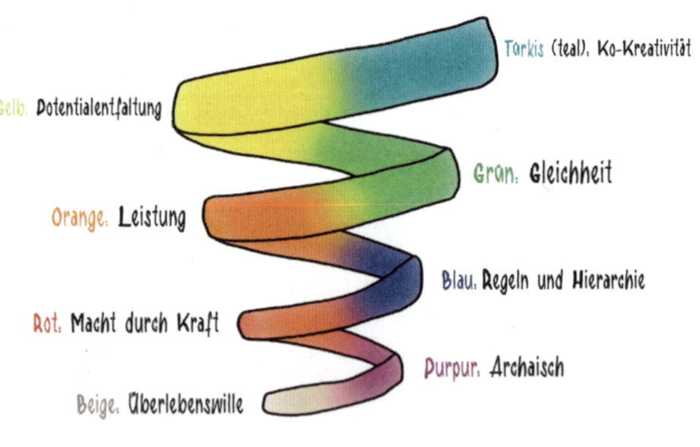

In der Spiraldynamik wird betont, dass diese Meme zwar Entwicklungsphasen sind, aber es nicht bedeutet, dass ein Mem deshalb wertvoller ist als ein anderes. Jedes Mem ist wichtig und hat seine Berechtigung in bestimmten Situationen. Die Meme, die auf einer weiter entwickelten Stufe sind, ermöglichen es, die früheren Meme zu integrieren und wertzuschätzen.

Das klassische Macht-Über-Paradigma entstand im blauen Mem – in der Zeit der Feudalherrschaft wurden Macht und Hierarchie durch Geburt und Herrschaftsrecht geordnet. Mit der Industrialisierung entwickelte sich dann die Leistungsgesellschaft, in der Macht stärker an die Leistung gekoppelt ist. Mit den 68ern und den emanzipatorischen Bewegungen in der zweiten Hälfte des 20. Jahrhunderts entwickelte sich dann das grüne Mem, das Verbundenheit, gemeinsame Entscheidungen und das Ideal: „Wir sind doch alle gleich!" gestärkt hat. Im grünen Mem werden Hierarchien und Macht häufig gänzlich abgelehnt. Die Herangehensweise an Macht, die ich suche, finden wir im gelben und türkisen Mem wieder.

Frederic Laloux[ii] hat in seinem Grundlagenwerk „Reinventing Organisations" Prinzipien herausgearbeitet, nach denen sogenannte **teal organisations** (türkise Organisationen) arbeiten. Er hat fünfzig große, erfolgreiche Organisationen untersucht, die in seinen Augen auf einem „teal" Niveau arbeiten. (In Gesprächen über seinen Ansatz wird fast immer das englische Wort benutzt, daher nutze ich es hier auch.) Dies sind Organisationen, in denen Selbstorganisation großgeschrieben wird und die den Fokus auf die Potenzialentfaltung aller Beteiligten richten. Nicht das Ego steht im Vordergrund, sondern die Sinnhaftigkeit des Handelns.

Ich suchte auf meiner individuellen Forschungsreise als Mächtige in einem konsensorientierten Projekt einen Ausweg aus dem Dilemma zwischen dem Weg aus dem grünen Mem, in dem Macht und Dominanz als etwas Verwerfliches gesehen werden, und dem alten Macht-Paradigma aus orangenem und blauem Mem. In der Sprache der Spiral Dynamics ist meine Frage: Welcher Umgang mit dem Thema ist angemessen und sinnvoll, um im gelben oder gar türkisen Mem anzukommen?

Ich sehe eine große und wichtige gesellschaftliche Aufgabe darin, einen neuen, positiven Umgang mit dem Thema Rang und Macht zu entwickeln. Die Frage, wie eine Gesellschaft aussieht, in der alle Menschen ihr volles Potenzial entfalten und in ihre Gestaltungskraft kommen können, ist wesentlich für einen gesellschaftlichen Wandel. Möge dieses Buch dazu beitragen!

1.3. Begriffsklärungen

Macht

Was bedeutet eigentlich der Begriff Macht?

Das, was allen Definitionen, die ich bei meiner Recherche gefunden habe, gemeinsam ist, ist der Blick auf Macht als „die Fähigkeit, Situationen oder Personen zu beeinflussen". Diese Definition wird dann - je nach Denkschule - weiter konkretisiert. In meiner Betrachtung lasse ich es bei dieser schlichten Definition.

Ein Blick auf den etymologischen Ursprung des Wortes Macht: Der Slogan „Macht kommt von machen!" stimmt. Es kommt wohl vom gotischen Verb „magan" (machen, können, vermögen) oder dem indogermanischen „magh-" (können, vermögen, fähig sein).[iii] Interessant ist auch der Blick in andere Sprachräume: Im Englischen ist das Wort für Macht das gleiche wie das für Kraft oder Energie: „Power". Im Spanischen und Französischen ist es gleichbedeutend mit Können: „Poder" im Spanischen und „Pouvoir" im Französischen. Diese Worte drücken jeweils positiv bewertete Eigenschaften aus. In dem Moment, wo die Worte aber im Sinne von „Macht" verwendet werden, sind sie auch in diesen Sprachen negativ belegt.

Warum werden diese an sich positiven Begriffe, wenn sie Macht bedeuten, so negativ gesehen?

Macht ist in den letzten Jahrtausenden eben nicht nur verbunden gewesen mit Aktivität (Machen), Kraft (Power) und dem eigenen Können (Pouvoir/Poder), sondern sehr stark mit privilegierten strukturellen Positionen, die ihre Macht für eigene Zwecke und gegen das Wohl Anderer missbraucht haben.

Das zeigt z.B. auch die Definition von Macht, die Max Weber, einer der bekanntesten deutschen Soziologen, geprägt hat:

„Macht bedeutet jede Chance, innerhalb einer sozialen Beziehung den eigenen Willen auch gegen Widerstreben durchzusetzen, gleichviel worauf diese Chance beruht." [iv]

Den „eigenen Willen auch gegen Widerstreben durchzusetzen“ ist eine Definition, die aus Jahrtausende alter Tradition kommt, dass Macht dem eigenen Willen dienen soll, und bewusst auch gegen das Widerstreben anderer durchsetzbar ist. So wird Macht häufig verstanden.
Der extremste Vertreter dieses Machtverständnisses ist wohl Machiavelli, der in „Der Fürst“[v] formuliert: „Es ist für einen Fürsten wichtiger, gefürchtet als geliebt zu sein.“

Niccolo Machiavelli war ein italienischer Philosoph im 15./16. Jahrhundert. Er entstammte einer angesehenen, aber verarmten Familie aus Florenz. Er schrieb das Werk „Der Fürst“ (Il Principe), das mehrere Jahrhunderte als Grundlagenwerk der modernen politischen Philosophie gesehen wurde. Mussolini war wohl ein glühender Verehrer Machiavellis, Hitler wird nachgesagt, dass er dieses Buch begeistert gelesen hat.

Das ist die Kultur, aus der wir kommen, und aus diesem Hintergrund ist es verständlich, dass das Thema Macht häufig tabuisiert und verteufelt wird.

Vielleicht brauchen wir einen neuen Begriff für die Geschenke, die in Wirksamkeit, Kraft, Können, Vermögen, Charisma und Energie liegen? Ich möchte das Thema aus der Tabuzone heben.

Eine der großen Denkerinnen des 20. Jahrhunderts, Hannah Arendt, vertritt ein positiv konnotiertes Machtverständnis, welches sie wie folgt definiert:„Macht entspringt der menschlichen Fähigkeit, nicht nur zu handeln oder etwas zu tun, sondern sich mit anderen zusammenzuschließen und im Einvernehmen mit ihnen zu handeln. Über Macht verfügt niemals ein Einzelner; sie ist im Besitz einer Gruppe und bleibt nur solange existent, als die Gruppe zusammenhält“[vi] Das macht deutlich, dass Macht stets auch ein Resultat des Verhaltens der Menschen ist, die einer Person diese Macht zugestehen. Im Schauspiel sagt man: „Den König spielen die Anderen!“ Man erkennt den König stärker am Verhalten der Menschen um ihn herum als am eigenen Verhalten.

Gestaltungskraft

Da das Wort ‚Macht‘ viel Widerstand hervorruft, nutze ich stattdessen manchmal das Wort ‚Gestaltungskraft‘. Dieses hat weniger negative Konnotationen und wird nicht mit Machtmissbrauch, sondern einfach mit der innewohnenden Kraft eines Menschen verbunden.

Selbstwirksamkeit

Die Definition von Macht als „Fähigkeit, Menschen und Situationen zu beeinflussen", ist interessanterweise sehr nahe an einem ganz wichtigen menschlichen Grundbedürfnis: der Selbstwirksamkeit. Jeder Mensch hat das Bedürfnis, zu spüren, wie er Menschen und Situationen beeinflussen kann.

Bei jedem Baby ist zu beobachten, wie fasziniert es davon ist, wenn es merkt, dass es mit einer Handlung Reaktionen auslösen kann. Das Klappern mit einer Rassel, das Schlagen gegen eine Glocke, das Drücken auf den Lichtschalter: Sobald ein Baby entdeckt, dass das eigene Handeln etwas bewirken kann, wird es mit großer Freude genau diese Tätigkeit wiederholen.

Das gleiche Bedürfnis nach Selbstwirksamkeit ist auch stets eine Motivation, mit der sich Menschen in selbstorganisierte Projekte begeben: Sie wollen selber mitwirken, selbst organisieren und mitbestimmen, sie wollen ihre eigene Wirksamkeit, ihre eigene Macht spüren. Und gleichzeitig gibt es die Klage, gerade aus selbstorganisierten Projekten, wie wenig Gestaltungsmacht einzelne dort haben. Alles muss mit der Großgruppe abgesprochen werden, das kostet sehr viel Zeit, lähmt und frustriert. Gibt es einen anderen Weg? Diese Frage beschäftigt mich seit Jahrzehnten, und ich denke: Ja! Allerdings braucht es einen neuen Weg, der nicht in die Fallstricke tappt, die das Thema Macht so mit sich bringt.

Rang

Ich werde später (in Kapitel 3.2.) den Begriff „Rang", der mich aus der Prozessorientierten Psychologie inspiriert hat und den ich gerne verwende, ausführlich einführen. An dieser Stelle nur vorweg schon einmal eine kurze Definition. Der Begriff „Rang" steht für mich für „alle Faktoren, die eine Person befähigen, Menschen oder Situationen zu beeinflussen". Mit der Betonung auf die verschiedenen Faktoren lenkt Rang dabei die Aufmerksamkeit auf Aspekte, die sonst häufig vernachlässigt werden, und die eben nicht immer ausgelebt werden. Dazu an anderer Stelle mehr. Mindell definiert Rang auch als „die Summe aller Privilegien".

Privilegien

Wichtig ist in diesem Zusammenhang auch der Begriff „Privilegien". Privilegien sind unverdiente Vorteile, Handlungsmöglichkeiten, die manche Menschen haben, und andere nicht. Privilegien und Rang sind eng verwandt und verknüpft mit der Frage, wieviel Einfluss eine Person auf andere Menschen und Situationen hat. Wir sind uns unserer Privilegien aber häufig gar nicht bewusst, weil wir sie für selbstverständlich halten.

Gleichheit, Equality, Equity.

Da im Zusammenhang mit Machtkritik häufig betont wird, dass „wir doch alle gleich" seien, ist es wichtig, auch noch den Begriff „Gleichheit" zu beleuchten.

Wir Menschen sind uns in vielen Dingen ähnlich, und wir sind natürlich nicht alle gleich. Wir sind groß oder klein, blond oder schwarzhaarig, hell- oder dunkelhäutig, die einen können besser rechnen, die anderen besser laufen! Aber: Wir haben die gleichen Grundrechte. Im Englischen wird zwischen den Begriffen **„Equality"** und **„Equity"** unterschieden. Equality bezeichnet Gleichheit, Gleichberechtigung, Ebenbürtigkeit. Equity kommt aus dem gleichen Wortstamm, es gibt keine ganz passende Übersetzung dafür. Das Wort kann eher mit Fairness oder angemessener Verteilung übersetzt werden. Von Thomas Jefferson, dem Gründervater der Vereinigten Staaten, ist folgender Spruch überliefert: „There is nothing more unequal than the equal treatment of unequal people." (Frei übersetzt: Es gibt nichts ungerechteres als die Gleichbehandlung von ungleichen Menschen.) Hier setzt der Begriff der Equity an. Während Equality gleiche Bedingungen für alle schaffen will, möchte Equity gerechte Ausgangsbedingungen für alle schaffen. Dies bedeutet zum Beispiel, dass Menschen mit weniger Ressourcen andere Unterstützung brauchen als Menschen mit vielen Ressourcen.

1.4. Die Paradigmen „Macht Über“ und „Macht Mit“

In der sozialwissenschaftlichen Diskussion des 21. Jahrhunderts wird immer wieder zwischen verschiedenen Formen der Macht unterschieden.

Die Begriffe ***Macht Über*** (Power Over) *und* ***Macht Mit*** (Power With) wurden von einer der ersten Frauen geprägt, die in der wissenschaftlichen Managementtheorie gehört wurde, Mary Parker Follet (1868-1933)[vii]. Es ist sicher kein Zufall, dass eine Frau, die es sich in den 20er Jahren des letzten Jahrhunderts erkämpfte, als Management-Expertin und zum Beispiel auch als persönliche Beraterin von US-Präsident Roosevelt anerkannt zu werden, einen Gegenbegriff zu dem patriarchalen Machtverständnis ihrer Zeit entwickelte.

Sie machte darauf aufmerksam, dass unterdrückende *„Macht Über“* (Power Over) Menschen einschränkt und demotiviert, und setzte ihren Fokus auf Kooperation. Es ginge nicht darum, andere zu beherrschen, sondern gute Ergebnisse zu erzielen, und die können eher durch Kooperation erzielt werden. Sie schrieb: (The problem is) „not how to get control of people, but how all together we can get control of a situation.“ (Das Problem ist nicht, wie wir Menschen kontrollieren können, sondern wie wir zusammen eine Situation kontrollieren können.) Wenn eine Person von jemandem dominiert wird, sucht sie ihre Freiheit und geht leichter in Widerstand. Kooperation ist daher das Schlüsselwort. Der von ihr geprägte Begriff *Macht Mit* (Power With) steht heutzutage für eine konstruktive Anwendung der eigenen Kraft in achtsamer Zusammenarbeit.

„Macht Mit ist geteilte Macht, die aus Zusammenarbeit und Beziehungen wächst. Sie basiert auf Respekt, gegenseitiger Unterstützung, geteilter Macht, Solidarität, Einfluss, gegenseitiger Ermächtigung und kollaborativer Entscheidungsfindung. *Macht Mit* ist verbunden mit sozialer Macht, dem Einfluss, den wir unter Gleichgestellten ausüben. *Macht Mit* kann helfen, Brücken innerhalb von Gruppen (z.B. Familien, Organisationen, Bewegungen für sozialen Wandel) oder über Unterschiede hinweg (z.B. Gender, Kultur, Klasse) zu bauen. Anstatt zu Dominanz und Kontrolle führt *Macht Mit* zu gemeinschaftlichem Handeln und der Fähigkeit, als Gruppe aktiv zu werden.“ [viii]

In dem auf Parker Follet folgenden Jahrhundert ist zu den von ihr begründeten Begriffen noch der Begriff „Power Under“ – Untermacht hinzugekommen.

Power Under – Untermacht

In Anlehnung an den Begriff **Power Over** hat Steve Wineman den Begriff **Power Under** (deutsche Übersetzung ist das Kunstwort: Untermacht) entwickelt[ix]. Gemeint sind damit die Kraft und häufig auch die gewaltvolle Reaktion, die aus dem Gefühl, die ohnmächtigere Partei in einem Konflikt zu sein, resultiert. Häufig ist die unter-mächtige Reaktion aus einer traumatischen Erfahrung gespeist. Menschen, die einer gewaltvollen Erfahrung ausgesetzt waren, verbunden mit Ohnmachtsgefühlen, spüren Untermacht. Sie werden dadurch traumatisiert und fühlen sich daher gerechtfertigt, gewaltvoll zu reagieren. Steven Wineman hat in seinem Buch „Untermacht – Seelisches Trauma als gesellschaftliche Normalität – Auswege aus dem System individueller, familiärer und politischer Gewalt“[x] sehr eindrucksvoll herausgestellt, wie dieses Erleben von „Untermacht“ Gewaltspiralen aufheizt und wie wichtig ein Bewusstsein dafür ist, um aus diesen auszusteigen.

Wichtig ist mir dabei die Feststellung, dass Menschen, die aus dem Gefühl der Unterlegenheit heraus gewaltvoll reagieren, sich weiterhin in dem gleichen Macht-Über-Paradigma bewegen wie diejenigen, von denen sie unterdrückt wurden. Sie wollen die *Macht Über*, die ihnen angetan wurde, durch eine Umkehrung ersetzen. Es gibt dabei kein Austreten aus dem alten Paradigma, sondern lediglich eine Umkehrung der Machtverhältnisse.

Das Phänomen erklärt auch viele eskalierte Situationen, in denen beide Seiten der Meinung sind, sie seien diejenigen, die von anderen unterdrückt seien, die immer zurückstecken müssen. Denn aus dem Erleben von Untermacht treten diese Menschen sehr mächtig auf, ohne sich dessen bewusst zu sein, ihr emotionales Erleben jedoch ist das der Ohnmacht.

Wie fatal sich erlebte Untermacht auswirken kann, ist auch weltpolitisch zu beobachten als eine Gewalt-Eskalationsspirale, deren dramatische Auswirkungen wir z.B. im Herbst 2023 beim Überfall der palästinensischen Hamas auf israelische Siedler:innen und dann bei dem Angriff der israelischen Armee auf die Palästinenser:innen im Gaza-Streifen beobachten konnten. Die Situation der Palästinenser:innen im Gaza-Streifen ist ein Leben in extremer Rechtlosigkeit. Dass dies dazu motiviert, auf diese Unterdrückung macht- und gewaltvoll zu reagieren, ist aus dieser Perspektive leicht erklärbar - auch wenn die Gräueltaten dadurch nicht kleingeredet werden sollen. Die heftige Reaktion des israelischen Staates wiederum lässt sich auch mit dem Gefühl der Untermacht erklären. In dieser Logik „müssen" sie auf diesen Angriff damit reagieren, ihre Stärke zu zeigen. So heizt sich die Gewaltspirale weiter an.

Macht Über und *Untermacht* kommen aus dem gleichen Paradigma von Kampf und Dominanz, nur aus unterschiedlichen Positionen. Wir müssen das Paradigma wechseln, um wirklich Frieden zu schaffen, im Großen wie im Kleinen.

Auch in der Prozessarbeit, die ich an späterer Stelle noch ausführlicher vorstellen werde, spielt das Konzept, dass viele Konflikte daraus resultieren, dass sich beide Parteien in der ohnmächtigeren Position fühlen, eine wichtige Rolle. Wir werden das unter der Überschrift „Rangkonflikte" in Kapitel 7.1.2. vertiefen.

1.5. Menschenbild und Ethik

Wenn ich den Versuch mache, ein so heißes Thema wie Macht anzugehen, ist es mir wichtig, mein Menschenbild, meine Haltung und Ethik voranzustellen. Denn gerade die jahrtausendealte Erfahrung von Macht-Missbrauch und Unterdrückung macht es schwer, das Thema anzusprechen, ohne Missverständnisse und Widerstand auszulösen.

Ich teile das positive Menschenbild, das Marshall Rosenberg in seinen Werken zur Gewaltfreien Kommunikation formuliert hat: Der Mensch ist von Natur aus einfühlsam und bereit, zum Wohl anderer Menschen beizutragen. Auf der Ebene ihrer Bedürfnisse sind alle Menschen gleich: Alle Menschen haben das Bedürfnis nach körperlicher Nähe und körperlicher Unversehrtheit, nach Sicherheit, nach Nahrung, nach Verbundenheit mit anderen Menschen und nach Selbstwirksamkeit. Die Gewaltfreie Kommunikation sucht stets nach einem Weg, der es möglich macht, dass die Bedürfnisse aller erfüllt werden, im Wissen, dass wir nicht auf Kosten anderer gewinnen können[xi]. Alle Menschen handeln aus dem Antrieb heraus, ihre Bedürfnisse zu befriedigen, das ist nichts Böses und verständlich, da wir alle die gleichen Bedürfnisse teilen.

Die Wege, die Menschen nutzen, um ihre Bedürfnisse zu erfüllen, die können wir verurteilen - aber auf der Ebene der Bedürfnisse können wir einander verstehen.

So ist es auch mit dem Bedürfnis nach Selbstwirksamkeit. *Macht Mit* bedeutet, das eigene Bedürfnis nach Selbstwirksamkeit und das der anderen zu respektieren.

In meiner Erfahrung streben die meisten Menschen nach Beziehungen, in denen die Machtverhältnisse gut austariert sind. Sie wollen die Möglichkeit der Einflussnahme haben, und ihr Bedürfnis nach Verbundenheit und das Mitgefühl mit anderen bewirken auch die Offenheit dafür, dass andere ihre Gestaltungskraft ausleben können. Aus der Kombination dieser beiden Bedürfnisse entsteht eine Motivation zu einem konstruktiven Umgang mit der eigenen Macht.

Allerdings ist Menschen häufig nicht bewusst, wo sie überall Macht haben und diese ausüben, während ihnen schmerzlich bewusst ist, wenn ihnen Macht fehlt. Sie fühlen sich häufig in der Untermacht. Dadurch beginnen häufig Macht-Kampf-Spiralen.

Ich möchte mit meiner Arbeit zu einem Umgang mit dem Thema Macht einladen, **mit dem Ziel, dass alle Menschen ihr Potenzial voll entfalten können.** Ich glaube fest daran, dass fast alle Menschen mit ihrem Bedürfnis nach Selbstwirksamkeit im Grunde danach streben, konstruktive Beiträge für ihr Umfeld zu leisten, und dass wir gut daran tun, sie darin zu unterstützen, ihre eigene Gestaltungskraft wirklich auszuleben. Das bedeutet auch, selber mächtig zu werden - so unangenehm es für viele, im grünen Mem sozialisierte Menschen sich anhört. Die Macht, von der

ich spreche, ist keine *Macht Über*, mit der jemand über andere herrschen will, sondern es ist *Macht Mit*, die ganz persönliche Gestaltungskraft und Kompetenz der Menschen, die ich stärken möchte und die dem Wohl der gemeinsamen Sache dient.

Und dabei sind wir nicht alle gleich! Wir sind alle gleich würdig, in dem Sinne sind alle Menschen „gleich". Die Würde jedes einzelnen Menschen ist unantastbar. Und: Jede Person ist einzigartig und bringt ihre ganz eigenen Fähigkeiten, Geschichte und Ressourcen mit. Daher ist auch die Gestaltungskraft jeder Person ganz individuell ausgeprägt. Und es ist eben nicht sinnvoll, dass alle Personen in jeder Situation gleich viel Macht haben. Ich bin mir der Tatsache bewusst: Mit dieser Aussage verletze ich einen wichtigen Glaubenssatz, an den viele aus der Szene, in der ich aktiv bin, felsenfest glauben.

Dazu stehe ich. Und ich bitte all die Leser:innen, die zu dem Satz „Es ist eben nicht sinnvoll, dass alle Personen in jeder Situation gleich viel Macht haben." eine starke emotionale Reaktion haben, noch etwas weiter zu lesen, bevor sie das Buch in die Ecke pfeffern. Ich möchte es weiter differenzieren.

Es ist mir sehr wichtig, mich dafür zu engagieren, dass Macht und Einfluss nicht im Sinne von *Macht Über* eingesetzt wird. Sondern - wie bereits oben erwähnt - geht es mir um einen Ansatz, der danach strebt, alle Menschen in ihre eigene Kraft zu bringen, ihnen also so viel Gestaltungskraft wie möglich zu geben. Eine wichtige Erkenntnis aus der Prozessarbeit dazu: Je mehr Einflussmöglichkeiten jemand hat, desto wichtiger ist es, dass diese Person damit sehr bewusst umgeht. Ein Beispiel dazu: Es ist wichtig, dass die einflussreiche Person eben nicht unbewusst die längste Redezeit in Anspruch nimmt, sondern ganz bewusst anderen Menschen, die sonst vielleicht nicht zu Wort kämen, Redezeit einräumt. Das umzusetzen, fällt aber z.B. deutlich leichter mit der „Macht" einer Gesprächsleitung. Wenn niemand diese Macht ergreift, dann verfallen Gruppen leichter in unbewusste Machtmuster.

Ich sehe aber auch die Gefahr, die mit dem Satz „Es ist eben nicht sinnvoll, dass alle Personen in jeder Situation gleich viel Macht haben." verbunden ist. Die Gefahr, dass sie dazu missbraucht wird, wieder in das alte Paradigma von *Macht Über*, von Herrschaft und Machtmissbrauch zurückzufallen, wie es z.B. in manchen aus meiner Sicht pseudo-spirituellen Gemeinschaften geschieht. Daher braucht es sehr viel Bewusstheit für die Fallstricke, die *Macht mit* sich bringt - ohne dieses Bewusstsein kann ein neuer, konstruktiver Umgang mit dem Thema nicht gelingen. Mit diesem Buch möchte ich dieses Bewusstsein schärfen.

Neben dem Bewusstsein sind aber auch macht-sensible Strukturen ein ganz wesentlicher Faktor. Ich werde im Laufe meiner Ausführungen hier aufzeigen, dass es durchaus sinnvoll sein kann, einzelnen aus einer Gruppe mehr Entscheidungsmacht zuzugestehen als anderen. Für einen bewussten Umgang mit der Gefahr des Machtmissbrauchs ist es in meinen Augen aber unabdingbar, dass solche **strukturellen Machtpositionen klar begrenzt, kontrollierbar und revidierbar sind**. Um übermäßiger Dominanz und Missbrauch vorzubeugen, ist es erforderlich, dass die höchste Entscheidungsgewalt über die Vergabe und den Entzug von Machtpositionen nicht bei einer kleinen Gruppe liegt, sondern breit getragen wird.

EINLADUNG ZUR REFLEKTION:

Welche Paradigmata von Macht hast du kennengelernt? Wie wurde in deiner Familie, deinem Umfeld, deinen Gruppen und Organisationen mit Macht umgegangen? Bist du damit einverstanden oder welche Widerstände, Gegenreaktionen hast du erlebt?

Formuliere Deine eigene Ethik zum Umgang mit Deiner Gestaltungskraft und Deinen Privilegien. Wenn Du Teil einer Initiative bist, die dieses Thema bewusst angehen will, sprecht über Eure Erfahrungen mit dem Macht-Thema und formuliert Eure gemeinsame Ethik dazu. Wie wollt Ihr damit umgehen?

2

Macht korrumpiert!

2.1. Das Power Paradox

Die Skepsis gegenüber Macht und mächtigen Menschen hat gute Gründe. Die Geschichte ist voller Beispiele von Politikern oder Revolutionären (mir fallen als Beispiele gerade wirklich nur Männer ein), die als Advokaten einer neuen, partizipativeren Kultur losgingen, auf dem Weg zur Macht ihre Ideale verloren und immer despotischer wurden. Ein Beispiel dafür ist z.B. Recep Tayyip Erdoğan, der seine Amtszeit als Reformer begann, in den ersten Jahren die Meinungsfreiheit stärkte und die Lage der kurdischen Minderheit verbesserte. Mit den Jahren entwickelte er sich mehr und mehr zum Despoten, der alle kritischen Stimmen zum Erliegen brachte und kurdische Aktivisten kriminalisierte.[xii] Daniel Ortega wurde in den 80er Jahren in der deutschen Linken gefeiert als Befreier Nicaraguas von der Diktatur - an der Macht entwickelte er sich selber zum Diktator.

Aber dies geschieht nicht nur bei Präsidenten: Die vielen Berichte über Priester:innen und spirituelle Lehrer:innen, Trainer:innen, Eltern und andere, die ihre Rolle für die eigene (auch körperliche) Befriedigung missbrauchen, sind ein weiteres Beispiel dafür. Fast jede:r kennt eine Geschichte über eine Person, die befördert wurde und in ihrer neuen Rolle als Vorgesetzte auf einmal despotische Züge annahm.

Ein Wissenschaftler, der sich wie kaum ein anderer mit der Frage beschäftigt hat, wie Macht entsteht und wie sie korrumpiert, ist Dacher Keltner. Der Sozialpsychologe ist Professor für Psychologie an der University of Berkeley, Californa. Darüber hinaus leitet er das von ihm gegründete Greater Good Science Institute. Die Frage, was wir zum „Greater Good", dem Allgemeinwohl, beitragen können, beschäftigt seine gesamten Forschungsarbeit. Er hat ein beeindruckendes Werk geschrieben, das er „The Power Paradox" nennt.[xiii]

Keltner formuliert in „The Power Paradox“ 20 Prinzipien zum Thema Macht:

1. *Macht besteht darin, die Situation anderer beeinflussen zu können.*
2. *Macht ist Bestandteil jeder Beziehung und Interaktion.*
3. *Macht kann in allen Alltagshandlungen gefunden werden.*
4. *Macht resultiert daraus, andere Menschen in ihren sozialen Netzwerken zu stärken.*
5. *Gruppen geben denjenigen Macht, die das Allgemeinwohl stärken.*
6. *Gruppen regulieren den Einfluss Anderer durch den Ruf, den Einzelne in der Gruppe haben.*
7. *Gruppen belohnen Menschen, die das Gemeinwohl stärken, mit Status und Wertschätzung.*
8. *Gruppen bestrafen Menschen, die das Gemeinwohl unterwandern, durch Klatsch.*
9. *Machtpositionen resultieren aus Empathiefähigkeit.*
10. *Machtpositionen basieren häufig auf „Mehr Geben als Nehmen“.*
11. *Machtpositionen werden gestärkt durch das Äußern von Dankbarkeit.*
12. *Machtpositionen entstehen durch das Erzählen von Geschichten, die verbinden.*
13. *Macht führt zu mangelnder Empathiefähigkeit und eingeschränktem Moralempfinden.*
14. *Macht führt zu einer Selbstbedienungsmentalität.*
15. *Macht führt zu Unhöflichkeit und mangelndem Respekt.*
16. *Macht führt zu dem Eindruck, außergewöhnlich zu sein und es daher „verdient“ zu haben.*
17. *Machtlosigkeit führt dazu, die Umwelt als bedrohlich wahrzunehmen.*
18. *Machtlose Menschen sind deutlich wahrscheinlicher chronischem Stress ausgeliefert.*
19. *Machtlosigkeit unterminiert die Fähigkeit von Menschen, zur Gesellschaft beizutragen.*
20. *Machtlosigkeit führt zu größeren physischen und mentalen Problemen und zu kürzerer Lebenserwartung.*

Das Paradoxe an den von ihm destillierten Prinzipien besteht darin, dass dieselben Fähigkeiten, die dazu führen, dass Menschen in unserer Gesellschaft von anderen mit Macht ausgestattet werden (Prinzipien 4–12), mit zunehmender Macht verloren gehen (Prinzipien 13–16). Dies ist ein in vielen sozialwissenschaftlichen Untersuchungen bestätigtes Phänomen, das aber nicht unausweichlich ist.

Für einen konstruktiven Umgang mit dem Thema Macht ist es von enormer Wichtigkeit, dieses Phänomen zu verstehen. Mit verschiedenen Studien wurde erforscht, wie das Bewusstsein, Macht zu haben, sich auf das soziale Verhalten von Menschen auswirkt.

Am bekanntesten ist wohl Keltners Versuch[xv]: „Who takes the last cookie?" (Wer nimmt den letzten Keks?) Die Versuchspersonen wurden in Dreiergruppen eingeteilt, und eine zufällig ausgewählte Person dieser Dreiergruppe wurde zum/zur Supervisor:in ernannt, und die anderen beiden als Teilnehmende. Den Supervisor:innen wurde mitgeteilt, sie sollen später die beiden anderen Teilnehmenden beurteilen. Die Gruppen bekamen eine Aufgabe, die nichts mit der eigentlichen Fragestellung zu tun hatte. Die so zufällig auf mächtige oder weniger mächtige Rollen aufgeteilten Menschen wurden dann beobachtet. Die Gruppe bekam einen Teller mit fünf Keksen hingestellt, und es wurde beobachtet, wer sich einen zweiten Keks nahm. Und die Person, die die mächtige Rolle zugeteilt bekommen hatte, nahm nahezu doppelt so häufig einen zweiten Keks wie die anderen aus der Gruppe!

Das Ergebnis war aber nicht nur in dieser Hinsicht beeindruckend. Die Mächtigen nahmen sich nicht nur häufiger einen zweiten Keks, sie kauten häufiger mit offenem Mund und hinterließen mehr Krümel. Kleine Verhaltensunterschiede, die aber deutlich sichtbar waren und streng methodisch kontrolliert erfasst wurden. Fazit: Wenn wir uns mächtiger fühlen, haben wir den unbewussten Eindruck, uns steht mehr zu, und wir scheren uns weniger um soziale Konventionen.

In sozialpsychologischen Studien wird häufiger das Prinzip des **Priming** (Prägung) angewandt. Hierbei werden bestimmte Zustände bei Menschen hervorgerufen, indem sie gebeten werden, sich an eine bestimmte Situation zu erinnern. In der Forschung rund um den Einfluss von Macht wird dann häufig gebeten, dass die Menschen eine Situation erinnern und aufschreiben, in der sie sich besonders einflussreich oder hilflos gefühlt haben. Durch die intensive Beschäftigung mit dieser Situation, so die Theorie, wird in den Menschen ein Gefühl von Mächtig-Sein oder Hilflosigkeit provoziert. Das Interessante ist, dass in diesen Studien die Menschen zufällig der einen oder anderen Gruppe zugeordnet wurden. Sie wurden lediglich durch die Versuchsanordnung, in der sie die eine oder andere Rolle bekamen, auf das Gefühl, mächtig oder ohnmächtig zu sein, geprägt. Damit konnte vermieden werden, Persönlichkeitszüge, die zu mehr Macht führen, mit Persönlichkeitszügen, die aus Macht resultieren, zu verwechseln.

Keltner kam in seinen Forschungen mit vielen anderen, ähnlich aufgebauten Experimenten zu spannenden Erkenntnissen darüber, wie die Zuordnung zu einer mächtigen Rolle Menschen verändert.

Menschen, die durch den Aufbau seiner Experimente als mächtig geprägt wurden,

- nahmen sich eher für Kinder bestimmte Kekse als Menschen, die zufällig die ohnmächtige Rolle hatten.
- mogelten eher bei der Angabe ihrer Würfelergebnisse als weniger Mächtige.
- zeigten geringere Empathiefähigkeit als die weniger Mächtigen.

Wirklich spannend ist, dass es bei all diesen Experimenten nicht eine Menschengruppe war, die im normalen Leben besondere Machtpositionen innehatte, sondern dass zufällig ausgewählte Menschen in einen Gemütszustand von ‚Ich bin mächtig' gebracht wurden. Daraus kann geschlossen werden: Dieser Gemütszustand, diese Rolle verleitet offensichtlich zu unsozialem Verhalten.

In statistischen Studien entdeckte er folgende Verhaltensweisen, die klassischen Vorurteilen entsprechen:

- Menschen mit teureren Autos tendieren dazu, an Stopschildern weniger anzuhalten.
- Menschen mit teureren Autos tendieren dazu, weniger anzuhalten, wenn Fußgänger über einen Fußgängerüberweg wollen.

Statistische Auswertungen ergaben noch eine interessante Erkenntnis, die vielen Vorurteilen widerspricht. Gleichzeitig stärkt sie das Bild von den enthemmten Mächtigen, für die soziale Standards und Normen weniger gelten: In den USA werden offensichtlich die meisten Ladendiebstähle durch Weiße und finanziell gut gestellte Menschen begangen, nicht durch People of Colour oder ärmere Menschen.

Macht scheint automatisch zu enthemmen und mehr zu einem Fokus auf sich selber als auf andere zu führen. Und damit verlieren Mächtige häufig die Basis, die für den konstruktiven Einsatz von Macht notwendig ist - siehe die Prinzipien 9-16.

Neben dem Power Paradox hat mich noch eine zweite Erkenntnis von Keltner besonders fasziniert: Die kontrollierende Wirkung von Klatsch und Tratsch. In seinem Prinzip 6 sagt er: „Gruppen regulieren den Einfluss anderer durch den Ruf, den Einzelne in der Gruppe haben." Das heißt, durch Klatsch und Tratsch haben Gruppen die Möglichkeit, gegen Machtpositionen zu steuern. Das ist auch ein Druckmittel jenseits von formalen Machtverhältnissen. Damit bekommt eine häufig negativ gesehene Verhaltensweise auf einmal eine wichtige, positive Bedeutung. Wenn wir einen neuen, konstruktiven Umgang mit Macht suchen, dann sollten wir der Rolle von Klatsch und Tratsch mehr Aufmerksamkeit schenken.

2.2. Macht verändert die Wahrnehmung

2.2.1. Macht lenkt den Blick weg von den Einzelnen auf abstrakte, größere Zusammenhänge

Ein interessantes Phänomen ist, dass Menschen, die sich mächtig fühlen, weniger auf Details als vielmehr auf den Überblick und Zusammenhänge schauen. Man könnte meinen, dass der „Überblick“ etwas ist, das zu mehr Macht führt - und das ist sicher auch der Fall - aber durch Studien, in denen wiederum ein Machtgefühl künstlich erzeugt wurde, konnte aufgezeigt werden, dass bereits die Frage, ob sich jemand mächtig oder weniger mächtig fühlt, die Wahrnehmungsfähigkeit verändert.

So berichten Pamela Smith und Yacoov Trope (2006)[xvi], dass Menschen, die zuvor zufällig für die Versuchsanordnung auf mächtig geprägt wurden, mehr abstraktes Denken an den Tag legten, selbst wenn es in der Aufgabenstellung kontraproduktiv war. Versuchspersonen sollten sich in diesem Experiment Worte merken. Es wurden viele Begriffe genannt, die um ein bestimmtes Thema kreisten, aber ein wichtiger Oberbegriff dazu wurde nicht genannt. Beispielsweise wurden die Begriffe Bett, Traum, Nacht, Kopfkissen, Aufwachen, Ruhe genannt, aber nicht der Begriff ‚Schlaf‘, der war in diesem Experiment der Köder, nach dem gefischt wurde. Die Versuchspersonen, die auf das Gefühl ‚Ich habe Einfluss’ geprägt wurden, meinten in der Wiedererkennungsübung häufig dann auch den Oberbegriff zu erinnern, der nicht direkt erwähnt, aber zu dem viele Details genannt wurden. Die auf Hilflosigkeit geprägte Gruppe und die Kontrollgruppe ließen sich deutlich weniger verleiten, die Oberbegriffe fälschlicherweise zu erinnern. Wer in einer mächtigen Rangposition ist, muss mehr auf den Überblick achten und eher abstrakt denken. Damit hat diese Person dann auch weniger den Einzelfall im Blick. Das könnte eine Teilerklärung für die in Machtpositionen schwindende Empathiefähigkeit sein.

2.2.2. Macht verführt zu Selbstüberschätzung

Ein bekanntes psychologisches Phänomen - für alle Menschen - ist der sogenannte **„Self-Serving-Bias“**. Menschen tendieren meist dazu, ihre eigenen Erfolge ihren persönlichen Fähigkeiten und Anstrengungen zuzuschreiben und Misserfolge eher anderen und der Situation.

Dieses Phänomen ist bei Menschen in Machtpositionen noch stärker ausgeprägt als beim Durchschnittsmenschen - auch unabhängig davon, wieviel Kontrolle und Einfluss sie wirklich auf eine Situation haben.[xvii]

Sicher ist das teilweise auch umgekehrt: Menschen, die sich selber Erfolge zuschreiben, sind selbstbewusster und gelangen so leichter in Machtpositionen. Aber die sozialpsychologische Forschung zeigt hier wieder, dass dieser Effekt auch für diejenigen eintritt, die nur zufällig durch die Versuchsanordnung mächtig oder weniger mächtig geprägt wurden. Das weist darauf hin, dass auch einfach das Gefühl, mächtig zu sein, diese Tendenz der Selbstüberschätzung stärkt. Und wenn man davon überzeugt ist, dass die Erfolge vor allem auf das eigene Engagement zurückzuführen sind, dann gönnt man sich natürlich auch leichter Belohnungen oder erlaubt sich, Standards, die für andere gelten, für sich selber weniger wichtig zu nehmen.

2.2.3. Die Kraft der Rolle

Julie Diamond ist prozessorientierte Psychologin und hat sich wie kaum jemand anderes damit beschäftigt, was es braucht, um konstruktiv mit der eigenen Macht umzugehen. Sie ist meine wichtigste Inspirationsquelle zum Thema und stellt in ihrem Buch „Power - A user's Guide“[xvii] die These auf, dass es weder alleine an der Psyche der Person noch an der Situation liegt, dass Menschen sich in mächtigen Positionen verändern, sondern dass die mächtige Rolle selbst einen Einfluss auf die Menschen hat. **„Die Rolle ist größer als der Mensch. Der Mensch ist größer als die Rolle.“** ist eins der Credos der Prozessorientierten Psychologie.

Der erste Satz macht deutlich: Es ist die Rolle des Mächtigen, die dazu einlädt, anders zu denken und zu handeln. Die Rolle prägt den Menschen und sorgt für all die Effekte, die ich in den vorangegangenen Unterkapiteln vorgestellt habe. Eine mächtige Rolle braucht viele der hier vorgestellten Effekte - sie braucht den Blick aufs Ganze, den Glauben an sich selbst und, dass soziale Konventionen weniger wichtig genommen werden. „Caring for the wellbeing of everybody is a luxury that leaders cannot always afford." (Sich um das Wohlbefinden aller zu sorgen ist ein Luxus, den sich Menschen in hohen Positionen nicht immer leisten können.) schreibt Julie Diamond als Erklärung für den Verlust an Empathie in mächtigen Rollen.

Die gute Nachricht: Diese negativen Auswirkungen von Macht sind nicht unabwendbar. Hier kommt der zweite Teil des oben zitierten Satzes zur Geltung **„Die Rolle ist größer als der Mensch. Der Mensch ist größer als die Rolle."** Es ist wichtig, zu wissen: Machtvolle Rollen fördern die Tendenz, in die Falle der Selbstüberschätzung und der mangelnden Empathie zu treten. Aber, da der Mensch auch größer ist als die Rolle, muss Macht nicht korrumpieren, obwohl die Gefahr, dass sie korrumpiert, vorhanden ist. Abraham Lincoln, einer der mächtigsten Menschen seiner Zeit, prägte den Satz: „Wenn du den wahren Charakter eines Menschen kennenlernen willst, gib ihm Macht!"

Das Bewusstsein über die Fallstricke, die mit mächtigen Rollen verbunden sind, kann uns helfen, genau diese zu vermeiden und unsere Kraft für eine bessere Welt einzusetzen, in der alle Menschen in ihre Kraft kommen können. Daher ist „Rangbewusstsein" eine ganz wichtige Zutat für einen neuen Umgang mit dem Thema. Es ist gerade für Menschen, die viel Gestaltungskraft haben, ungeheuer wichtig, sich mit ihrer eigenen Macht, den eigenen Privilegien auseinander zu setzen und die Gefahren, die sich daraus ergeben, zu kennen. Denn die Forschungen zum Power Paradox zeigen nicht, dass es unausweichlich ist, in mächtigen Positionen unsozialer und unempathischer zu werden. Sie zeigen lediglich auf, dass es eine Tendenz dazu gibt. Es ist immer noch eine Frage des eigenen Bewusstseins, ob wir unbemerkt in diese Fallen hineintappen, oder ob wir bewusst unsere Empathiefähigkeit schulen und uns selber aufmerksam beobachten, ob wir zur Selbstüberschätzung verleitet werden und entsprechend unser Verhalten korrigieren, wenn wir uns auf die Schliche kommen.

Die Prozessorientierte Psychologie liefert uns hierzu wertvolles theoretisches Handwerkszeug, das ich im folgenden Kapitel vorstellen werde.

EINLADUNG ZUR REFLEKTION:

Erinnere Dich an Situationen, als Du in einer eher mächtigen Rolle warst. Wie hast Du Dich verhalten? Erkennst Du manche der Züge, die Keltner identifiziert hat, dabei in Dir wieder? Wie verhältst Du Dich an einem Büffet in sehr vertrauter Umgebung?

Wie ging es Dir in eher unsicheren, ohnmächtigen Positionen? Wie verhältst Du Dich dort? Wie verhältst Du Dich, wenn Du in unbekannter Umgebung mit Menschen, die über Dich urteilen könnten, am Büffet stehst?

3

Die Perspektive der Prozess-orientierten Psychologie

3.1. Einführung

Die wichtigsten Inspirationen zum Umgang mit dem Thema Macht habe ich aus der Prozessorientierten Psychologie erhalten. Daher möchte ich an dieser Stelle etwas weiter ausholen, und diesen tiefenpsychologischen Ansatz stärker einführen.

Die Prozessorientierte Psychologie wurde von Arnold und Amy Mindell entwickelt. Arnold Mindell war Quantenphysiker, ging von den USA nach Zürich, um dort weiter Physik zu studieren, und lernte dort die Arbeit von C.G. Jung kennen. Fasziniert von diesem tiefenpsychologischen Ansatz entwickelte er im Laufe der Jahrzehnte seinen eigenen Ansatz, die sogenannte „Prozessorientierte Psychologie." Sie ist inspiriert nicht nur von C.G. Jungs Psychoanalyse, sondern auch von Mindells Hintergrund als Quantenphysiker und seinem Interesse an Buddhismus und Schamanismus.

Die Prozessarbeit (Process Work) zeichnet sich dadurch aus, dass sie neben der Faktenebene auch die unbewusste und irrationale Seite des Lebens integriert. Sie betrachtet auch negative Symptome aller Art nicht als etwas, was zu behandeln ist, sondern als genau das, das wir für unser zukünftiges Wachstum brauchen. So heißt sie Störungen und Konflikte willkommen und folgt dem Motto „Follow the process!", das der Prozessarbeit auch ihren Namen gab.

Die Prinzipien der Prozessarbeit können sowohl auf individuelle Themen im Rahmen der Psychotherapie angewandt werden, wie auch auf Prozesse in Gruppen und Gesellschaften. Der Zweig der Prozessarbeit, der sich mit Gruppen- und gesellschaftlichen Ansätzen beschäftigt, wird häufig auch „World Work" oder „Deep Democracy" genannt. Im Hinblick auf zwischenmenschliche Prozesse hat die Prozessarbeit sehr spannende Ansätze zum Thema „Rang und Macht“, die ich in diesem Buch vorstellen möchte, entwickelt. Ich kann in diesem Buch keine vollständige Einführung in diese inspirierende Lehre geben und habe auch nicht das dafür nötige Studium abgeschlossen. Ich beschränke mich darauf, im Folgenden die Aspekte, die für mich für einen neuen Blick auf das Thema „Rang und Macht“ wichtig waren, zu erläutern.

Wer dann interessiert ist, mehr zu erfahren, dem lege ich Arnold Mindells Bücher[xix] ans Herz.

3.1.1. Verschiedene Realitätsebenen

In der Prozessarbeit wird davon ausgegangen, dass es drei Realitätsebenen gibt: Die sogenannte „Konsens-Realität“, die Welt der Fakten, Vereinbarungen, in der wir einen Konsens über das erzielen können, was wirklich ist.

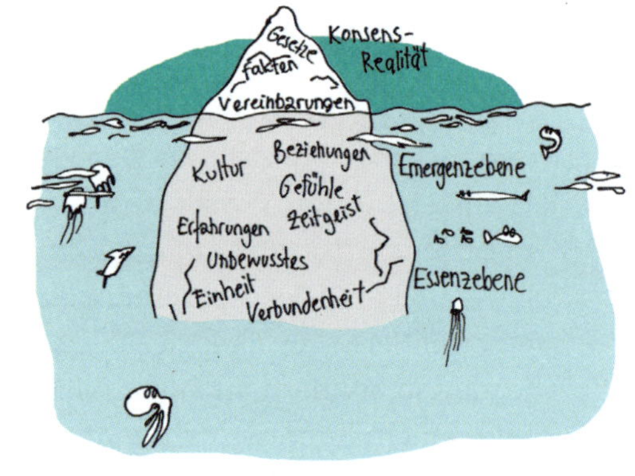

Darunter gibt es die sogenannte „Emergenz-Ebene“, auch Traumland genannt. Das ist die erste Ebene „unter der Wasserlinie“. Die Elemente der Emergenz-Ebene sind für jede Person anders, sie sind subjektiv, nicht als objektive Wahrheiten greifbar. Auch sind uns viele der Elemente der Emergenz-Ebene gar nicht bewusst.

Zur Emergenz-Ebene gehören unsere Erfahrungen und Gefühle, unsere Werte, Beziehungen, Rollen, Träume, Körperempfindungen, Traumata, etc.

Es gibt aber nicht nur auf der individuellen Ebene den Bereich der Emergenz-Ebene, sondern auch auf der kollektiven. So sind z.B. die Kultur, die Geschichte und der Zeitgeist Elemente der Emergenz-Ebene, die nicht nur individuell , sondern auf Gruppen und zeitgeschichtliche Epochen bezogen sind.

Die dritte Ebene wird „Essenz-Ebene" genannt. Dies ist die transzendentale Ebene, die mit Worten nur unzureichend beschreibbar ist. In der Essenz-Ebene gibt es keine Gegensätze und alles ist miteinander verbunden. Es ist die Ebene des „Tao" oder des Göttlichen, die jenseits der Worte und Erklärungen zu tiefen Einsichten führen kann, wenn man Zugang zu ihr bekommt. Ein Beispiel aus der Essenz-Ebene, das vielleicht die meisten Menschen nachvollziehen können, ist die Stimmung in einem Raum oder die Atmosphäre in einer Gruppe. Manchmal betritt jemand einen Raum und spürt, dass dort eine eisige Stimmung herrscht. Diese Ebene der Intuition und Wahrnehmung auf einer atmosphärischen Ebene ist die Essenz-Ebene.

3.1.2. Deep Democracy

Die Grundhaltung der Prozessorientierten Psychologie ist die einer „tiefen Demokratie", englisch **Deep Democracy**. Diese Haltung besagt: „Alles darf da sein! Alle Stimmen sollen gehört werden." Und zu den Stimmen gehören nicht nur die Stimmen der Konsens-Realität, sondern insbesondere auch die Stimmen und Impulse aus der Emergenz- und Essenz-Ebene. Diese Stimmen sind häufig „unter der Wasserlinie", ihr Einfluss ist uns häufig nicht wirklich bewusst. Eine wichtige Intervention der Prozessarbeit ist es daher, auch die Elemente unterhalb der Wasserlinie bewusster zu machen.

Ein wichtiger Weg hierzu ist es stets, dem Körper zu vertrauen und auf die Signale des Körpers zu achten. Die Prozessarbeit arbeitet mit Signalen aus allen Kanälen. Der verbale Kanal, den Du als Leser:in dieses Buches gerade nutzt, um meine Gedanken lesenderweise nachzuvollziehen, ist nur ein ganz winziges Teilspektrum der vielen Kanäle, die uns zur Verfügung stehen. Wenn ich eine Illustration einfüge, so unterstütze ich meine Aussagen durch eine visuelle Botschaft. Das ist einer der weiteren Kanäle. Die Prozessarbeit betont die Bedeutung von fünf verschiedenen Kanälen:

Auditiver Kanal: Worte, Lautstärke, Satzmelodie, Festigkeit oder Zittern in der Stimme, Rhythmus, etc.

Der verbale Kanal, nur ein kleiner Unterkanal des auditiven, ist am stärksten mit unserer Ratio und unserer Logik verbunden. Worte verarbeiten wir auf eine bestimmte Weise, und sie haben großen Einfluss auf unsere psychische Realität. Aber bereits der auditive Kanal hat sehr viel mehr Informationsgehalt als die reinen Worte. Die Lautstärke, Satzmelodie, die Art, wie wir sprechen, drücken sehr viel mehr aus, als uns bewusst möglich ist.

Visueller Kanal: Der visuelle Kanal umfasst sowohl Bilder, die wir sehen, wie auch innere Bilder, die hochsteigen und die wir malen. Der visuelle Kanal gibt Informationen auf einer ganz anderen Ebene wieder. Sie sind intuitiver und häufig jenseits der Logik.

Propriozeptiver Kanal: Der propriozeptive Kanal umfasst alles, was wir in unserem Körper spüren. Das sind insbesondere Körperwahrnehmungen und Gefühle.

Wahrnehmungen von Schmerz, Wärme, Kälte, Anspannung, Angst, Trauer, Wut, Freude, Scham, all das sind Informationen aus dem propriozeptiven Kanal.

Kinästhethischer Kanal: Körperhaltungen und Bewegungen sind Ausdruck des kinästhethischen Kanals und sie weisen häufig deutlich auf Elemente unter der Wasserlinie hin. Sie deuten auf Aspekte hin, die verbal nicht ausgedrückt werden können. Wir reagieren stark auf Körperhaltungen anderer, und unsere eigenen Bewegungsimpulse. Körperhaltungen oder Bewegung informieren uns auch über innere Themen, die wir nicht wahrnehmen.

Weltkanal: Mit dem Weltkanal sind Signale aus der Umgebung gemeint, die wiederum über den visuellen oder auditiven Kanal zu uns kommen. In der Prozessorientierten Psychologie wird davon ausgegangen, dass es keine Zufälle gibt und dass z.B. die Synchronizität von Ereignissen, Störungen durch Telefonklingeln in einem wichtigen Moment oder ähnliches eine Bedeutung haben. Das, was aus der Umgebung in unser Bewusstsein dringt, sind „Signale aus dem Weltkanal".

Durch die verschiedenen Kanäle bekommen wir leichter den Zugang zu den Aspekten unterhalb der Wasserlinie und manchmal sogar zur Essenz-Ebene - ein ganz wichtiger Ansatz der Prozessorientierten Psychologie. **Und auch wenn uns diese Signale häufig nicht bewusst sind, wirken sie auf uns und unsere Interaktionen.** Die Aufmerksamkeit auf diese Signale zu lenken und ihre Weisheit zu entschlüsseln, ist eins der Geheimnisse dieses Ansatzes. Das wird uns auch beim Umgang mit Rang und Privilegien weiter beschäftigen.

3.2. Rang und Privilegien

In der Prozessarbeit wird betont, dass in jeder menschlichen Interaktion Rang eine große Rolle spielt. Rang ist ein Element aus der Emergenz-Ebene. Er ist in der Regel unbewusst, beeinflusst unser Erleben und Verhalten aber sehr stark. Rang wird in der Prozessarbeit definiert als alle Faktoren, die unsere Möglichkeit determinieren, Menschen und Situationen zu beeinflussen. Damit ist er dem Begriff Macht sehr nahe, wird häufig fast identisch genutzt. Und doch beschreibt der Begriff ‚Rang' etwas geringfügig anderes, weil er den Fokus auf die Faktoren legt, die Macht ermöglichen. Der Rang einer Person hängt bei weitem nicht nur an der Person selber, sondern an der Situation, den Werten und dem aktuellen Beziehungsgeflecht, in dem sich diese Person bewegt. Auch kann der Rang einer Person dazu führen, dass sie eine Situation beeinflusst, aber dies ist nicht zwangsläufig so.

Eine Rangposition ist nur in den seltensten Fällen eindeutig und klar definierbar, wie es bei Elementen in der Konsens-Realitätsebene der Fall ist.

Diese Feststellung ist sehr wichtig für alles, was ich im Folgenden dazu teile. Auch wenn ich auf den kommenden Seiten häufig von hohem oder niedrigem Rang spreche, ist der **Rang einer Person** nie eindeutig in seiner Höhe festgelegt, denn er besteht aus vielen Komponenten, ist **situativ, subjektiv und sehr fluide**. Er ist ein Element der Emergenz-Ebene, die nicht logisch aufeinander aufbaut oder klare Vergleiche zulässt. Trotzdem ist es zur Bewusstseinsbildung hilfreich, von hohem und niedrigem Rang zu sprechen.

Eng verknüpft mit dem Begriff Rang ist der Begriff Privilegien. Privilegien sind Faktoren, die ich mir nicht unbedingt selber verdient habe, welche mir aber Dinge/Handlungsweisen ermöglichen, die anderen nicht möglich sind. Diese Privilegien bestimmen meinen Rang. Eine andere Rangdefinition ist auch: Der Rang ist die Summe aller Privilegien. Der Begriff Privilegien eröffnet eine wichtige Perspektive für die Bewusstseinsbildung: Während in unserer Kultur das Wort Rang ungewohnt, aber mit ähnlichen Vorbehalten wie der Begriff Macht behaftet ist, sind Privilegien ein weniger belastetes Wort. Sie stehen in in der Regel für unverdiente Besserstellungen. Aber sind nicht im Grunde fast alle Besserstellungen unverdient?

Meistens sind wir uns unserer Privilegien nicht bewusst. Sie werden uns erst dann schmerzhaft bewusst, wenn sie uns fehlen oder entzogen werden. Vorher halten wir sie für selbstverständlich. Als Mensch mit einem gewissen finanziellen Polster denke ich nicht darüber nach, welche Einschränkungen es bedeutet, dieses Polster nicht zu haben. Welch ein Privileg es ist, Treppen steigen zu können, bedenken die wenigsten - und vereinbaren Treffen etwa ohne nachzudenken in Räumen, die nur über Treppen erreichbar sind. Damit schließen wir Menschen, die auf den Rollstuhl angewiesen sind, aus. Als weiße Menschen ist uns nicht klar, welches Privileg diese Hautfarbe ist und durch welche Schwierigkeiten Menschen mit einer anderen Hautfarbe häufig gehen müssen. Mein Partner war neulich sehr erstaunt, als ich sagte: „Durch diese Gegend würde ich als Frau nachts nicht alleine gehen!“ Welch ein Privileg es ist, als Mann weniger Angst vor nächtlichen Übergriffen haben zu müssen, war ihm nicht klar. Mindell drückt es so aus: „Wir sind in der Regel blind für unsere eigenen Privilegien.“[xxi]

Welch ein Privileg ein europäischer Pass ist, wurde mir erst im Kontakt mit Menschen bewusst, die ihn nicht haben.

3.2.1. Vier plus eine Dimensionen von Rang

In der Deep Democracy werden mehrere Rangdimensionen unterschieden, je nach Autor:in unterscheiden sie sich geringfügig. Ich unterscheide gerne vier verschiedene Rangdimensionen, und eine fünfte Sonderdimension.

Die vier Dimensionen sind:

- Sozialer Rang (Status)
- Persönlicher Rang (Kompetenzen und Fähigkeiten)
- Psychologischer Rang (Selbstsicherheit, sozial-emotionale Kompetenz, Überzeugung, dass es einen Sinn gibt)
- Struktureller Rang (definierte Position/Rechte).

Alle vier Dimensionen haben starke Auswirkungen auf unsere Fähigkeiten, andere Menschen zu beeinflussen, sprich auf unsere Macht. Sie sind nicht immer klar zu trennen, das ist auch gar nicht wichtig. Die Unterteilung in diese vier Dimensionen hilft, das ganze Spektrum, das unseren Rang beeinflusst, bewusst zu machen und macht das Sprechen über Situationen, in denen Rang eine Rolle spielt, leichter.

Der **soziale Rang** umfasst das, was in der Soziologie häufig Status genannt wird. Hier geht es um den familiären Hintergrund, den Bildungsstand, die finanziellen Möglichkeiten, die Netzwerke, Muttersprache, Geschlechtsidentität und sexuelle Orientierung, Alter, Übereinstimmung mit den Werten der Gruppe, in der wir uns befinden. Diese Faktoren haben einen wichtigen Einfluss darauf, ob und wie andere uns wahrnehmen, aber auch, was wir leisten können und damit, wieviel Einfluss wir auf andere in der Gruppe nehmen können.

Dabei ist nicht immer klar, welcher Faktor für einen hohen sozialen Rang spricht und welcher für einen niedrigen. Gerade der soziale Rang ist extrem kontextabhängig. Als Schwuler in einer Firma mit traditionellem Werte- und Familienbild habe ich einen niedrigeren Rang als in einer Schwulenkneipe. Als Frau habe ich in vielen Gesellschaften und Kontexten auch heute noch einen deutlich niedrigeren Rang als Männer. Ich habe aber auch Situationen erlebt, in denen ich als Frau sogar einen höheren Rang hatte als die Männer, weil ich eine der wenigen Frauen in einer Gruppe war, der Gender-Parität wichtig war.

Ein wichtiger Faktor für sozialen Rang in einer Gruppe ist auch die Übereinstimmung mit den Werten einer Gruppe. So kann jemand durch eine falsche Bemerkung, die den Gruppenwerten entgegensteht, innerhalb von einer Sekunde im sozialen Rang sehr weit nach unten sinken.

STURZFLUG DES RANGS

Auf dem großen Bauernhof startet ein Wohnprojekt in Form einer Genossenschaft. Das Hofgrundstück wurde an die Genossenschaft verkauft. Ursprünglich war der Plan, dass die Genossenschaft zusätzlich mehrere Hektar umgebendes Ackerland erwirbt, das kam aus Kostengründen nicht zustande. Das Ackerland wurde von einem Projektmitglied, das selbst Pferde hält, privat gekauft und an eine Projektinitiative verpachtet, die dort sowohl Gemüsebau wie Pferdehaltung umsetzte. Daher wurden diese Flächen immer als Teil des Wohnprojektes gesehen, denn es standen nicht nur seine Pferde darauf.

Jetzt gab es Auseinandersetzungen um das Thema „Pferdehaltung". In der Gruppe wird die bisherige Pferdehaltung auf dem Land infrage gestellt. Als der Besitzer der Pferdeweide, ein Mann mit vielen Kompetenzen und einem hohen, wenn auch immer wieder umstrittenen, Rang in dieser Gemeinschaft den Satz fallen lässt: „Aber es ist doch mein Land!" ist förmlich zu spüren, wie sein sozialer Rang in der Gruppe auf den Nullpunkt sinkt. Die „Besitzerkarte" auszuspielen ist ein extremer Verstoß gegen die Werte der Gruppe, die ganz bewusst alles vergesellschaften wollte.

Die Gruppe ist extrem aufgebracht aufgrund dieser „Macht-Ausübung" - und so sinkt der soziale Rang.

Die „Wirkmächtigkeit" des strukturellen Rangs, hier der Besitzverhältnisse, bleibt dabei allerdings unbenommen.[1]

---

[1]*Erläuterung für dieses und alle folgenden Fallbeispiele, die nicht als persönliche Geschichte gekennzeichnet sind: Um die betroffenen Personen zu schützen, und da ich mit meinen Fallbeispielen aus Projekten Details aus meiner Tätigkeit als Beraterin ausplaudere, die meiner Verschwiegenheitspflicht unterliegen, habe ich die Fallbeispiele stets in manchen Punkten so verändert, dass das Projekt für Menschen außerhalb des Projekts nicht mehr erkennbar ist. Die Essenz habe ich genauso erlebt, aber nicht alles, was dort über den Rahmen geschrieben wird, entspricht den Fakten, sondern manches ist bewusst verfälscht, um die Verschwiegenheit zu wahren. Das Wichtige ist mir, durch Storytelling (eine wichtige Basis für eine Machtposition wie meiner als Autorin, die mit ihren Worten die Menschen, die das Buch lesen, beeinflussen möchte, siehe Keltners 12 Prinzipien der Macht, Kapitel 2.1.) die theoretisch eingeführten Grundlagen lebendiger zu machen.*

Der **persönliche Rang** resultiert aus den Kompetenzen, Erfahrungen und Einschränkungen, die jemand mitbringt. Jemand mit einer hohen Fachkompetenz hat in Situationen, in denen diese Fachkompetenz benötigt wird, einen hohen persönlichen Rang. Ob er sich damit durchsetzt, hängt noch von den anderen Rangdimensionen ab. Dazu zählen nicht nur die Fachkompetenz, sondern auch die persönliche Ausdrucksweise, die Fähigkeit, gut zuzuhören und vieles mehr. Genauso relevant ist, wieviel Kraft und Energie jemand mitbringt bzw. zur Verfügung hat. Eine Person, die Zeit und Kraft hat, sich stark zu engagieren, hat einen anderen persönlichen Rang als ein Mensch, der gerade ausgebrannt ist. Jede Behinderung und Einschränkung beeinflusst den persönlichen Rang. Hier ist wichtig, sich die Frage zu stellen: Wer schränkt hier wen ein, wer behindert hier wen? Kann die Gruppe die Umstände so verändern, dass die Person nicht behindert wird?

Manchmal wird der **psychologische Rang** in den persönlichen Rang integriert. Ich gebe ihm in letzter Zeit gerne eine eigene Kategorie, weil mir häufig begegnet, dass jemand zwar sehr viele faktische Fähigkeiten mitbringt, aber eben gerade wenig psychologischen Rang, und es dafür bewusste Aufmerksamkeit braucht.

Hier geht es um Fragen wie: Mit wieviel Selbstvertrauen geht die Person durchs Leben? Hat sie gelernt, mit Fehlschlägen und Kritik umzugehen? Wie reagiert sie auf Schwierigkeiten? Kann sie flexibel denken oder beharrt sie auf festgelegten Vorgehensweisen und kann einmal eingeschlagene Wege nicht verlassen? Ist sie geduldig? Hat sie Bereitschaft zur Selbstreflexion? Hat die Person Charisma und kann andere mitreißen? Welche Krisenerfahrungen hat sie gemacht und was hat sie daraus gelernt? Aber auch die Frage, ob wir von der Sinnhaftigkeit unseres Lebens überzeugt sind - aufgrund unserer spirituellen Ausrichtung oder aufgrund unseres Engagements oder unserer agnostischen Weltsicht - hat einen großen Einfluss auf unseren psychologischen Rang. Menschen, die einen Sinn im Leben sehen, ruhen häufig mehr in sich, sind überzeugt, etwas beitragen zu können und haben eine klarere Ausrichtung, und damit fällt es ihnen leichter, ihr Leben aktiv zu gestalten.

Der psychologische Rang ist von allen Rängen am wenigsten situativ. Er ist ein Schatz, den wir immer mit uns tragen. Und doch hat er auch situative Elemente: Denn auch die Frage, wie ausgeschlafen oder wie gestresst ich gerade bin und wie stark ich in einem bestimmten Moment in mir ruhe, variiert und ist ein Beitrag für den psychologischen Rang.

Die vierte Rangdimension ist am stärksten mit unserem intuitiven Verständnis von „Macht" verbunden.

Es ist der **strukturelle Rang**, die formale Rolle oder Position. Das ist die einzige Rangdimension, die sich vollständig in der Konsens-Realität befindet. Über den strukturellen Rang können wir einen Konsens erzielen, es ist die definierte Position, die jemand hat.

In Arbeitskontexten sind das häufig definierte Rollen, für die es klare Aufgabenbeschreibungen, Entscheidungskompetenzen, Weisungsbefugnisse etc. gibt. Andere Faktoren, die einen strukturellen Rang begründen, sind beispielsweise die Dauer der Zugehörigkeit, Verwandtschaftsbeziehungen-, Besitz- oder andere Vertragsverhältnisse, welche klaren Zugang und Verantwortung definieren. Wenn in einer Gruppe nur eine Person den Führerschein hat oder ein Auto besitzt, hat sie einen strukturellen Rang, der sie heraushebt. Eine Person, die eine Wohnung gemietet hat, hat einen höheren Rang als eine Person, die verzweifelt eine Wohnung sucht. Besitzer:innen eines Hauses haben einen höheren strukturellen Rang als ihre Mieter:innen.

In Lebensgemeinschaften gibt es in der Regel verschiedene Stadien, die Menschen, welche zu der Gemeinschaft hinzustoßen wollen, durchlaufen: Vom Status des einfachen Gastes zum Interessiertenstatus über eine Probezeit bis zur Aufnahme als Vollmitglied ist es oft ein langer Weg, und jeder dieser Status kommt mit verschiedenen Rechten einher.

Gerade strukturelle Ränge sind häufig eng mit dem Ausmaß der Verantwortungsübernahme und Pflichten gekoppelt. Die Person, die ein Haus besitzt, ist auch verantwortlich dafür, dass vor dem Haus niemand durch herabfallende Dachziegel verletzt wird - sie wird dafür haftbar gemacht und nicht die Mieter:innen. In einer Lebensgemeinschaft tragen diejenigen, die sich finanziell engagieren und ihr Leben seit Jahren auf dieses Projekt ausgerichtet haben, eine andere Verantwortung als Menschen, die mal ein paar Monate mitleben. Ein Vorstand eines Vereins kann in die persönliche Haftung genommen werden, wenn der Verein z.B. Sicherheitsbestimmungen nicht einhält und ein Unfall passiert. Die Mitglieder, die fordern, sich doch nicht von irgendwelchen Vorschriften gängeln zu lassen, tragen dieses Risiko nicht.

Dieser strukturelle Rang kann in der Konsens-Realität häufig den letzten Ausschlag geben, wie eine Situation beeinflusst wird - d.h., welche Macht eine Person hat. Im Konfliktfall hat ein:e Hausbesitzer:in mehr Rechte als ein:e Mieter:in. Die anderen Rangdimensionen sind aber häufig unterhalb der Wasserlinie und uns wenig bewusst, aber sie beeinflussen unser Handeln trotzdem. Sie sind auch weniger logisch und klar einzuordnen als der strukturelle Rang. Gerade deswegen ist es wichtig, ihnen Aufmerksamkeit zu schenken und ein Bewusstsein für sie zu entwickeln. Rangbewusstsein ist ein Schlüssel zu einem konstruktiven Umgang mit dem Thema Macht.

Eine fünfte Rangdimension wird in der Deep-Democracy-Bewegung in manchen Kontexten noch genannt, der sogenannte **demokratische Rang**. Er steht dafür, dass manche Menschen aufgrund ihrer Besonderheit in einer Gruppe, die auf bewussten Umgang miteinander achtet, besondere Rechte haben, um Ungerechtigkeiten oder Nachteile auszugleichen. So hat in meiner Gemeinschaft mein Bruder, der Autist ist, als einziger das Recht auf einen festen Sitzplatz in unseren Gemeinschaftsräumen - weil er das braucht. Demokratischer Rang kann bedeuten, dass es für Menschen aus benachteiligten Gruppen leichter wird, einen Job zu bekommen, in bestimmten Projekten aufgenommen zu werden oder in Leitungsfunktionen zu gelangen, weil die Gruppe mehr Diversität und Inklusivität wünscht. Das kann einen wünschenswerten Effekt haben, indem es diskriminierten Menschen Chancen gibt - aber auch diskriminierend sein und einer Initiative schaden, wenn sie aus Gründen des demokratischen Ranges inkompetente Menschen in Entscheidungspositionen setzt.

Der demokratische Rang kann auch bewusst zur Benachteiligung beitragen und bedeuten, dass z.B. alte weiße Männer allein deswegen keine Entscheidungsposition bekommen, weil dies die gesellschaftliche Tendenz stärken würde, selbst wenn sie aus anderen Perspektiven die passendsten für diese Position wären.

Reflektiere über Deine Position in einer Gruppe, einem Team. Was bestimmt da Deinen eigenen Rang in den verschiedenen Dimensionen? Und gibt es Zusammenhänge, in denen Dein Rang ein ganz anderer ist?

Rangdimension	Meine persönliche Situation
Sozialer Rang Alter, Geschlechtsidentität und Geschlechtsorientierung), Hautfarbe, Muttersprache, Finanzieller Hintergrund, Familiärer Hintergrund, Netzwerke, Bildungsstand, Nationalität, Übereinstimmung mit Werten der Gruppe etc.	
Persönlicher Rang Intelligenz, Reflektionsfähigkeit, Kompetenzen, Flexibilität im Denken und Reagieren, Ausdrucksvermögen, Attraktivität, körperliche Einschränkungen und Merkmale.	
Psychologischer Rang Urvertrauen, spirituelle Eingebundenheit, Introversion/Extroversion, Selbstbewusstsein, Lernbereitschaft, eigene Krisenerfahrungen und wie damit umgegangen wurde, Zugang zu eigenen Gefühlen, Wahrnehmungsfähigkeiten, etc.	
Strukturelle Position im Unternehmen, in der Organisation, in der Situation. Definierte Position, aber auch Dauer der Zugehörigkeit, Eigentumsverhältnisse etc.	
Demokratischer Rang Vorrechte aufgrund einer Einschränkung oder aufgrund von Werten der Gemeinschaft.	

3.2.2. Rangsignale

Wie bereits erwähnt, arbeitet die Prozessarbeit gerne mit dem Fokus auf Signale. Signale aus den verschiedenen Kanälen helfen uns, das ganze Bild auf allen Realitätsebenen wahrzunehmen. Der verbale Kanal, dem in unserer Gesellschaft viel Aufmerksamkeit geschenkt wird, ist nur ein Unterkanal des auditiven Kanals, und der ist einer von fünf Kanälen, die unsere Interaktionen beeinflussen.

Im auditiven Kanal spielen neben den Worten noch die Lautstärke, Satzmelodie, Festigkeit oder Zittern in der Stimme eine Rolle. Der visuelle Kanal wird durch Bilder gefüttert. Der propriozeptive versorgt uns mit unseren Körperwahrnehmungen und unseren Gefühlen. Der kinästhetische beinhaltet die Körperhaltung und Bewegungen. Der Weltkanal umfasst die Signale, die aus der Umgebung auf uns zukommen.

Auch in Hinblick auf das Rangthema und wie Menschen darauf reagieren und interagieren, sind Rangsignale ein wichtiger Aspekt. Hier spielen die Art des Redens, aber auch die Körperhaltung und Bewegung eine große Rolle.

Klassische Signale von hohem Rang sind in unserem Kulturkreis etwa: Viel reden, laut und bestimmt reden, als erste reden, Menschen unterbrechen, breitbeinig sitzen oder auf andere Art viel physischen Raum einnehmen, die Deutungshoheit für sich beanspruchen, Verfahrensvorschläge machen, fester Händedruck, Augenkontakt suchen, Gönnerhaftigkeit, tätscheln, zu sich winken, sich bedienen lassen, Augenbraue hochziehen und andere urteilende Gesichtsausdrücke, sitzenbleiben, wenn jemand in den Raum kommt, ignorieren anderer, vor jemand gehen und die Tür aufmachen, die Liste ließe sich endlos fortsetzen, und sicher fällt jeder Person, die dies liest, noch etwas ein.

Klassische Signale von niedrigem Rang sind etwa: Wenig oder nicht sprechen, leise und unsicher reden, erst nach Aufforderung sprechen, sich physisch klein machen, in Konjunktiv und mit Fragen sprechen, nach unten blicken oder hochblicken, warten, bis andere die Tür öffnen, hinter jemand gehen, lockerer Händedruck, bittender Tonfall, bittende Gesten und vieles andere.

Wir können unsere Rangsignale nur teilweise kontrollieren, weil sie unbewusst ausgesandt werden. Gleichzeitig reagieren wir stark auf Rangsignale, denn es ist evolutionär in uns eingebunden, dass wir schnell aufgrund der Körpersprache andere Menschen einschätzen können müssen - sind sie Freund oder Feind? Überlegen oder unterlegen? Gehe ich in eine unterwürfige Haltung oder kämpfe ich? So müssen wir, wenn wir uns mit dem Thema Rang auseinandersetzen, auch mehr Bewusstsein dafür entwickeln, welche Rangsignale wir unbewusst aussenden und darauf achten, vertrauensbildende Rangsignale auszusenden.

DAS ALPHA-PHÄNOMEN

Diese Situation erlebte ich in einem Projekt, in dem sehr viele Rangkonflikte um eine Mitbegründerin rankten, die sich aufgrund dieser Rangkonflikte sehr stark aus den operativen Arbeiten des Projektes herausgezogen hatte und nicht verstand, warum ihr immer noch so viel Dominanz vorgeworfen wurde.

Eine Konfliktpartnerin begann die Beschreibung einer Konfliktsituation wie folgt: „Und dann saßt du da und winktest mich gönnerhaft zu dir, weil du mir was sagen wolltest ....“

Hier zeigt sich: Egal, wie stark sie sich inhaltlich zurückhält, solange sie unbewusst weiterhin starke Signale hohen Rangs aussendet, werden die Gruppenmitglieder ihr ihren hohen Rang vorwerfen.

Man kann leichter lernen, mit Worten bewusst mit dem eigenen Rang umzugehen, als die eigenen unbewussten Rangsignale zu beeinflussen. Zum Glück sind nicht alle Rangsignale vollständig unbewusst, und wenn wir einen konstruktiven Umgang mit dem Thema Rang entwickeln wollen, ist es wichtig, dass wir auch auf die von uns ausgesandten Signale achten. Und auch versuchen, bewusst wahrzunehmen, wann unser Gegenüber welche Signale aussendet und wie wir auf sie reagieren. So würde ich der Alpha-Frau im obigen Beispiel raten, darauf zu achten, solche Signale möglichst selten auszusenden, und ihren Freund:innen raten, ihr möglichst entspannt und sanft zu spiegeln, wenn sie wahrnehmen, dass solche Signale ausgesandt werden.

Beobachte in den nächsten Tagen in den Interaktionen, die Du hast, die Rangsignale. Achte zunächst auf die Signale, die von anderen ausgesandt werden: Wer spricht zuerst? Wessen Beiträge werden von anderen aufgegriffen und welche ignoriert? Wer nimmt sich als erstes? Wer nimmt welche Körperhaltung ein? Häufig sind Rangsignale von hohem Rang bei anderen leichter zu entdecken, denn uns fällt auf, wenn Menschen sie aussenden. Achte bewusst auch auf Rangsignale anderer, die auf niedrigen Rang schließen lassen.

Beobachte auch Dich selber! Wo trittst Du zurück? Wo trittst Du vor? Welche Körperhaltung nimmst du ein? Wenn Dir auffällt, dass Du mit Deinem Verhalten Rangsignale ausstrahlst, halte kurz inne, ob du sie ausstrahlen willst oder nicht. Wenn nicht, dann verändere Dein Verhalten bewusst!

3.2.3. Paradoxie, Fluidität und Kontextabhängigkeit

Die Beschäftigung mit dem Thema Rang ist eine Herausforderung für Menschen, die nicht gerne in den Kategorien von unter und über denken, denn wenn wir über Rang sprechen, dann nutze ich häufig die Worte ranghöher oder rangniedriger. Dazu kommt aber auch gleichzeitig: Diese Worte sind zwar **eine Krücke zu mehr Verständnis der Dynamik, aber sie beschreiben nicht die Wahrheit**. Rangdynamiken sind längst nicht immer logisch und es gibt häufig keine klare Wahrheit darin. Es geht hier um gefühlte, subjektive, momentane und häufig unbewusste Themen. Wir können selten klar definieren, wer über alle Dimensionen hinweg oder auch nur in einer einzigen den höheren Rang hat. Und trotzdem nutze ich, um Licht auf das Thema zu werfen, gerne Worte wie höherer oder niedrigerer Rang. Wir bewegen uns hier in der Emergenz-Ebene, die früher von Mindell „Traumland“ genannt wurde. Im Traum gibt es keine Logik und selbstverständlich keine klaren Ordnungen, jedoch den Anschein solcher Ordnungen, der subjektive Reaktionen auslöst. Daher ist es hilfreich, sich zu erlauben, in Kategorien wie hoher oder niedriger Rang zu denken und gleichzeitig zu wissen, dass dies nur ein Konstrukt ist, und kein Abbild der Wirklichkeit. Jemand kann gleichzeitig einen hohen und niedrigen Rang haben oder als ranghoch gesehen werden und sich gleichzeitig sehr rangniedrig fühlen. Es gibt nicht die objektiv fassbare Rangposition.

In der Quantenphysik, die Mindells erstes Studienfach war, gibt es den „Welle-Teilchen-Dualismus“. Objekte auf Quantenebene können abhängig von der Betrachtungsweise Wellen- oder Teilchen-Eigenschaften haben, obwohl sich beide zunächst ausschließen und widersprechen. Die Betrachtungsweise lässt sich dabei mit einer Projektion vergleichen, also einem Lichtstrahl, den wir auf ein komplexes Objekt richten. Was wir sehen, ist der Schatten, der jedoch nur ein Abbild des Objekts ist. Daher spricht man in der Quantenphysik auch von Teilchen-Wellen, um zu verdeutlichen, dass die verschiedenen Aspekte im Objekt bereits enthalten sind und abhängig von der Betrachtungsweise sichtbar werden.

Ähnlich ist es mit dem Rang. Die Frage, ob jemand ranghöher oder rangniedriger ist, ist häufig nicht klar zu fassen, sondern abhängig von der Betrachtungsweise. Die Frage, ob sich jemand als ranghöher oder rangniedriger fühlt, hat einen ungeheuren Einfluss auf unser Verhalten und Erleben.

Wie wir uns fühlen, bestimmt auch schnell unser Verhalten. Julie Diamond weist darauf hin, dass Menschen, die sich im niedrigen Rang fühlen, dann auch „niedrigrangiges Verhalten“ zeigen. Sie reagieren erregt, aggressiv, ohne wirklich auf das Gegenüber einzugehen. Menschen, die sich im hohen Rang fühlen, reagieren häufiger mit „hochrangigem“, sozial kompetentem Verhalten, sie haben es leichter, sich zu reflektieren und auf andere zuzugehen. So verstärkt unser Erleben unser Verhalten und damit wiederum die subjektive Rangposition. Und es ist sehr wichtig zu wissen: Es gibt **nie die eine klare Rangposition**. Und trotzdem ist es hilfreich, von höheren und niedrigeren Rängen zu sprechen, denn Rangdynamiken – das Kämpfen um angemessene Ränge und die subjektive Wahrnehmung des eigenen Ranges - beeinflussen jede menschliche Interaktion sehr stark. Nicht nur die Prozessorientierte Psychologie, auch Keltner (Kapitel 2.1.) und viele andere Sozialpsychologen und Soziologen postulieren, dass Macht jede menschliche Interaktion beeinflusst. Der Begriff Rang beinhaltet aber neben den Punkten, die mit Macht assoziiert werden, auch die tiefenpsychologische Dimension, die in der gesellschaftlichen und sozialpsychologischen Diskussion häufig vernachlässigt wird. Jede menschliche Interaktion wird durch Rangdynamiken in allen Dimensionen beeinflusst.

Was ist die Paradoxie und Fluidität von Rängen? In dem weiter vorne zitierten Beispiel „Sturzflug des Rangs“ wird ein Aspekt davon sehr deutlich. Man kann sagen: Der Rang des Landbesitzers war sehr hoch. Er hat die strukturelle Position, dass ihm die Wiesen gehören, um die es geht. Daneben steht er auch noch wirtschaftlich besser da als viele der Gruppe, ist gut gebildet und bringt viele Kompetenzen mit, die für die Projektentwicklung von entscheidender Bedeutung waren.

Und doch ist er in dem Moment, als er gegen die Werte der Gruppe verstoßen hat, indem er auf die formellen Besitzverhältnisse verwiesen hat, in seinem Rang in der Gruppe ins Bodenlose gesunken. Denn er hat gegen die Werte der Gruppe verstoßen, die besagen, dass es eine gleichberechtigte Gemeinschaft ist. Das bedeutet, dass sein Einfluss in der Gruppe sinkt. Und es ist ihm ein wichtiges Anliegen, anerkannter Teil der Gruppe zu sein.

Gleichzeitig hat er mit dem Landbesitz aber dennoch die Möglichkeiten, seinen Willen durchzusetzen. Das heißt, faktisch hat er immer noch die größte Macht.

Ist er nun mächtig oder ohnmächtig? Wird er sich der Entscheidung der Gruppe beugen oder nicht? Er hätte die strukturelle Macht, sein eigenes Ziel durchzusetzen. Aber mit hohen sozialen Kosten. Wie ist sein Rang nun? In dem Moment der Diskussion, in dem dies gesagt wurde, war er gering, da er die Verachtung der Gruppe auf sich zog. Und gleichzeitig hoch, weil er die faktische Möglichkeit hatte, den Pachtvertrag mit der Gruppe zu kündigen.

Wie es weitergeht, hängt wiederum an seinem psychologischen Rang. Setzt er seine Ziele aufgrund des strukturellen Ranges einfach durch? Sucht er gemeinsame Lösungen? (Spoiler: In dem Projekt wurde eine gemeinsame Lösung gefunden, und es gibt immer noch Pferdehaltung.)

Die Entwicklung des Rangs von engagierten Gründer:innen ist eine wiederkehrende, schwierige Geschichte in der Entwicklung von vielen Wohnprojekten, insbesondere bei männlichen Gründern, aber auch bei Frauen habe ich es erlebt. Das nun skizzierte Fallbeispiel habe ich in dieser Form fast identisch in zwei Projekten, die ich begleite, erlebt, und in mindestens drei anderen in einer abgewandelten Form mit unterschiedlichen Ausgängen. Hier dient es zunächst der Illustration der Veränderbarkeit von Rängen und auch, um deutlich zu machen, wie wichtig ein bewusster, konstruktiver Umgang damit von allen Seiten ist.

ALTER, WEISSER MANN

Ein Paar, das ein Wohnprojekt initiierte, brachte vieles ein, was für ein Wohnprojekt nötig ist: Eine hohe Gestaltungskraft, viele Fähigkeiten, die das Projekt benötigte, als frisch berentete Menschen auch noch viel Zeit für Engagement, und sie hatten mehr finanzielle Mittel als die meisten anderen Projektteilnehmenden. Sie spendeten einen Teil ihrer privaten Mittel für die Projektrealisierung.

Sie suchten Gleichgesinnte und engagierten sich mit all ihren Möglichkeiten für das Projekt. Anfangs waren sie als Gründer:innen und engagierte, kompetente Akteur:innen akzeptierte ranghohe Mitglieder der Initiative. Je länger die Gruppe zusammen war und je etablierter sie wurde, desto stärker begannen die Reibereien mit dem Gründungs-Paar, insbesondere mit dem Gründer, der als „alter weißer Mann" nach und nach einen negativen demokratischen Rang zugeordnet bekam.

Das Paar war sozial kompetent, ganz wichtig war ihnen, nur Konstruktives beizutragen und nicht zu dominieren, und sie bemühten sich, alle mit einzubeziehen. So waren sie engagiert dabei, Verantwortung abzugeben und auch andere in Entscheidungspositionen zu bringen. Aber gerade aufgrund ihrer Kompetenz, ihres Energielevels und ihres Zeitbudgets, das sie zur Verfügung hatten, wurden sie doch immer wieder gefragt. Und so engagierten sie sich entgegen ihrer Bemühungen, Aufgabenpakete abzugeben, in letzter Sekunde dann doch immer wieder konstruktiv für Fragen, die nicht mehr ihr Verantwortungsbereich waren, weil das Projekt in ihren Augen sonst in Schwierigkeiten gekommen wäre.

Das wurde nicht von allen als Geschenk an die Gruppe, wie es gemeint war, sondern von einigen als Angriff auf den Rang und die Kompetenz der anderen gewertet. Unzufriedenheit machte sich breit, und frustrierte Bemerkungen und Klatsch über den „alten weißen Mann“, der es nicht lassen kann, seine Macht zu nutzen, machten die Runde. Natürlich trugen auch andere unbewusste Verhaltensweisen und Rangsignale des Mannes, der rein faktisch ein alter weißer Mann mit der entsprechenden Sozialisation war, zu diesem Bild bei. Er sandte unbewusste Rangsignale aus und tendierte manchmal zum „Mansplaining“ (Kapitel 5.1.5.). Es bildete sich starker Widerstand gegen die Macht des Gründers.

Trotz der vielen Aspekte, die ihnen einen hohen Rang gaben, sanken die Gründer:innen immer weiter in ihrem Rang in der Gruppe.

Viele Konflikte und viele Supervisionsstunden drehten sich um die Dominanz der Gründer:innen - obwohl sie in meinen Augen sehr konstruktiv mit ihren Gaben, die ihnen einen hohen Rang verliehen, umgingen. Sie reflektierten ihr Auftreten immer wieder und bemühten sich, etwas zu verändern. Aber die Kombination von vielen Privilegien der Gründer:innen, einer starken Macht-Ablehnung der Gruppe und nicht perfektem Verhalten auf beiden Seiten führte zu vielen Konflikten.

Wir werden an späterer Stelle in diesem Buch (Kapitel 4) noch auf dieses Beispiel zurückkommen, wenn wir die Quellen-Prinzipien kennenlernen.

In Projekten mit der starken Überzeugung „Wir sind doch alle gleich!“ führt es fast zwangsläufig zu Spannungen, wenn jemand viele Gaben mitbringt, da dieser Wert der Gleichheit dann allein schon durch die Ausgangsvoraussetzungen verletzt wird - obwohl diese Gaben ja auch ein Geschenk für die Gruppe sind. Das wird in der Anfangsphase häufig noch als Geschenk wertgeschätzt, aber es kann leicht in Vergessenheit geraten, wenn das Projekt länger besteht. Es braucht sehr viel Aufmerksamkeit und Rangbewusstsein auf beiden Seiten (!), um mit diesen Herausforderungen konstruktiv umzugehen.

Im Beispiel „Alter, weißer Mann“ kann man nicht wirklich sagen, ob der alte weiße Mann einen hohen oder niedrigen Rang hat. Es stimmt beides. Sein Rang ist in vielen Aspekten hoch und seine gefühlte Selbstwirksamkeit und sein sozialer Rang im Sinne von Anerkennung in der Gruppe sind niedrig. Im Endeffekt wird es an seinem psychologischen Rang – und dem der anderen Mitglieder der Gruppe – hängen, ob sie und die Gruppe es schaffen, den Konflikt zu lösen.

Auch bei den Rangsignalen können wir eine gewisse Paradoxie beobachten. Oben habe ich Signale hohen und niedrigen Rangs vorgestellt. Bewusst habe ich es klassische Rangsignale genannt, denn ganz so einfach, wie es scheint, ist die Sache nicht. Julie Diamond schreibt etwa in einem ihrer Newsletter vom genauen Gegenteil[xxii]: In den Studien zu ihrer Doktorarbeit zum Thema Rang fiel ihr auf, dass in vielen Settings die ranghöchsten Personen am wenigsten sprachen, am wenigsten andere unterbrachen, und sie sprachen leise und ruhig. Dies widerspricht zunächst dem, was wir oben als Rangsignale definiert haben. Und gleichzeitig passt es wunderbar dazu, dass diese Menschen eben nicht nur einen strukturell hohen Rang hatten, sondern auch einen hohen persönlichen und psychologischen. Dadurch haben sie einen konstruktiven Führungsstil entwickelt, um andere zu unterstützen, zu empowern und ihnen Raum zu lassen, sich selber zu entfalten. So ist die Liste der Rangsignale für hohen Rang durchaus korrekt, aber andererseits signalisieren diese Signale häufig gleichzeitig einen weniger hohen persönlichen und psychologischen Rang, sie zeigen immer wieder auch Unsicherheit und Dominanzstreben, das sich durch die Rangsignale ausdrückt. Auf einer unbewussten Ebene wollen die Menschen, die solche Signale aussenden manchmal vor allem, dass ihr Rang wahrgenommen wird. Menschen mit einem hohen psychologischen Rang ruhen genügend in sich, um dies nicht zu brauchen und auch anderen die Möglichkeit zu lassen, ihren Rang durch klassische Rangsignale zum Ausdruck zu bringen. So lassen sie Raum für mehr Ebenbürtigkeit.

Diamond sagt, dass die klassischen Rangsignale eher ein Zeichen des menschlichen Machtstrebens sind, als dass die Menschen wirklich Macht haben. Diese sei eher leise und zurückhaltend[xxiii].

3.2.4. Hoher Rang ist eine Droge

Hoher Rang befriedigt das Grundbedürfnis nach Selbstwirksamkeit. Das sorgt für ein Sich-Wohlfühlen und ein sicheres Auftreten. Dabei ist uns nicht bewusst, dass unser Rang uns dieses Wohlgefühl beschert. Aus einer hohen Rangposition sind wir blind dafür, wie es Menschen geht, die nicht die gleichen Privilegien haben wie wir selber, denn wir halten unsere Privilegien, unseren Rang für selbstverständlich postuliert Arnold Mindell. „Je mehr Rang ich habe, umso weniger ist mir bewusst, wie ich andere damit negativ beeinflusse."[xxiv] Dies birgt erhebliche Gefahren! Denn auch wenn wir selber unseren eigenen Rang nicht wahrnehmen, andere werden es, und daraus entsteht häufig eine ungute Rangdynamik.

Genauso wie Süchtige ihre Abhängigkeit von der Droge lange nicht wahrnehmen, so ergeht es auch Menschen, die häufig in ranghohen Positionen sind: Sie nehmen gar nicht wahr, dass sie in diesen Situationen sind. Aber sie ziehen Selbstbestätigung aus diesen ranghohen Situationen und dies bestimmt ihre Art, sich zu verhalten. Es wird ihnen in der Regel nicht bewusst, dass die ranghohe Situation sie von anderen unterscheidet, und dass sie daher durch ihr Verhalten andere verletzen und das Gefühl von Unterlegenheit bei ihnen verstärken. Sie spüren ihre eigene Selbstwirksamkeit und finden das „normal".

Und so verzerrt hoher Rang die Wahrnehmung von anderen, er macht uns häufig blind für die Bedeutung anderer Menschen. Dies haben wir bereits von Keltner in Kapitel 2.2.1. erfahren. Er macht uns blind für das Leid von Menschen, die andere Erfahrungen gemacht haben als wir selber. Wir verurteilen sie dafür, dass sie in die Opferhaltung gehen, weil wir den Schmerz und die Erfahrungen nicht nachvollziehen können. Und wir fühlen uns in unserem Sein bestätigt, weil „wir das nicht nötig haben". Diese Selbstbestätigung verstärkt den Teufelskreis.

Unbewusste Rangunterschiede sind die größte Ursache für Konflikte. Der Schlüssel zu einem konstruktiven Umgang mit Rang heißt: Rangbewusstsein.

3.2.5. Schlüssel: Rangbewusstsein

Je bewusster wir uns unseres Ranges sind, je mehr Licht wir auf die verschiedenen Facetten unseres Ranges werfen, je stärker wir uns auch der dunklen Seiten von mächtigen Positionen bewusst sind und je offener und bewusster wir damit umgehen, desto weniger laufen wir Gefahr, auch in die Fallstricke zu laufen, die Keltner aufzeigt.

Rangbewusstsein ist der erste Schritt - allerdings gehört zum Bewusstsein des eigenen hohen Ranges auch eine Haltung der Demut und des Respekts vor Menschen mit weniger Privilegien. Denn der Großteil meines Ranges wurde mir geschenkt und ist eine Verpflichtung zum Dienst am Gemeinwohl und nicht eine Berechtigung zur Selbstbedienung. Ohne diese Haltung kann das Beschäftigen mit Rängen auch in destruktive Tendenzen umschlagen. Menschen, die sich als ranghoch wahrnehmen, tendieren dann zum Narzissmus und zur Selbstüberschätzung.

Menschen, die sich selber als rangniedrig einschätzen, haben, wenn sie beginnen, Rangbewusstsein zu entwickeln, zwei Wege zur Auswahl: Verständlicherweise wird häufig der Weg gewählt, aus der erlebten Untermacht heraus die eigene Opfer-Rolle zu betonen und anderen vorzuwerfen, ihre Privilegien nicht ausreichend zu reflektieren. Dies entspricht meistens zumindest teilweise der Realität, ist nur leider selten zielführend, da dies dann als Angriff wahrgenommen wird und zur weiteren Eskalation beiträgt.

Der vielversprechendere Weg ist es, sich mit den Aspekten zu verbinden, in denen sie bereits hohen Rang haben. Einen Punkt gibt es für alle Menschen, die das Buch bis hierher gelesen haben, bereits, der den eigenen Rang erhöht: Das Wissen über die Bedeutung von Rangdynamiken für menschliche Interaktionen kann helfen, anders mit Rangdynamiken umzugehen und konstruktive Wege zu finden. Dies werde ich in Kapitel 7 vertiefen.

Um dieses Rangbewusstsein zu entwickeln, braucht es eine Kenntnis der theoretischen Hintergründe, die ich in den letzten Kapiteln aufgezählt habe. Es braucht aber vor allem auch sehr viel innere Arbeit zu dem Thema und die Bereitschaft, sich selber kritisch zu hinterfragen.

Bewusstheit für die eigenen Privilegien

Eine wichtige Grundlage für Rangbewusstsein ist es, sich seine eigenen Privilegien deutlich zu machen. Was wurde mir alles geschenkt, das andere nicht selbstverständlich geschenkt bekommen haben? Hierzu gehört z.B. fast alles, was unseren persönlichen und psychologischen Rang ausmacht. Denn wir haben unser Selbstvertrauen, unsere Intelligenz, unsere Fähigkeit, uns Kompetenzen anzueignen, nicht oder nur teilweise hart erarbeitet, die Grundlagen dafür wurden uns in die Wiege gelegt, als Geschenke unserer Eltern, unseres Umfelds, unserer Kultur.

Eine immer wiederkehrende Situation in basisdemokratischen Projekten ist folgende:

LUCA HÄTTE DAS IM PLENUM SAGEN MÜSSEN!

Ein Thema wird im Plenum eingebracht und ohne nennenswerte Widerstände im Konsens beschlossen. Nach dem Beschluss fängt Luca an, im kleinen Kreis die eigene Unzufriedenheit zu teilen. „Ich wollte das doch eigentlich gar nicht!“ Andere schließen sich den Einwänden und Gedanken von Luca an. Diejenigen, die das Thema eingebracht haben und froh waren, dass es einen scheinbaren Konsens gab, sind aufgebracht. „Luca hätte das im Plenum sagen müssen, wo es hingehört! Jetzt ist es zu spät!“ ist eine häufige Reaktion.

Was dabei vergessen wird: **Das Selbstvertrauen, anderen widersprechen zu können, ist ein Privileg. Der Mut, vor einer größeren Gruppe zu sprechen, ist ein Privileg.** Das haben nicht alle Menschen. Wenn wir andere empowern wollen, dann müssen wir uns bewusst machen, dass nicht jeder im Plenum widersprechen kann und daraus Konsequenzen ziehen für die Art, wie wir im Plenum Themen diskutieren. Die Einladung in einer „Runde“ zu sprechen, so dass jede:r genau einmal zu Wort kommt, ein Austausch in Murmelgruppen oder ein bewusstes Nachfragen bei den Stilleren, was sie zu der Sache denken, oder auch die Nachfrage: „Ich kann mir nicht vorstellen, dass alle dieser Meinung sind, gibt es auch andere Gedanken?“ kann helfen, dass auch Stillere sich trauen, zu widersprechen.

Welche Privilegien haben wir, die wir häufig gar nicht als Privileg wahrnehmen? Das ist natürlich für jede Person anders. Aber ich bin sicher, dass alle Leser:innen des Buches in vielerlei Hinsicht privilegiert sind. Allein schon die Tatsache, dass sie sich für derartige Themen interessieren und ein Fachbuch dazu lesen, spricht schon für einen hohen psychologischen Rang - und damit viele Privilegien. Alle Menschen verfügen über Privilegien und sind sich dessen aber häufig nicht bewusst. Manche haben mehr Privilegien, andere weniger. Und das Bewusstsein, dass eben nicht alle Menschen, mit denen wir zu tun haben, dieselben Möglichkeiten haben wie wir selber, ist ein ganz wichtiger Schritt zu einem konstruktiven Umgang mit dem Thema Rang.

Das Internet ist voller Listen von Privilegien aus der Anti-Diskriminierungs-Arbeit - mit Listen von Privilegien von weißen Menschen, heterosexuellen Menschen, Männern, Angehörigen der Mittel- und Oberschicht, etc.. Diese Privilegienlisten fokussieren meistens überwiegend auf Privilegien, die den sozialen Rang der Menschen bestimmen. Sich dieser Privilegien bewusst zu sein, ist ein sehr wichtiger Ansatz für einen inklusiven Umgang mit Diversität in unserer Gesellschaft. Diese Privilegien nehmen die meisten Menschen noch als viel zu selbstverständlich wahr. Das zu verändern ist eine wichtige gesellschaftspolitische Aufgabe, und der Weg zu einer wirklich inklusiven Gesellschaft ist noch weit.

Die Rangdimensionen der Prozessarbeit zeigen auf, dass es noch weitere Kategorien von Privilegien gibt. Das sind die Privilegien, die unseren persönlichen und psychologischen Rang bestimmen. Auf diese Privilegien wurde bis jetzt deutlich weniger aufmerksam gemacht, und sie spielen in meiner Erfahrung in vielen Projekten, die nach einem gesellschaftlichen Wandel streben, eine mindestens ebenso große Rolle wie die Privilegien, auf die in der Anti-Diskriminierungsarbeit aufmerksam gemacht wird. In der modernen Diskussion ist der Begriff „Ableismus" (vom englischen „ability") in diesem Zusammenhang entstanden, der zunächst die Diskriminierung aufgrund von Behinderungen umfasste und mehr und mehr auch die Diskriminierung aufgrund von Neurodiversität und Unterschieden in der psychischen Verfassung einschließt.

Einen sehr ausführlichen Überblick über mögliche Privilegien aufgrund von Herkunft, Hautfarbe, Geschlechtsorientierung, Neurodiversität, etc. gibt es z.B. hier: https://aspecgerman.de/ressource/privilegien/

Ich möchte an dieser Stelle eine unvollständige, aber essenzielle Liste von Privilegien, die die verschiedenen Rangdimensionen bestimmen, einfügen.

Privilegien, die den sozialen Rang erhöhen:
- *Die gleiche Muttersprache wie andere in der Gruppe*
- *Die gleiche Hautfarbe wie andere in der Gruppe*
- *Herkunft aus Bildungsbürgertum*
- *Keine finanziellen Sorgen in der Kindheit*
- *Aktuell keine finanziellen Sorgen*
- *Gute Freundschaftsnetzwerke*
- *Hohe Bildung*
- *Übereinstimmung mit den Werten der Gruppe*
- *Geschlechtsidentität und sexuelle Orientierung*
- *Alter passend zur Gruppe*
- *Dauer der Mitgliedschaft*

Privilegien, die den persönlichen Rang erhöhen:
- *Auffassungsgabe, Intelligenz, schnelles Denken*
- *Musische Fähigkeiten*
- *Handwerkliches Geschick*
- *Gutes sprachliches Ausdrucksvermögen*
- *Angenehme Stimme*
- *Körperliche Attraktivität*
- *Physische Stärke, Größe (oftmals bei Männern)*
- *Das Fehlen von körperlichen und geistigen Einschränkungen/ Behinderungen*
- *Aufwachsen in akademischem Milieu*
- *Gute Ausbildungen*
- *Erfahrungen und Kompetenzen*
- *Auslandsaufenthalte, die das Kennenlernen von fremden Kulturen ermöglichen*

Privilegien, die den psychologischen Rang erhöhen:

- *Liebevolles Elternhaus*
- *Die Möglichkeit, an Selbsterfahrungsgruppen und -seminaren teilzunehmen*
- *Als Kind/ Jugendlicher in guter Jugendarbeit Anregungen und Selbstvertrauen bekommen haben*
- *Die richtige Dosis an Herausforderungen im Leben bekommen haben: keine schweren Traumata, aber Herausforderungen, an denen wir gewachsen sind*
- *Menschen, die uns konstruktives Feedback gegeben haben*
- *Bedürfnisorientierte Erziehung*
- *Urvertrauen, Selbstvertrauen*
- *Einfühlungsvermögen*
- *Spirituelle Anbindung*
- *Einen Sinn in der Welt sehen*
- *Die Haltung, Herausforderungen und Konflikte als Lernchance zu begreifen*
- *Geduld*

Privilegien, die den strukturellen Rang bestimmen:

- *Position in der Geschwisterreihenfolge*
- *Definierte Position in der Organisation*
- *Eigentumsverhältnisse*
- *Vertragsverhältnisse*
- *Nationalität*
- *Aufenthaltsstatus*

Die Liste dient zur Inspiration und ist sehr unvollständig.

Nimm Dir an dieser Stelle Zeit, über Deine eigenen Privilegien nachzudenken. Welche besitzt Du? Sie sind Dein größter Schatz und tragen zu Deiner Stärke bei! Mach Dir immer wieder bewusst, dass sie ein Geschenk sind – oder dass zumindest die Fähigkeit, sie zu erwerben, ein Geschenk war. Wie gibst Du dieses Geschenk weiter?

Körpersprache und Rangsignale

Zum Rangbewusstsein gehört auch ein Bewusstsein über die Stärke und Wirkmacht unserer unbewusst ausgesandten Rangsignale. Die Übung aus Kapitel 3.2.1., das bewusste Beobachten der Rangsignale in unseren sozialen Interaktionen, darf für alle, die sich ernsthaft mit dem Thema beschäftigen wollen, gerne ins tägliche Leben integriert werden. Welche Rangsignale sende ich aus? Wie reagieren andere darauf? Was passiert, wenn ich das verändere? Welche Rangsignale senden andere aus? Macht das etwas mit mir?

Interessanterweise beeinflusst eine Änderung der Körperhaltung auch das subjektive Rangempfinden. Je raumgreifender ich mich positioniere, desto mächtiger fühle ich mich auch. Mich bewusst zurücklehnen und klein machen signalisiert nicht nur den anderen in der Gruppe, dass ich gerade nicht dominieren möchte, sondern auch meinem eigenen System. So kann durch bewusste Einnahme einer Körperhaltung, die entweder eine ranghohe Position oder eine rangniedrige Position ausdrückt, auch die reelle Einflussmöglichkeit in dieser Situation verändert werden. So unterstützt es mich beispielsweise, dass ich nochmal tief durchatme, mich aufrecht hinstelle, um meine eigene Unsicherheit zu bekämpfen, bevor ich die Tür zu einem schwierigen Gespräch öffne. Auf diese Art und Weise kann ich die subjektive Selbstwahrnehmung meines Ranges durch bewusste Körperhaltung ein wenig verändern.

WER ÖFFNET DIE TÜR?

Eine neue Liebesbeziehung. Ich bin bei ihm zu Besuch. Wir gehen zu zweit spazieren, und ich öffne, ohne irgendwie darüber nachzudenken, die Tür nach außen und gehe hindurch. „Das ist mir ja noch nie passiert, dass die Frau die Tür öffnet und als erste durchgeht!" ist das Feedback meines neuen Partners, ein Gentleman der alten Schule. Er ist es andersrum gewohnt, er öffnet die Tür für seine Partnerin und lässt sie dann hindurchgehen. So sagt es der gute alte Knigge. Ich meine, es lag nur daran, dass ich zufällig (?) etwas vor ihm und auf der Seite der Türklinke ging und daher näher an der Türklinke war, aber stimmt das wirklich?

Seitdem achte ich darauf, wann ich die Tür öffne, wenn ich mit einer anderen Person unterwegs bin. Ich öffne sie tatsächlich sehr häufig. Aber nicht in Situationen, in denen ich neu und unsicher bin. Da überlasse ich es tatsächlich lieber meiner Begleitung. Also ist es doch ein Rangsignal, wie es mein Partner richtig wahrgenommen hat. Aber auch ein Signal, dass ich mich bei ihm angenommen und sicher fühle. Bei meinem ersten Besuch hätte ich es sicher nicht getan.

Derartige Alltagssituationen bewusst zu beobachten und in entspannten Beziehungen auch gemeinsam zu reflektieren, kann sehr hilfreich sein, um die eigenen unbewusst ausgesandten Rangsignale und die unbewusste Reaktion auf Rangsignale zu erkennen und zu hinterfragen. Mir wurde durch dieses spontane Feedback klar, dass ich beim Öffnen der Türe ein Rangsignal aussende - durch das Gespräch wurde deutlich, dass dieses Rangsignal aber auch ein Kompliment an meinen Partner ist, und nicht ein Zeichen, dass ich ihn dominieren möchte.

Wenn wir Bewusstsein auf unsere Rangsignale richten, können wir anders damit umgehen. Es geht dabei nicht darum, uns sämtliche Signale von hohem Rang abzugewöhnen, weil „wir ja nicht dominant wirken wollen." Für Menschen, denen ihre Dominanz vorgeworfen wird, ist es aber sehr sinnvoll, bewusst darauf zu achten, wenig Signale eines hohen Rangs auszustrahlen. Umgekehrt kann es gerade für Menschen, die sich häufig ohnmächtig fühlen, ein echter Game-Changer sein, bewusst Signale von hohem Rang auszusenden. Denn das Gegenüber wird es spüren, und das kann die Beziehung stärker auf Augenhöhe bringen. Und das ist mein Ziel bei aller Beschäftigung mit dem Thema Rangbewusstsein: dafür zu sorgen, dass Menschen möglichst häufig auf Augenhöhe miteinander kommunizieren können. Dafür braucht es häufig auch die körperliche Aufrichtung.

Unbewusste Sprache

Auch unsere Wortwahl zeugt davon, wie unbewusst wir häufig mit unseren Privilegien umgehen. Fremdwörter verwenden, berühmte Menschen so zitieren als müsste man sie selbstverständlich kennen, englischsprachige Sätze einbauen, unsere Bekanntschaft mit für den anderen wichtigen Menschen betonen, („Thomas Hübl sagte mal zu mir...."), all das sind Strategien, mit denen wir unbewusst unser Bildungsniveau oder unsere Verbindungen präsentieren und Menschen sehr stark frustrieren, die diese Worte nicht verstehen oder die Zitierten nicht kennen.

Gleichzeitig ist es auch eine Möglichkeit, uns bewusst oder unbewusst als gleichrangig zu profilieren. Beispielsweise kann ich im Gespräch mit meiner Ärztin den lateinischen Namen meiner Krankheit erwähnen, um deutlich zu machen: „Ich verstehe auch was davon!" Das Signal wird ankommen!

Auch wenn sich schon viel im Bewusstsein der Menschen getan hat, werden immer noch häufig der Einfachheit halber nur männliche Bezeichnungen genutzt, auch wenn es um alle Menschen - Männer, Frauen und diejenigen, die sich in diese Kategorien nicht einordnen können - geht. Es gibt viele Studien[xxv], die belegen können, dass sich Menschen, wenn beispielsweise von „Lehrern" die Rede ist, sich in der Regel Männer vorstellen. Dabei sind 73% der Lehrenden an deutschen Schulen weiblichen Geschlechts.[xxvi]

Die aktuelle Diskussion ums Gendern wird gerade heiß geführt. Von „Vergewaltigung der Sprache" ist die Rede, von elitärem Sprachgebrauch, der eben gar nicht inklusiv ist, sondern viele abschreckt. Auch diese Argumente haben ihre Berechtigung. Aber in der Sprache darauf zu achten, dass sich alle angesprochen fühlen, die man ansprechen will, ist für alle von Bedeutung, die nicht unbewusst signalisieren möchten: Es ist uns egal, ob Du Dich mitgemeint fühlst oder nicht. Denn das ist die Reaktion auf die Nutzung der ausschließlich männlichen Bezeichnung bei vielen[3] Personen, die sich nicht mit der männlichen Rolle identifizieren können: Sie fühlen sich nicht gemeint! Es ist eine Frage der Übung und Gewöhnung, Formulierungen zu finden, die nicht zu gestelzt klingen und trotzdem inklusiv sind. Menschen, die Rangbewusstsein signalisieren möchten, sind gut beraten, dies bei ihrer Sprachwahl zu beachten - und gleichzeitig offen dafür zu sein, dass ein derart bewusstes Achten auf die Ausdrucksweise für manche Menschen eine große Herausforderung ist und daher nicht von

[3]Das bedeutet nicht, dass es bei allen Menschen so ankommt. Hier gibt es z.B. noch eine große Ost-West-Kluft in Deutschland. Bei meinen ostdeutschen Nachbar:innen wird es selten so ankommen.

allen erwartet werden kann. Für die nächste Generation wird diese Form der sprachlichen Öffnung viel leichter sein, weil es dafür bereits viel mehr Vorbilder gibt.

Und nein, es braucht keine Vorbilder:innen, denn das Vorbild ist sächlich und keine männliche Bezeichnung!

Unbewusstes Ausgrenzen

Nicht nur durch Sprache grenzen wir Menschen aus. Rangbewusstsein sollte auch dazu beitragen, dass wir weniger zu unbewussten Ausgrenzungen neigen. Wenn wir als Treffpunkt eine Gaststätte vorschlagen, grenzen wir Menschen aus, die sich das Getränk dort nicht leisten können und Menschen, die wegen Hörproblemen aufgrund des erwarteten Geräuschpegels nichts verstehen werden.

Wenn wir ein Treffen in den ersten Stock verlegen, denken wir nicht darüber nach, dass wir Menschen, die keine Treppen steigen können, damit ausgrenzen, wenn es keinen Fahrstuhl gibt.

Wenn wir als einzige Form der gemeinsamen Meinungsbildung offene Diskussion in Großgruppen nutzen, dann grenzen wir damit Menschen aus, die Schwierigkeiten haben, in großer Gruppe zu sprechen. (Siehe: Luca hätte das im Plenum sagen müssen!)

Wenn wir als einzige Kommunikationsform eine Internetplattform nutzen, dann grenzen wir Menschen aus, die keinen Internetzugang haben. Wenn wir eine Plattform nutzen, die datenschutzrechtlich bedenklich ist, wie beispielsweise die Angebote von Google, grenzen wir damit Menschen aus, denen Datenschutz sehr wichtig ist. Wenn wir eine Lösung nutzen, die selbst programmiert oder Open Source ist, ist es häufig so, dass sie schwieriger zu bedienen ist und damit Menschen ausgrenzt, die weniger digitales Verständnis mitbringen oder weniger Begeisterung haben, sich in neue, nicht immer intuitiv verständliche Software einzuarbeiten.

Wenn wir das berühmte analoge schwarze Brett nehmen, grenzen wir damit die Menschen aus, die nicht am schwarzen Brett vorbei gehen können oder die die Mitteilungen am schwarzen Brett nicht lesen können, weil sie sehbehindert sind.

An den obigen Beispielen wird deutlich: Es gibt häufig gar keine Lösung, die niemanden ausgrenzt! Jede Lösung hat ihre Vor- und Nachteile. Das nimmt uns aber nicht die Verantwortung ab, darauf zu achten, ob das, was für mich selbstverständlich und leicht möglich ist, auch für andere möglich ist, die weniger privilegiert sind als ich und möglichst inklusive Lösungen zu suchen.

4

Weitere inspirierende Ansätze

Bevor ich tiefer in die Frage einsteige, was die theoretischen Erkenntnisse für die persönliche Praxis im Umgang mit dem Thema bedeuten können, möchte ich noch zwei weitere inspirierende Ansätze einführen, auf die ich mich in der Folge ab und zu beziehen werde: Ausführlich werde ich die Quellen-Prinzipien vorstellen und kurz in das Growth-Mindset nach Carol Dweck einführen.

4.1. Die Quellen-Prinzipien

Während der Arbeit an diesem Buch machte mich Johannes Hochholzer[xxvii] auf einen Ansatz aufmerksam, den ich bis dahin nicht kannte und der sehr zwiespältige Reaktionen in mir hervorrief: Die Quellen-Prinzipien (Source-Principles) des Unternehmensberaters Peter Koenig. Peter Koenig weist auf einen ganz besonderen, strukturellen Rang in jeder Initiative hin, den er die Quelle nennt.

Er entwickelte dieses Prinzip in zahlreichen Workshops mit Unternehmer:innen, in denen sie gemeinsam nach Prinzipien geforscht haben, die zum Erfolg oder Schwierigkeiten ihrer Unternehmen beigetragen haben.

Ich stelle die Prinzipien an dieser Stelle zunächst so vor, wie sie insbesondere von Koenigs Schüler Stefan Merckelbach[xxviii] in „Ein kleines, rotes Buch über die Quelle“ eingeführt wurden. Ich möchte bereits vorwegschicken, dass ich nicht alles teile, was hier postuliert wird. Aber gleichzeitig decken sich die Quellenprinzipien sehr stark mit meinen Erfahrungen. Ich bin hin- und hergerissen. So habe ich mich entschlossen, in diesem Kapitel Koenigs Prinzipien zunächst einfach vorzustellen und sie dann in Kapitel 4.2. kritisch zu diskutieren.

4.1.1. Was ist eine Quelle?

Jede menschliche Initiative hat einen Ursprung in der Aktion eines Menschen, der eine Idee, eine Intuition hat und dafür ein Wagnis eingeht. Dieser Mensch hat in der Initiative eine besondere Stellung und ist die Quelle (engl. Source) oder Quellenperson der Initiative. Es gibt für jede Initiative eine globale Quelle, die erste Person, die den Initialfunken zu diesem Projekt gab. Dies gilt für Unternehmen wie für Initiativen, sogar für Paare oder Freundeskreise, die gemeinsam in Urlaub fahren. Diese Quellenperson hat eine ganz besondere Rolle in der Initiative. Und es gibt fast immer neben der ersten Quelle zur gesamten Initiative noch viele weitere Quellen für Teilaspekte in einem Projekt: Jede Person, die die Idee für ein Teilprojekt hat, dieses initiiert und dafür Verantwortung übernimmt, wird dadurch zu einer Quelle. So entsteht eine (zeitliche) Ordnung von Quellen, abhängig von den Handlungen und der Verantwortungsübernahme der jeweiligen Menschen.

Die Bedeutung der globalen (ersten) Quelle

Koenigs These ist folgende: Wenn wir diese Ordnung der Quellen in unseren Initiativen berücksichtigen und wertschätzen, entwickeln sich diese kraftvoll und fokussiert. Wenn diese Ordnung der Quelle nicht respektiert wird, dann führt dies immer zu Spannungen und einer Schwächung der Initiative.

Was bedeutet das?

Jedes Projekt, jede Initiative, jede Gruppe hat nur eine erste Quelle, die Koenig „globale Quelle“ nennt. Diese Quelle ist verantwortlich für das Projekt. Die Quellenperson hat über ihre Intuition den Impuls erhalten, das Projekt zu initiieren, sie hat Initiative ergriffen und ist Risiken eingegangen, um es in die Umsetzung zu bringen. Sie hat den Auftrag übernommen, die dazugehörige Idee in die Welt zu bringen und hat somit die Verantwortung dafür inne.

Daraus resultiert die inhärente Aufgabe dieser Quelle, dieses Projekt zu halten und zu schützen. Insbesondere ist sie die Hüterin der Vision des Projektes. In Koenigs Sichtweise ist die globale Quelle immer genau eine Person.

„Even in instances where shared ownership is declared because "we" had the idea together, closer investigation of the path of creation will always lead back to one particular person. This person, who has the role of Source, has an energetic connection to the endeavour, quite unlike any other member of the organization or team. The Source is not simply the person who had the idea, but who took the first risk and invested energy into the realization of the idea. As a result, the Source has an intuitive knowing about what the next steps are and will have strong reactions, sometimes viscerally, if this intuitive "knowing" is not honoured. The "Gestalt" (the visible, external form of something, what it "ought to look like") can be sensed by the Source, even if others sometimes have more accurate language to describe it. The effects of the importance of recognition of Source can be witnessed whenever the Source is not acknowledged; power struggles emerge and tension is tangible for everyone involved. The recognition of Source will lead to an ease of flow in processes and decrease the potential for conflict."[xxix]

„Selbst in Momenten, in denen behauptet wird, es gäbe einen gemeinsamen Entwicklungsimpuls, weil „wir" die Idee zusammen hatten, wird bei genauerer Betrachtung des Gründungsprozesses die Spur stets auf eine einzelne Person zurückzuführen sein. Diese Person, die die Rolle der Quelle hat, hat eine energetische Verbindung zu dem Vorhaben, anders als die Verbindung jedes anderen Mitglieds der Organisation oder des Teams. Die Quelle ist nicht einfach die Person, die die Idee hatte, sondern die Person, die das erste Risiko auf sich nahm und Energie in die Realisierung der Idee gesteckt hat. Daher hat die Quelle ein intuitives Verständnis dafür, was die nächsten Schritte sind und wird sehr heftig reagieren, manchmal sehr emotional, wenn dieses intuitive Wissen nicht gewürdigt wird. Die Quelle kann die Gestalt (die sichtbare, externe Form etwa, das, „wie es aussehen müsste") eines Projektes erspüren, auch wenn andere sie manchmal akkurater beschreiben können. Die Effekte der Bedeutsamkeit der Beachtung der Quelle können immer dann beobachtet werden, wenn die Quelle nicht anerkannt wird. Dann beginnen Macht-Konflikte und die Spannung ist für alle Involvierten mit Händen greifbar. Die Beachtung der Energie der Quelle wird zu einem leichteren Fluss der Prozesse führen und das Potenzial für Konflikt verkleinern." (Übersetzung von der Autorin)

Dieser Ansatz widerspricht einerseits meinem Anspruch, dass Machtstrukturen in selbstorganisierten Projekten stets revidierbar sein sollten, und entspricht gleichzeitig vielen Erfahrungen, die ich in Begleitungen von Projekten und Initiativen gemacht habe. Die Initiator:innen haben eine sehr besondere Rolle, und wenn diese nicht respektiert wird, entstehen viele Spannungen. Lasst uns aber vor einer kritischen Diskussion dieser Frage tiefer in die Quellen-Prinzipien eintauchen.

4.1.2. Quellen zwischen Top-Down und Buttom-Up

Trotz dieser Betonung der herausgehobenen Position der globalen Quelle stehen die Quellenprinzipien nicht für einen autoritären, hierarchischen Führungsstil und eine uneingeschränkte Macht der Quelle. Denn die Quellen-Prinzipien betonen, dass jede Person das Potenzial hat, Quelle zu sein, und dass es elementar ist, dass die globale Quelle in einem Projekt auch Raum für weitere Quellen lässt. Die Quellen-Prinzipien erklären die Entwicklung von Initiativen und die verschiedenen Rollen darin wie folgt:

Eine erste Quelle macht den ersten Schritt, eine Initiative entsteht. Sie erzeugt durch ihre Tätigkeiten ein kreatives Feld, das auf andere Menschen anziehend wirkt.

Menschen werden Teil dieser Initiative, weil sie von diesem Feld angezogen wurden, und wer etwas gestalten möchte, bringt die eigenen Fähigkeiten als weitere spezifische Quelle ein. Spezifische Quellen machen den ersten Schritt für einen Teilbereich der Initiative, die sich allerdings konkret auf die globale Quelle und das entstandene kreative Feld bezieht. Das kreative Feld, das durch die Initiative der Quellenperson geschaffen wurde, ist damit der Rahmen für alles, was danach geschieht.
Es ist die heilige Aufgabe einer Quelle, die Ränder des kreativen Felds zu beschützen, damit die Initiative sich nicht verwässert oder zerfasert. Eine Quelle muss nach Koenig engagiert Einfluss nehmen auf die Ausrichtung der Initiative. Dies bedeutet jedoch keine Top-Down-Organisation und keine starke Machtstellung im Sinne von *Macht Über*.

Denn **die Aufgabe einer Quelle ist es, der Initiative zu dienen und nicht, sie zu beherrschen**. Sie darf nicht diktieren, sie erhebt niemals die

Stimme, aber sie hält die Klarheit der Vision aufrecht. Wichtig ist dabei, dass die Quelle nicht das eigene Ego mit der Initiative verwechselt.

Gleichzeitig ist die Quelle eingeladen, Kontrolle abzugeben, damit alle Beteiligten in vollem Maße ihre (Quellen-)Verantwortung für ihre Teile der Initiative übernehmen können. Erst wenn die weiteren Quellen ebenfalls ihre Autonomie entfalten können, können Projekte sich wirklich entfalten.

Es gibt somit zwei Prinzipien, die der Arbeit mit Quellen zugrunde liegen:

- **Primatsprinzip der globalen Quelle:** Die globale Quelle hat in einer Gruppe einen besonderen Platz durch die besonderen Aufgaben und Möglichkeiten, die ihr als Quelle zukommen. Das Primat besteht in der Anerkennung dieser einzigartigen Rolle im Dienste des Projekts durch alle, einschließlich der Quelle selbst. Die Quelle selbst stellt sich ebenfalls in den Dienst der Idee. Sie ist nicht Herrscherin der Initiative, sie darf nicht ihre persönlichen Interessen über die der Idee stellen, sondern sie stellt sich mit ihrem ganzen Sein in den Dienst der Idee.
- **Äquivalenzprinzip:** Jeder Mensch hat die Möglichkeit, zur Quelle zu werden, und alle Beteiligten haben damit den gleichen Wert und die gleiche Möglichkeit der Einflussnahme. Ein Projekt ist dann erfolgreich, wenn viele Menschen in ihre Quellenenergie kommen können. Quellen für Teilprojekte sind in dieser Rolle ebenfalls als Quellen zu respektieren.

4.1.3. Herausforderungen für Quellen

Welche Herausforderungen bieten sich für Menschen, die Quellen ihrer Initiativen sind?

Quellen können versickern, verunreinigt, aufgestaut werden – das sind einige metaphorische Beispiele für die Beeinflussung von innen und außen, die in der Quellenarbeit auftauchen können. Konkret benennt Stefan Merckelbach drei Deformationen der Wirkung der Quelle, die Initiativen belasten können.

- **Blindheit:** „Wir sind doch alle gleich!" Die Quelle verkennt sich selbst. Die Quellenperson nimmt nicht wahr, dass sie „an der Quelle sitzt", während sich die Initiative in Entscheidungen aufreibt, verwässert und die Unzufriedenheit wächst. Es ist wichtig, dass die Quelle für die Initiative, die sie ins Leben gerufen hat, auch die Verantwortung und Initiative übernimmt. Das gehört zu ihrer Rolle und macht die Arbeit der ganzen Initiative leichter.
- **Willkür:** „Das ist mein Projekt - ich entscheide!" Quelle und Ego verwechseln.
  Die Quellenperson möchte so sehr Quelle sein, dass sie den Ursprung mit Eigentümerschaft verwechselt. Willkürliche Entscheidungen dienen nicht der Sache an sich, sondern der Verwirklichung von eigenen Zielen und persönlichen Wünschen. Hierzu gehört es, sich stets zu fragen, was die eigene Motivation für eine Entscheidung ist. Innere Arbeit ist eine wichtige Notwendigkeit für alle Quellen. **Quellen stehen im Dienst der Idee**, sie sind nicht diejenigen, die das Projekt beherrschen.
- **Nachlässigkeit:** „Ich habe da eine Idee - macht ihr mal!" Die Arbeit der Quelle vernachlässigen.
  Die Quellenperson ist sich ihrer Rolle bewusst, übernimmt jedoch keine Verantwortung dafür oder investiert nicht die Zeit und Ressourcen, dieser Verantwortung gerecht zu werden. Die Initiative ist gelähmt, lethargisch und kommt nicht vom Fleck.

In allen drei Fällen wird die Initiative schwächeln. Kraftvoll werden Initiativen, wenn die Quellen sich als Quelle wahrnehmen und bewusst dafür engagieren, sich dabei in den Dienst der Sache stellen und ihr Ego zurückstellen. Es braucht dafür von der Quelle, wie von jeder hohen Rangposition, einen sehr bewussten Umgang mit ihrer Rolle und innere Arbeit.

4.1.4. Übergabe der Quellen-Rolle

Koenig legt großen Wert auf die Frage, dass die Rollen von Quellen nicht nur in der Anfangszeit von Bedeutung sind, sondern in jeder Phase einer Initiative, auch nach dem Tod oder Weggang der ersten globalen Quelle. Wenn eine Quelle sich zurückzieht, muss diese Rolle auf eine andere übertragen werden. Denn Koenigs These ist: eine Organisation, in der nicht eine ganz klar definierte einzelne Person die Rolle der Quelle übernimmt, wird verwässern und die Orientierung verlieren.

Es sind viele inspirierende Projekte bekannt, die nach dem Tod oder Weggehen der Quelle einschliefen oder große Krisen durchliefen.

Ein bekanntes Beispiel ist die Künstlerkolonie von Monte Verità in der Schweiz, die vom deutschen Dichter und Philosophen Henri Oedenkoven und seiner Partnerin, der Tänzerin Ida Hofmann, gegründet wurde. Die Kolonie war ein Zentrum für alternative Lebensweise und künstlerische Experimente. Nach dem Tod von Oedenkoven verlor die Kolonie jedoch ihren Antrieb und Einfluss.

Heutzutage erinnern sich nur noch wenige, dass die Firma Apple, von Steve Jobs gegründet, eine Phase hatte, in der Jobs das Unternehmen verlassen hatte - und das deutliche Auswirkungen auf das Unternehmen hatte. Jobs hat Apple 1976 mitgegründet. Er verließ jedoch nach einem Machtkampf mit dem damaligen CEO die Firma 1985. Danach durchlief Apple eine Phase, in der die Marktanteile und Gewinne deutlich sanken und viele talentierte Mitarbeitende das Unternehmen verließen. Im Jahr 1997 kehrte Jobs zu Apple zurück und Apple erlebte eine beispiellose Renaissance. Jobs Fähigkeit, technologische Innovation mit ansprechendem Design zu vereinen, führte zur Entwicklung von bahnbrechenden Produkten wie dem iPod, iPhone und iPad.

Zu den Quellen-Prinzipien gehört die These, dass für den Erfolg einer Initiative **eine gelungene Übergabe** der Quellen-Rolle an eine nachfolgende Quelle sehr entscheidend ist. Aufgrund der besonderen Rolle der Quelle geraten Projekte oft ins Schlingern, wenn die erste globale Quelle sich zurückzieht oder stirbt, ohne die Rolle zu übergeben.

Ob die Übergabe in einem formellen Rahmen oder ganz informell durch ein kurzes Gespräch oder einen dahingeworfenen Satz: „Jetzt bist Du dran, ...!"

stattfindet, das hat nach Koenig keinen Einfluss darauf. Wichtig ist, dass die Übergabe von beiden Seiten aus freiwillig und aus vollem Herzen geschieht. Wenn die alte Quelle die Initiative nur widerwillig abgibt, bleibt sie in Wirklichkeit die Quelle, und es kommt zu Verwerfungen. Wenn die neue Quelle die Quellenrolle nicht wirklich aus vollem Herzen annimmt und sich in den Dienst des Projektes stellt, bleibt die alte Quelle aufgrund dieses Vakuums in der Quellenrolle, selbst wenn es einen formal klaren Übergang gab.

Wenn eine Quelle unvorbereitet abtritt, z.B. weil sie stirbt oder von anderen Aufgaben überraschend in Beschlag genommen wird, dann beschreibt Merckelbach dies mit dem Bild, dass die Fackel, die die Quelle bis jetzt hielt, auf den Boden gefallen ist. Die entscheidende Frage ist, ob sie jemand aufhebt. Wenn niemand die Quellenrolle aktiv an sich und die Fackel aufnimmt, dann wird die Fackel noch eine Weile vor sich hin brennen, aber dann irgendwann verlöschen.

4.1.5. Das Ostern des Projektes

In der gemeinschaftlichen Projektplanungsmethode ‚Dragon Dreaming'[xxx] wird in einer sehr frühen Phase eines Projektes mit der Methode Traumkreis[4] gearbeitet, den die Quellenperson des Dragon Dreamings, John Croft, „das Ostern des Projektes" nennt. Er nennt den Traumkreis den Moment, in dem das Projekt als Projekt der Gründungsperson stirbt und als Projekt der Gruppe wieder aufersteht.

In der Sichtweise der Quellenprinzipien ausgedrückt, ist der Traumkreis deutlich weniger. Er ist zwar ein bedeutender Moment in der Projektgeschichte, denn er ist der Moment, an dem das Quellenfeld geöffnet wird, weitere Quellen hinzukommen können und ihre eigenen Teilprojekte als

---

[4] *Der Traumkreis ist eine Methode, in der alle Projektbeteiligten ihre Träume für das Projekt zusammenbringen. Jede Person teilt nacheinander immer einen Aspekt ihres Traums. So entwickelt sich eine sehr detailreiche, schöne, gemeinsame Traumformulierung, die dann die Basis für alle weiteren Schritte der Visionsklärung ist.*

Quellen einbringen. Aber in der Sichtweise der Quellenprinzipien behält die Quellenperson weiterhin die wichtige Rolle als globale Quelle. Wenn sie diese einfach aufgibt, dann verwässert das Projekt.

Trotzdem wird das Projekt beim Traumkreis ein Projekt der Gruppe: Dadurch, dass jede Person ihren Traum in das Projekt einbringt, wird jede Person selber zur spezifischen Quelle von dem, was sie in den Traumkreis einbringt. Somit ist mit dem Traumkreis das Quellenfeld über die Quellenperson hinaus geöffnet.

Im Dragon Dreaming wird betont, dass der Traumkreis ein Gegenmittel dagegen sei, dass ein Projekt „das Projekt der Gründungsperson" bleibt. Die zentrale Rolle der Gründungsperson als die globale Quelle bleibt in der Sichtweise des Quellenprinzips allerdings trotzdem bestehen, und darf nicht aufgelöst werden. Wie passt das alles mit dem Wunsch nach Hierarchiefreiheit oder Hierarchiearmut, nach Strukturen, in denen Macht stets von der Gruppe kontrollierbar ist, zusammen?

4.2. Kritische Betrachtung der Quellenprinzipien

4.2.1. Meine Reaktionen auf die Quellenprinzipien

Bei der ersten Begegnung mit den Quellenprinzipien entstanden in mir fast gleichzeitig zwei ablehnende Reaktionen:

1. Ein innerer Widerstand: Nein, das widerspricht meinem Anspruch an konstruktiven Umgang mit Macht! So darf es nicht sein! Ich möchte nicht, dass eine Person eine Position hat, in der sie unanfechtbare *Macht Über* die Ausrichtung eines Projektes hat!
2. Der Kopf schaltet sich ein: Das Projekt, in dem ich lebe, hat seine Quelle schon 1992 verabschiedet und einen anderen Weg gewählt als sie wollte - ist das nicht ein Beweis für die Ungültigkeit der Prinzipien?

Nein, es darf nicht sein!

Ich lege in der gemeinschaftlichen Projektentwicklung in der Gründungsphase einen besonderen Fokus darauf, dass ein Projekt nicht alleiniges Vorhaben der Gründungsperson bleibt, sondern ein Projekt der ganzen Gruppe wird. Den oben genannten Traumkreis führe ich gerne mit den Worten ein, dass er ein „Ostern des Projektes“ ist und damit die ganze Gruppe die gemeinsame Ausrichtung trägt. Peter Koenig nennt das „Rubbish“.[xxxi]

Wenn ich den Quellen-Prinzipien vollständig folge, dann kann ich mit dem Traumkreis zwar ein Feld für spezifische Quellen öffnen, aber die Entscheidungsmacht über die Ausrichtung der Gruppe bleibt dauerhaft bei der Quelle. Merckelbach formuliert das sehr deutlich: „Es ist zu beachten, dass die einzige Person, die berechtigt ist, die Vision zu ändern, die Quellenperson ist. Während sie ... den Dialog ebenso wie ihre Intuitionen und ihre persönliche Reflexion nutzen kann, um diese Veränderung zu klären, kann niemand, der am Projekt beteiligt ist, eine Quellenperson zwingen, ihre Vision zu ändern.“ [xxxii] Koenig sagt: „Du hast (als Quelle) ein Privileg: Das Privileg ist 100%iges Entscheidungsrecht. Nur Du kannst entscheiden, denn nur Du (als Quelle) hast die ganze Information über das Projekt. Und wenn Du hoffst, dass jemand anders mit Dir entscheiden kann, bist du auf der falschen Linie ... Wenn Du vertraust, dass Du die richtigen Informationen haben wirst,... brauchst Du es nur kommunizieren, und Deine Helfer werden Dir folgen. Wenn du aber denkst, sie müssen mit Dir gemeinsam diese Entscheidungen treffen, bist Du schon verloren und kannst stunden-, wochen-, monate- und jahrelang über Entscheidungen sprechen, du weißt schon, was zu tun ist und Du hoffst, sie kommen nach. Und wenn sie nachkommen, habt Ihr schon soviel Energie und Zeit verloren in dem ganzen Projekt.“[xxxiii]

Bekommt die Person, die ein Projekt initiiert hat, aufgrund der Quellen-Prinzipien dann unumstößlich besondere strukturelle Macht zugesprochen? Sind die Nachfolgenden dann langfristig zum Folgen verdammt und müssen sich den Vorstellungen der Quelle unterordnen? Das kann doch nicht sein, das widerspricht meinen Grundsätzen von gemeinschaftlicher Projektentwicklung, in denen mir wichtig ist, dass strukturelle Machtpositionen, die mit Entscheidungsgewalt einhergehen, von der Gruppe veränderbar sein müssen! Die Quelle hat in Koenigs Prinzipien eine Rolle, die ihr eine unantastbare Machtposition gibt.

Doch beim tieferen Nachdenken wurde mir klar, dass dieses Prinzip trotzdem ein ganz wichtiges Goldkörnchen enthält, gerade auch für Initiativen, die keine unkontrollierbaren Machtpositionen wünschen. **Es ist mit der Rolle der Quelle nicht anders als mit dem Einfluss von Privilegien auf den Rang einer Person: Auch wenn wir nicht wollen, dass es wirkt, die Rolle wird wirken!**

Daher ist es hilfreicher, sich mit der Wirkung der Quellen-Prinzipien zu beschäftigen als sie zu verdammen, weil die Prinzipien den eigenen Wertvorstellungen widersprechen.

Auf der anderen Seite erklären die Quellen-Prinzipien viele meiner Erfahrungen in der Begleitung von gemeinschaftlichen Initiativen: Sehr viel Unruhe und Spannungen werden in ein Projekt getragen, wenn die Rolle der Quelle einer Initiative nicht respektiert wird. Ich erinnere hier nochmal an das Beispiel „Weißer, alter Mann" aus Kapitel 3.2.3.. Könnte dieser Konflikt mit einem Ignorieren der Quellen-Prinzipien erklärt werden? Ich glaube, da steckt ein Körnchen Wahrheit drin. Es ist sicher nur ein Puzzlestück zur Erklärung, aber ein wichtiges.

Ich habe an vielen Beispielen die Bedeutung der Gründungspersonen für Initiativen erlebt, und teile die Ansicht, dass der Rang, Quelle einer Initiative zu sein, ein ganz wesentlicher struktureller Rang ist, der auch Respekt und sehr bewussten Umgang von beiden Seiten - der der Quelle und der der Anderen in der Initiative, braucht. Von beiden Seiten aus kann ein Missachten des Quellenprinzips zu Schwierigkeiten führen: Wenn die initiierende Person ihre Rolle als Quelle nicht ausfüllt und beim Weggang nicht bewusst weitergibt, dann wird ein Projekt immer schwächeln. Wenn die Gruppe ihre Quelle nicht achtet, dann verstrickt sie sich in unnötige Reibereien.

Die Geschichte meines eigenen Projektes

In der Geschichte meines eigenen Projektes habe ich ein Beispiel für einen Prozess überliefert bekommen, in dem die Quelle mit ihrer Vision nicht respektiert worden ist. Trotzdem ist daraus das Ökodorf Sieben Linden[5]

[5] *www.siebenlinden.org*

entstanden, eins der größten deutschen Gemeinschaftsprojekte, in dem seit 1997 ein nachhaltiges Dorf aufgebaut wird, in dem (Stand Mai 2024) ca. 155 Menschen aller Altersstufen leben.

QUELLEN-GESCHICHTE DES ÖKODORFS SIEBEN LINDEN

Der Initialfunken und die erste Initiative zu dem, was heute das Ökodorf Sieben Linden ist, kamen Ende der 80er Jahre des letzten Jahrhunderts von einem Heidelberger Psychologen. Er wollte ein „selbstversorgtes, ökologisches Dorf" für etwa 300 Menschen aufbauen. Schnell fand er scheinbar Gleichgesinnte, die seinen Traum teilten. In den ersten Jahren gemeinsamer Projektentwicklung wurde jedoch sichtbar, dass es unterschiedliche Träume waren. Der Traum der ersten Quelle schien zu extrem, um ihn umzusetzen. Es ging hier um Selbstversorgung als Kulturmodell: Selbstversorgung war nicht nur als Weg zur Nachhaltigkeit, sondern als Kulturelement das absolute Primat der Vision. Die Gruppe entschied sich in einem konflikthaften Prozess für ein Konzept, das nicht mehr radikale Selbstversorgung anstrebte, sondern ein abgemildertes Ziel von Nachhaltigkeit verfolgte, mit Selbstversorgung an den Stellen, wo es sinnvoll und möglich ist. Im Zuge dieses Prozesses gab es viele schmerzhafte Auseinandersetzungen, und der Initiator trat 1992 aus dem Projekt aus, bevor es zum ersten Mal konkret wurde.

In einem Artikel, den er selbst dazu schrieb, heißt es:

„Eine neue Gruppe ... machte sich auf die Landsuche und riss die Initiative an sich. Ich stand auf einmal ohne Arbeit im Projekt da. ....(es) erschien ein neues Grundsatzpapier „Konzeption einer ökologischen Siedlung", in der das Ziel der Selbstversorgung nur noch am Rande erwähnt wurde. Ich fühlte mich beiseite geschoben und überflüssig gemacht, so dass ich schließlich ganz ausgestiegen bin."[viii]

Die Initiative stand ohne ihre Quelle da, seine Hüterschaft für den Gründungsimpuls wurde eben nicht respektiert. Eine der Personen, die die Auseinandersetzung mit dem Initiator begonnen hatte, übernahm dann allerdings aus heutiger Sicht die Rolle einer neuen Quelle.

Diese Erfahrung widerspricht der Forderung von Merckelbach, dass die Quellenrolle immer freiwillig übergeben werden muss. Die Quellen-Rolle wurde vom Initiator nicht wirklich freiwillig übergeben, er fühlte sich beiseite geschoben und aus dem Projekt gedrängt. Und gleichzeitig gab es ganz klar eine Person, die die Rolle einer neuen globalen Quelle übernahm – hier passt die Theorie wieder, rückblickend gab es dann jemand, der die Fackel aufgegriffen hat. Aber die Freiwilligkeit war nicht gegeben. Trotzdem wurde es ein erfolgreiches Projekt. Allerdings mit einer Wunde in der eigenen Geschichte.

In der Sprache der Quellen-Prinzipien gab es eine neue globale Quelle, die anziehender war als die erste und damit ein neues Quellenfeld schuf.

25 Jahre später, die 20-Jahresfeier des eigentlichen Ökodorfs. Der Initiator war eingeladen und kam erstmals in das Projekt, zu dem er den ersten Funken gegeben hatte, und dass sich doch so anders entwickelt hatte, als er es gewollt hatte.

Viele spürten, was für ein besonderer Moment dies war. Wir stellten uns in der Reihenfolge auf, in der wir in Kontakt mit dem Projekt kamen, und er stand ganz vorne. Er wurde dafür gewürdigt, diesen Impuls gegeben zu haben, wir dankten ihm auch, dass er losgelassen und zugelassen hat, dass seine Initiative sich anders entwickeln durfte, als es sein ursprüngliches Bild war. An diesem Tag war zu spüren, was für eine Entspannung dieser Moment ins gesamte Feld brachte!

Er selber wehrte sich dagegen, als Vater des Projektes betitelt zu werden, erklärte, die Vater-Ehre gebühre dem Menschen, der ihm seinerzeit das Ruder aus der Hand genommen hat, und eine neue Richtung einschlug. Sein Fazit zu seiner Rolle:

„Ich habe einen Stein ins Wasser geworfen.
Der Stein ist versunken.
Aber er hat Wellen geschlagen.“[xxxv]

Diese Geschichte des Projektes, in dem ich seit 1993 lebe und arbeite, erklärt einen Teil dessen, warum ich den Quellen-Prinzipien zwiespältig gegenüber stehe: Ich kann dem Primatsprinzip der globalen Quelle nicht immer folgen. Das Ökodorf Sieben Linden wäre nicht das Ökodorf Sieben

Linden, wenn das Projekt immer der ersten globalen Quelle gefolgt wäre. Ich wäre sicher nicht eingestiegen in das Projekt, für das die erste globale Quelle stand. Mein Traum war nie die Selbstversorgung als Selbstzweck und um jeden Preis, sondern ökologisches Gemeinschaftsleben. Von daher bin ich dankbar, dass dieser schmerzhafte Schritt passiert ist und so ein Projekt entstand, in das ich dann einsteigen konnte. Hier ist die globale Quelle nicht in ihrer Rolle respektiert worden, und es wurde erst dadurch zu dem Projekt, das ich liebe.[6] Auf der anderen Seite erklären die Quellenprinzipien vieles, was ich in unzähligen Prozessbegleitungen erlebt habe.

Gleichzeitig habe ich gespürt, welche Bedeutung der Initiator trotzdem für Sieben Linden hatte, und dass der schmerzhafte Abschied von der Quelle das Projekt jahrelang Kraft gekostet hat. Die enorme Bedeutung der Quelle kann ich gut nachvollziehen. Das Postulat von Koenig, dass die Quelle immer weiß, was am besten für die Realisierung der Initiative ist, teile ich aufgrund dieser Erfahrung nicht.

4.2.2. (Wie) Passt es doch zusammen?

Wie passen die Quellenprinzipien mit Initiativen zusammen, zu deren Ethik es gehört, dass es keine unveränderbaren Machtpositionen geben soll?

Was zunächst wie ein Widerspruch erscheint, passt bei tieferer Betrachtung doch zusammen. Denn dies ist möglich, wenn es in der Vision der Quelle so enthalten ist. Erst dann kann das Projekt, für das sich die globale Quelle engagiert, eine solche Gestalt annehmen, dass ein großes, weites Feld für weitere Quellen entsteht. Sie hat weiterhin eine wichtige informelle Rolle in diesem Feld, die wirken wird, aber eben keine unveränderbare Machtposition.

---

[6] *Koenig antwortete mir auf die Schilderung unserer Geschichte in einer privaten E-Mail mit einer anderen Interpretation. Er schreibt, für ihn passt auch diese Geschichte mit den Quellen-Prinzipien zusammen, denn: „Er (der Initiator des Projektes) ... hat seine Rolle / Fackel abgelegt und aufgegeben. Es gab dann den Tod seiner Initiative und einen totalen Neustart mit anderen Werten und Visionen, während die äußeren Umstände, Projektmitglieder, etc. unverändert blieben. Es gibt viele solche Beispiele. Die Zurückhaltung der ursprünglichen Quelle, sich als ‚Vater' benennen zu lassen, wäre ein wesentliches Zeichen für diese Interpretation, weil er kein ‚Vater' dieses Projektes ist."*

Wenn die globale Quelle bewusst mit ihren Privilegien umgeht, ihr klares Gespür für die Ausrichtung der Gruppe einbringt, genügend persönlichen und psychologischen Rang hat, um sich selbst und ihre Vorstellungen auch immer wieder infrage stellen zu lassen, aber auch überzeugend zu argumentieren, ohne andere vor den Kopf zu stoßen, dann wird sie ein Feld schaffen, in dem sie ihre Quellenrolle einnimmt, ohne eine unkontrollierbare Entscheidungsmacht zu haben.

Und wenn sie mit ihrer Quellenrolle immer wieder auf Granit beißt, dann ist die Quellenperson vielleicht nicht die richtige für diese Weiterführung des Projektes, obwohl sie den Initialfunken gegeben oder die Rolle zu einem späteren Zeitpunkt übernommen hat, und es ist Zeit, aus der Rolle auszusteigen, so wie es der Initiator des Ökodorfs Sieben Linden getan hat.

Meine Erfahrungen als Begleiterin von Initiativen bestätigen häufig die Quellenprinzipien. Wenn eine Gruppe einfach aufgrund einer Skepsis gegenüber der mächtigen Rolle die Visionshüter:innenschaft der Quelle infragestellt, schwächt sie sich häufig selbst. Das führt zu Spannungen und Lähmungen. Daher ist es für alle Initiativen spannend, die Quellenprinzipien zu kennen, da sie doch wichtige energetische Prinzipien aufzeigen.

Ich kann für mich - und vielleicht auch andere Menschen, die skeptisch gegenüber unumstößlich festgelegten Hierarchien sind - eine Brücke im Zugang zu den Quellenprinzipien finden, wenn ich sie mit den Ordnungen vergleiche, die beispielsweise in den Systemischen Aufstellungen nach B. Hellinger herausgearbeitet werden. In diesem Ansatz wird ebenfalls postuliert, dass es in Familiensystemen eine ganz klare Ordnung gibt, die zu Wohlbefinden und Gedeihen beiträgt, wenn sie respektiert wird. Das zeigt die empirische Erfahrung aus ganz vielen Aufstellungen. Ich habe diese Erfahrung selber in vielen Aufstellungen gemacht. Es befriedet etwas im System, wenn diese Rollen in Aufstellungen in der entsprechenden Ordnung auftreten und gewürdigt werden. Und doch ist in meinen Augen nicht festgelegt, dass man diese Ordnung im Leben immer respektieren muss. Es gibt auch bei Familienaufstellungen Umstände und Situationen, in denen die Eltern eben nicht nur gewürdigt, sondern auch ganz bewusst verabschiedet werden. Ein derartiger Weg wird immer auch mit Schmerzen verbunden sein - aber das bedeutet nicht, dass er falsch sein muss.

Das gleiche gilt in meinen Augen auch für die Quelle. Nicht immer ist es der einzig richtige Weg einer Initiative, der Quelle zu folgen. Manchmal ist die Rolle der Quelle, einen Impuls zu geben, und es ist gut und wichtig, sich an einem späteren Zeitpunkt von diesem Impuls auch zu distanzieren und die Quelle bewusst zu verabschieden.

Wichtig ist dabei, sich bewusst zu machen, dass dies kein kleiner, nebensächlicher Schritt ist, sondern immer ein Schritt, der eine Initiative in den Grundfesten erschüttert und von dem immer eine Wunde zurückbleiben wird - vergleichbar mit dem Schritt, wenn Kinder den Kontakt zu den Eltern abbrechen. Manchmal ist so ein Schritt aber notwendig. Die Quelle ist ein wichtiges Ordnungselement für Organisationen, so wie es die leiblichen Eltern für Familien sind. Die Quelle hat eine Rolle in der Organisation, die ähnlich der Rolle der Eltern im Familiensystem ist. Die Quelle ist nicht nur ein Gruppenmitglied wie alle anderen. Und sie hat deshalb trotzdem keine absolute Macht, sondern lediglich die Rolle der Quelle.

4.2.3. Kann immer nur eine Person Quelle sein?

Aus dem Hintergrund der Initiativen, mit denen ich meist arbeite, zweifle ich Koenigs Annahme, dass es nach dem Rückzug der globalen Quelle stets eine neue definierte globale Quelle, die aus einer einzigen Person besteht, geben muss, stark an. In meinen Augen ist es ein wichtiger Schritt zum Erwachsenwerden eines Projektes, wenn die Quelle ihre Rolle verteilt und es nicht mehr eine einzelne Person gibt, die diese Rolle innehat.

Je bewusster der Übergang gestaltet ist und je klarer mehrere Personen diese Rolle übernehmen, desto geringer ist die Gefahr der Verwässerung, die Koenig erwartet, wenn es nicht mehr eine Quelle gibt.

In den Unternehmen, die Koenig begleitete, ging es um die bewusste Übergabe einer Führungsrolle, denn es waren auch hierarchisch strukturierte Unternehmen. Ich glaube, dass es in Projekten der Wandelbewegung selten darum geht, nach der Gründungsperson eine Nachfolgerin zu bestimmen, die die gleiche Rolle hat. Spätestens nach dem Ausscheiden der Gründungsperson kann in meinen Augen die Rolle der globalen Quelle als solche verändert werden - wenn die Gruppe stark genug ist, die Vision weiter zu führen, und auf viele Quellen für verschiedene Teilprojekte verteilt werden.

Meine These: Für einen guten Übergang von der Zeit, in der die Quelle das Projekt aktiv gestaltet hat zu einer nächsten Phase, in der es z.B. einen gewählten Visionskreis gibt, braucht es eine klar formulierte Ausrichtung, bewusst gestaltete Struktur, eine gut getragene Gemeinschaftskultur und einen klaren, gerne rituell gestalteten Übergang.
Was bedeutet das?

Klar formulierte Ausrichtung

Wenn das Hüten der Ausrichtung nicht mehr die Aufgabe der Quellenperson ist, braucht es einen klar definierten Rahmen der Initiative. Es braucht eine **Formulierung der gemeinsamen Werte und konkreten Ziele**. Dies darf nicht nur implizit geschehen, sondern die Werte und konkreten Ziele sollten in einem gemeinsamen Prozess mit der Quelle erarbeitet und festgehalten werden.

Bewusst gestaltete Struktur

Eine der wichtigen Aufgaben der Quelle ist es, Hüter:in des Gründungsimpulses zu sein. Ich stimme insofern zu, dass ich es wichtig finde, dass Menschen diese Rolle übernehmen. Menschen, die diese Rolle innehaben, müssen auch ein Gespür dafür entwickeln, wann es sinnvoll ist, den Gründungsimpuls anzupassen, ihm eine neue Richtung zu geben. Formulierte gemeinsame Werte und Ziele dürfen kein starres Korsett sein. Es ist wichtig, dass sich Ziele auch mit der Zeit ändern können. Bis zum Zeitpunkt der Übergabe war die globale Quelle die Instanz, der die Rolle zukam, zu erspüren, wann es wichtig war, an einmal gesteckten Zielen festzuhalten, und wann es wichtig war, sie zu verändern. Es muss geklärt werden, wer - oder welche Gruppe - diese Rolle dann übernimmt. Hierfür braucht es Festlegungen in der **Entscheidungsstruktur**.

Die Standard-Antwort von konsensorientierten Gruppen: „Natürlich wir alle!“ birgt tatsächlich sehr stark die Gefahr der Verwässerung und Zerfaserung, auf die die Quellenprinzipien bei Verlust der Quelle hinweisen. Denn eine Gruppe besteht aus vielen Individuen mit unterschiedlichen Werten, die sich auch im Laufe der Zeit noch verändern können. Wenn die Ausrichtung einer Initiative nur im Konsens von allen neu gestaltet werden kann, dann führt das entweder zu einer extrem konservativen, unflexiblen Situation, weil an der Grundidee nur im Konsens gerüttelt werden kann, und/oder umgekehrt zu einer Situation, in der die Werte und Ziele verwässert werden, da sie durch die Handlungen der Mitglieder unterlaufen werden, ohne dass eine neue klare Ausrichtung geschaffen werden kann, weil manche an den alten Werten und Zielen festhalten und andere eine Veränderung wünschen.

In manchen der Varianten der Soziokratie (Kapitel 8) wird für diese Aufgabe ein „Top-Circle" oder „Visionskreis" installiert, der genau diese Aufgabe hat. In diesem Kreis wird in der Regel die globale Quelle eingebunden, und daneben andere Menschen, denen zugetraut wird, dass sie die Essenz des Projektes verinnerlicht haben.

Gemeinschaftskultur

Mindestens ebenso wichtig wie eine Formulierung der Ausrichtung in Worten und einer passenden Struktur ist die bewusste Gestaltung von Gemeinschaftskultur. Damit sind alle Gewohnheiten und ungeschriebenen Do's and Dont's einer Gruppe gemeint. Die Gemeinschaftskultur wird in der ersten Zeit einer Initiative stark von der globalen Quelle geprägt. Je länger eine Initiative existiert, desto stärker zeigen sich eigene kulturelle Elemente. Ob in der Gemeinschaftskultur die Werte der Gruppe aktiv gelebt werden, ist noch wesentlicher als die Frage, ob sie exakt festgeschrieben sind.

Gestalteter Übergang

Nicht umsonst haben sich in Institutionen, die Jahrhunderte überdauert haben, Rituale für Übergänge entwickelt. Rituale haben ihre eigene Kraft und es ist sinnvoll, sie zu nutzen. Das muss keine Krönungszeremonie wie im englischen Königshaus sein, aber bewusst gestaltete Übergaben sind in meinen Augen ein wichtiger Teil von Gemeinschaftskultur und tragen in diesem Kontext sehr dazu bei, eine Quelle aus ihrer Rolle wirklich zu entlassen. Sie wirken auf der innerpsychischen Ebene für die scheidende erste Quelle (sie kann leichter wirklich loslassen), auf der Gruppenebene für das Bewusstsein der anderen Mitglieder der Initiative (der Übergang wird allen nochmals sehr deutlich) und auch auf der Essenz-Ebene, die energetisch zu spüren ist.

4.2.4. Die Bedeutung der Quelle bewusst machen

Bei allen Fragezeichen, die ich zu den Quellenprinzipien habe, habe ich darin doch sehr wichtige Elemente erkannt, die gerade für Initiativen, die keine unkontrollierbaren Machtpositionen wünschen, von großer Bedeutung sind. Die wesentlichste Erkenntnis: Es ist mit der Rolle der Quelle genauso wie mit dem Einfluss von Privilegien auf den Rang einer Person: **Auch wenn wir nicht wollen, dass sie einen Einfluss hat, die Rolle wird wirken!** Daher ist es dringend angeraten, sich mit den Auswirkungen der Quellen-Prinzipien zu beschäftigen. Sie zu ignorieren, weil sie den eigenen Ansprüchen widersprechen, wird die damit verbundenen Herausforderungen und Konflikte nicht lösen.

Eine besondere Position wie die der Quelle braucht in verstärktem Maße einen bewussten Umgang damit. Dazu gehört innere Arbeit. Es ist wichtig, sich als Quellenperson Fragen zu stellen wie: Was braucht die Initiative von mir in dieser Rolle? Wo braucht sie meinen Einsatz, wo mein Loslassen? Wie kann ich ihr am Besten dienen und dafür sorgen, dass ich nicht meine persönlichen, ureigenen Wunschvorstellungen mit denen der Initiative verwechsle? Welche Anregungen für meine Weiterentwicklung kann ich persönlich aus den Herausforderungen, die sich mir als Quelle stellen, ziehen? Und: Wann ist der Zeitpunkt, an dem ich meine Rolle bewusst übergebe? (Und sei es, indem ich das Projekt verlasse und eine andere Person in die Rolle der Quelle treten lasse...) Kann ich die Rolle aufteilen und starke weitere Quellen integrieren?

Für diese innere Arbeit kann es sehr hilfreich sein, sich mit anderen Quellen auszutauschen. Die Rolle einer Quelle ist sehr speziell und einsam in ihrer Initiative. Glücklicherweise gibt es andere Initiativen, die ebenfalls Quellen haben. Als Quelle braucht es eine Bereitschaft und das Vertrauen, auf die eigenen Impulse und Intuitionen zu vertrauen. Und gleichzeitig braucht es die Offenheit für Feedback von Peers, um nicht zu stark an alten

Überzeugungen und Bildern festzuhalten. Hier kann eine Begegnung mit den Quellen anderer Initiativen auf Augenhöhe sehr hilfreich sein. Gleichzeitig kann es eine Befreiung sein, die Quellenarbeit als Teil der eigenen inneren Arbeit anzuerkennen und dafür explizit Platz zu machen.

Auch für die anderen Mitglieder der Initiative bietet das Quellenprinzip vielfältige Anstöße für eigene innere Arbeit. Warum reibe ich mich so an einer Quelle auf? Welche alten Muster werden hier berührt? Was ist meine Lernaufgabe dabei? Wie kann ich in diesem Projekt meine eigene Quellen-Energie entwickeln und in dieser Initiative entfalten? Oder zeigt mir die Reibung auf, dass es Zeit wird, mich in einer anderen Initiative als Quelle einzubringen?

Vielleicht ist es an der Zeit, selbst Quelle zu werden und klar einzustehen für das, was mir wichtig ist? Oder möchte ich eine andere Quelle an einem anderen Ort mit meinen Fähigkeiten unterstützen?

REFLEKTIONSAUFGABE:

Für welche Initiative bist Du die Quelle? Wie füllst Du Deine Rolle aus? Wo reibst Du Dich an den Quellen anderer Initiativen auf? Wie siehst Du diese Konflikte im Lichte dieser Theorie?

4.3. Growth Mindset

Im Verlauf der Recherchen zu diesem Buch stieß ich auf die Arbeit von Carol Dweck[xxxvi] zum **Growth Mindset** (Lernende Geisteshaltung). Sie postuliert, dass es zwei grundsätzlich verschiedene Geisteshaltungen gibt, die das Handeln von Menschen bestimmen. Das **Fixed Mindset** (Unflexible Geisteshaltung), das davon ausgeht, dass die eigene Intelligenz und Persönlichkeit festgelegt sind, und das **Growth Mindset** (Lernende Geisteshaltung), das davon ausgeht, dass Fähigkeiten und Persönlichkeit ständig weiterentwickelt werden können. Das Growth Mindset ist in meinen Augen für einen konstruktiven Umgang mit dem Thema Macht eine Grundvoraussetzung.

Wenn wir im Fixed Mindset verharren und davon ausgehen, dass unsere Fähigkeiten und Persönlichkeiten festgelegt sind, dann tendieren wir dazu

- Herausforderungen als unangenehm anzusehen und zu vermeiden.
- bei Hindernissen und Schwierigkeiten leicht aufzugeben.
- Anstrengungen zu scheuen, weil sie vergebener Aufwand sind und sowieso nichts bringen.
- negatives Feedback zu ignorieren oder abzulehnen.
- uns durch den Erfolg anderer bedroht zu fühlen.

Diese Haltung sorgt dafür, dass Menschen schneller aufgeben und selten ihr volles Potenzial erreichen, und dies bestätigt ihre häufig sehr deterministische Weltsicht.

Im Gegensatz dazu gibt es das ‚Growth Mindset', in dem davon ausgegangen wird, dass wir unsere Intelligenz und Persönlichkeit entwickeln können. Dies führt dazu, dass wir

- Herausforderungen annehmen
- auch bei Rückschlägen weitermachen.
- Anstrengung(en) als den Weg zum Erfolg sehen.
- Kritik als wertvollen Hinweis annehmen.
- vom Erfolg anderer inspiriert sind und lernen wollen.

Aus dieser Haltung entwickeln sich meistens auch größere Leistungen und daraus wiederum ein größeres Gefühl, die eigene Situation in der Hand zu haben. So binär, wie es hier dargestellt wird, ist es allerdings nicht - viele Menschen bewegen sich dazwischen oder sehen die Chance für ihr persönliches Wachstum und Weiterentwicklung nur in bestimmten Bereichen.

Die Haltung, mit der wir durchs Leben gehen, bestimmt auch unseren Umgang mit dem Thema Macht. „Der Welt als Lernende:r zu begegnen" ist als Grundhaltung auch für den konstruktiven Umgang mit dem Thema Macht entscheidend. Die bewusste Auseinandersetzung mit dem Thema kann Türöffner sein für neue Impulse für die eigene persönliche Entwicklung. Ich lade alle Leser:innen dieses Buches ein, die Beschäftigung mit der eigenen Macht in diesem Sinne zu betrachten.

MIA-IRENES GESCHICHTE

Mia-Irene ist zum Zeitpunkt des Gesprächs 74 Jahre alt und seit 20 Jahren an Multipler Sklerose erkrankt. Sie ist inzwischen auf Hilfe angewiesen, sitzt im Rollstuhl, braucht Unterstützung bei vielen Dingen des Alltags. Umso mehr überraschte mich ihre Antwort auf die Frage: „Wie stufst Du dich ein, auf einer Skala von 1-10, zu der Frage: Wie sehr bist Du in der Lage, Situationen in Deinem Leben selbst zu gestalten und in die Hand zu nehmen?" Sie stufte sich mit „Ungefähr 8" recht hoch ein.

„Gab es Zeiten in Deinem Leben, in denen das anders war?"

„Ja, in meiner Kindheit und Jugend war das sehr anders. Ich bin mit zwei kriegstraumatisierten Eltern aufgewachsen. Kinder galten in den 50er Jahren als eine „Gattung zweiter Ordnung". Daher habe ich mich als Kind weder gesehen, noch gefühlt, noch gehört gefühlt, geschweige denn geliebt, wertgeschätzt oder zugehörig. Und außerdem war zu der Zeit das Patriarchat noch vorherrschend."

„Wie hat sich das dann später verändert?"

„Die Reaktionen meiner Kinder haben mich in den 70er Jahren wachgerüttelt und mich sowohl mein Verhalten als auch meine eigene Geschichte reflektieren lassen. Sie waren für mich „Lehrmeister". Und dann kam in den 80er Jahren die Frauenbewegung dazu. Bis dahin habe ich mich als Frau nur als Anhängsel vom Mann gesehen. Ich habe einen Zwillingsbruder, und meine Mutter hat mir immer zu verstehen gegeben, dass ich eigentlich nicht erwünscht, sondern nur die Zugabe war. Mit der Frauenbewegung wurde mir erstmalig deutlich, dass ich als Frau einen Eigenwert habe. Dieses Gefühl kannte ich vorher gar nicht. Das hat mich dann auch 1-2 Jahre später bewogen, mich von meinem Ehemann zu trennen, weil ich mich da ausgenutzt fühlte und wir uns mehr und mehr auseinander entwickelt hatten. Und durch die Frauenbewegung lernte ich zwischen „Macht Über" und „Macht Für" zu unterscheiden. Auch eine Therapie hat mir dabei geholfen, mich wirklich selber zu fühlen und zu mir zu stehen und für mich und meine Kinder einzustehen. Ich konnte immer mehr Sachen aufarbeiten und kam so mehr und mehr in meine Eigenmacht. So wurde mir bewusst, dass ich zwar manche Umstände nicht verändern kann, was ich aber sehr wohl verändern kann, ist meine Einstellung dazu. Zum Beispiel: Meine MS kann ich nicht verändern, aber wie ich damit umgehe, ob ich es nur als Beeinträchtigung sehe, oder ob ich es auch als Lernchance sehe – das kann ich sehr wohl verändern!"

„Was hat Dir geholfen, das wirklich so zu sehen?“

„Ich bin da ja langsam reingewachsen. Die MS lehrte mich die Entschleunigung und das genauere Wahrnehmen. Insofern ist weniger oft mehr! Und als ich vor anderthalb Jahren hier den Sturz hatte, da bin ich erstmal in eine Depressionsphase gerutscht und habe dann aber gemerkt: ‚Wer will denn mit jemand, die immer nur mies drauf ist, schon gerne Kontakt haben?‘ Dann habe ich ganz bewusst darauf geschaut, wofür ich dankbar sein kann, und was ich wertschätze. Das hat auch meinen Umgang mit den Menschen, die mich hier versorgen, geprägt. Ich erlebe es als einen großen Schatz, dass diese Menschen mir sagen, dass sie mich gerne versorgen und es gerne auch weiterhin tun, dass sie es als Bereicherung ihres Lebens ansehen. Und das berührt mich sooo tief, das heilt auch viel Altes. Als Kind erfuhr ich diese Aufmerksamkeit nicht und fühlte mich nicht wert, und jetzt im Alter darf ich merken: ‚Wow, ich bin es wert!‘ Aus dieser Perspektive sehe ich mich als privilegiert, hier in Sieben Linden. Denn zur Zeit bin ich die einzige Pflegebedürftige und es gibt einen Kreis von ca. 15 Menschen, die mich unterstützen. Wären wir aber 5-6 Unterstützungsbedürftige gleichzeitig, dann wäre das so gar nicht möglich. Ich empfinde das als Riesen-Geschenk, dass diese Menschen da sind, und mir dann noch spiegeln, dass es für sie auch bereichernd ist. Ich denke, sie nehmen ja auch für ihr Alter etwas mit. Früher hatten für mich Vorbilder eine wichtige Funktion, jetzt kann ich selbst Vorbild für den Umgang mit Alter und Krankheit sein - zumindest vermute ich das aufgrund dieser Rückmeldungen. Wie ich damit umgehe, das ist immer noch in meiner Macht.“

„Ich finde das spannend, obwohl Du ja im Äußeren viel auf Hilfe angewiesen bist, hast Du Dich so hoch eingestuft, als jemand, die ihr Leben selber gestalten kann.“

„Mein Ex-Mann ist inzwischen dement, und ich bin beispielsweise sehr froh, dass ich klar im Kopf bin, und alles, was ich selber kann, auch noch selber mache, damit es mir nicht verloren geht. Ich kann meine Unterstützung noch selbst organisieren. Und ich habe auch klar, wo meine Grenzen sind , und die respektiere ich. Für mich ist es schön, in Gemeinschaft zu leben, weil ich mich hier noch viel mehr einbringen kann mit dem, was ich kann und was ich bin, als wenn ich in einem Pflegeheim untergebracht wäre. Wenn man nichts mehr beitragen kann und nicht gefordert wird, dann setzt das auch eine Abwärtsspirale in Gang. Ich habe als Physiotherapeutin selber mit MS-Patienten gearbeitet, und das waren auch meine Lehrmeister – ich konnte durch sie erfahren, was ich nicht will und was für mich hilfreich ist!"

„Was würdest Du anderen raten, die in so einer Situation sind wie Du?"

„Das als Lernchance zu sehen. Ich weiß, dass man das am Anfang noch nicht kann, aber man kann sich in die Richtung bewegen. Meine Erfahrung ist, dass es immer besser ist, die Situation anzunehmen, als dagegen anzukämpfen. Klar, tue ich auch alles, um das Fortschreiten der Erkrankung möglichst zu verlangsamen. Und natürlich krempelt es das Leben um, ich mache andere Erfahrungen als vorher, aber ich finde die gar nicht unbedingt schlechter. Es sind andere halt. Mit meinen Kindern hätte ich ohne die Krankheit nicht so viel Kontakt wie ich jetzt habe. Die haben sich abgesprochen, dass jeder einen Sonntag im Monat vorbeikommt. So habe ich Zeit, mit ihnen einzeln zu reden. Das ist sehr schön. Und auch gut, dass meine Söhne alle drei so nahe – etwa 80 km entfernt – wohnen!"

„Was wünschst Du Dir von Menschen, die die Privilegien haben, die Du nicht hast, zum Beispiel in Hinblick auf Deine Einschränkungen durch die MS?"

„Zu allererst, dass sie sich ihrer Privilegien bewusst sind und dafür dankbar sind. Und trotzdem auch die Menschen im Blick haben, die weniger privilegiert sind – also beispielsweise auf die Barrierefreiheit der Wege, der Räume und der Mitteilungswege zu achten. Ich komme mit dem E-Rolli nur in ganz wenige Räume und ich brauche Hilfe, um die Brandschutztüren zu öffnen. Es gibt noch einiges in dieser Gemeinschaft, was mich als Rolli-Fahrerin nicht mitdenkt. Wobei auch mir selbst vorher nicht klar war, wo ich überall nicht hinkommen würde."

„Was möchtest Du anderen mitgeben?"

„Das Wichtigste, was ich gelernt habe, ist in dem Gelassenheitsspruch der Anonymen Alkoholiker zusammengefasst: ‚Gib mir den Mut und die Kraft, die Dinge zu ändern, die ich verändern kann, die Gelassenheit, das anzunehmen, was ich nicht ändern kann, und die Weisheit, das eine vom anderen zu unterscheiden!' Dieser Spruch begleitet mich seit Langem. Und mich reizt die Weisheit. Als Kind hat mich das Lied ‚Die Gedanken sind frei!' fasziniert. Ich hatte damals schon gewusst: Ihr könnt mich zwar einsperren, aber auf das, was mich in meinem Kopf bewegt, habt ihr keinen Einfluss. Das steht in meiner Macht."

5

Bewusster Umgang mit dem eigenen Rang

Der Schlüssel zu konstruktivem Umgang mit dem Thema Macht ist in meinen Augen das Rangbewusstsein. Macht gehört neben Geld, Liebe und Sex zu den großen Tabu-Themen unserer Zeit. Für eine Kultur, in der wir unsere Zusammenarbeit so gestalten, dass alle Menschen ihr Potenzial entfalten können, ist es ganz entscheidend, dass wir genau dieses Thema aus der Tabuzone heben und unseren Rang, unsere Privilegien, unsere Rollen sehr bewusst anschauen, achtsam damit umgehen und sie bewusst einsetzen.

Mit Rangbewusstsein meine ich nicht die Überzeugung, aufgrund einer herausragenden Rolle mehr Rechte als andere zu haben, wie es beispielsweise ein Donald Trump auslebt. Sondern ich meine das genaue Gegenteil davon: Das Bewusstsein, dass ich aufgrund von Privilegien in manchen Aspekten mehr Möglichkeiten habe als andere, und dass dies einerseits Anlass zur Demut und andererseits Verpflichtung zum Handeln sein sollte. Dies beinhaltet die Aufgabe, diese Privilegien für das Wohlbefinden aller, für das Gemeinwohl einzusetzen und dafür, möglichst viele Menschen in ihre Kraft zu bringen. Wie sieht ein derartig bewusster Umgang mit dem eigenen Rang aus?

5.1. Bewusster Umgang mit eigenem hohem Rang

5.1.1. Feedback ist die wichtigste Zutat!

Ein ganz elementarer Schlüssel zum bewussten Umgang mit hohem Rang ist es, sehr aufmerksam auf Feedback zu lauschen.

Julie Diamond[xxxvii] weist immer wieder darauf hin, dass ranghohen Menschen das direkte Feedback fehlt. Dies gilt nicht nur in den klassischen Organisations-Settings, in denen Diamond arbeitet, sondern meiner Erfahrung nach auch in informellen Zusammenhängen oder selbstverwalteten Projekten. Feedback zu ranghohen Menschen wird weniger selbstverständlich direkt gegeben, deutlich häufiger wird auf Klatsch und Tratsch ausgewichen. Wie wir von Dacher Keltner in Kapitel 2.1. gelernt haben, ist Klatsch und Tratsch ein wichtiges Mittel von Gruppen, um der Macht Einzelner entgegenzusteuern. Klatsch ist ein Zeichen von Widerstand und Unzufriedenheit. Daher lohnt sich ein offenes Ohr für den Klatsch und Tratsch über einen selbst, weniger im Sinne einer Kontrolle des eigenen Image, sondern mehr als Anregung für einen bewussten Umgang mit dem eigenen Rang. Sicherlich ist es nicht angenehm und wohltuend, zu erleben, dass in der Gruppe über die eigene Person getratscht wird. Es liegt nahe, sich darüber zu ärgern oder den Klatsch abzutun. Wenn wir wahrnehmen, dass über uns getratscht wird, ist es in meinen Augen aber allerhöchste Zeit, bewusst offenes Feedback einzuladen.

Die Offenheit für Feedback ist ganz entscheidend für einen konstruktiven Einsatz des eigenen hohen Ranges. Denn unser hoher Rang verleitet uns, wie wir in den vorangegangenen Kapiteln lesen konnten, häufig zur Selbstüberschätzung: Wir brauchen den korrigierenden Blick von anderen, um eine realistische Selbsteinschätzung zu erhalten. Ob dieses Feedback durch Nachfragen in Einzelgesprächen, Kleingruppen oder auch durch ein Gruppentreffen, in dem alle Mitglieder eingeladen werden, ihr Feedback für die „Mächtigen" zu geben, geschieht, hängt von der Person, der Situation und der Kommunikationskultur in der Gruppe ab.

Um eine Feedbackkultur zu stärken, ist es wichtig, Feedback bewusst zu würdigen und sich für das Feedback als Denkanstoß zu bedanken. Das ist unabhängig davon, wieviel von dem Feedback wir als Lernchance annehmen können und wieviel wir als Projektion der Feedbackgebenden wahrnehmen.

Wie äußere ich Feedback so, dass mein Gegenüber es annehmen kann? Die vier Schritte der Gewaltfreien Kommunikation sind hier hilfreich:

1. **Situation konkret beschreiben.**
2. **Eigene Gefühle äußern.**
3. **Darunterliegende Bedürfnisse benennen.**
4. **Konkrete, erfüllbare Bitte äußern.**

Auch wenn hoher struktureller Rang häufig mit vielen persönlichen und sozialen Fähigkeiten einhergeht: Menschen, die Verantwortung übernehmen, stehen immer in einem besonderen Licht. Und wo viel Licht ist, ist immer auch Schatten. Es gehört zu einer ranghohen Position dazu, dass es auch kritische Stimmen dazu gibt. Diese Stimmen deuten wichtiges Lernpotenzial an, wie ich bereits oben im Absatz über Feedback formuliert habe. Und gleichzeitig ist es bei einem hohen Rang auch unabdinglich, Kritik auszuhalten, nicht jedes Feedback persönlich zu nehmen, sondern auch manchmal trotz kritischem Feedback bei der eigenen Meinung/dem vorherigen Verhalten zu bleiben. Diese Gratwanderung - offen für Feedback sein, davon lernen und trotzdem nicht versuchen, es allen Menschen recht zu machen, indem man sich jedes kritische Feedback zu Herzen nimmt und damit das Fähnchen nach dem Winde dreht - ist die Herausforderung des hohen Ranges. Wichtig ist, sich bewusst zu machen, dass eine exponierte Position immer auch Widerstand und Kritik hervorruft, egal, wie perfekt man die Rolle ausfüllt. Es braucht eine gesunde Portion Selbstbewusstsein - ein wichtiger Teil des psychologischen Rangs - um daran nicht zu zerbrechen.

Wichtig ist in diesem Zusammenhang auch, sich über die Tatsache bewusst zu werden, dass Menschen mit einer hohen Rangposition häufig von anderen verzerrt wahrgenommen werden. Julie Diamond nennt das die „Lens of Power“[xxxviii]. Personen, die einen hohen Rang ausstrahlen - ob das durch eine strukturelle Rangposition ist oder durch andere Rangdimensionen - werden nicht unbefangen angeschaut, die Macht, die andere in ihnen wahrnehmen, sorgt für eine verzerrte Wahrnehmung.

Die Verzerrung durch die Lens of Power kann sehr unterschiedlich aussehen. Wie die Wahrnehmung verändert wird, hängt wiederum stark von der Situation und der Persönlichkeit der Menschen ab, die die Person wahrnehmen. Mögliche Verzerrungen sind:

- **Hohe Erwartungen.**
- **Ehrfurcht und Überhöhung.**
- **Skeptizismus und Misstrauen.**
- **Wahrnehmung als Bedrohung.**

Eine wichtige Erkenntnis: Egal, welche Form der Verzerrung stattfindet: Menschen in hohem Rang werden sehr häufig verzerrt, wie durch ein Vergrößerungsglas wahrgenommen. Dieser Tatsache sollten sie sich bewusst werden. Die Reaktionen auf sie werden immer wieder durch den hohen Rang verzerrt. Wenn sie selber denken, sie hätten doch nur ganz vorsichtig einen Vorschlag oder eine Vermutung geäußert, wird diese Aussage aufgrund der Lens of Power oft schon als Befehl oder Fakt wahrgenommen. Daher ist das Feedback, wie Aussagen bei anderen ankommen, enorm wichtig, um über diese Verzerrungen zu lernen. Es ist nicht immer ein Hinweis auf wirklich „zu dominantes“ Verhalten, aber ein wichtiger Hinweis auf ein Phänomen, das menschliche Interaktion beeinflusst.

So hat mir das Verständnis dieses Phänomens geholfen, zu verstehen, warum manche Menschen schon auf interessierte Nachfragen von mir zu ihren Themen im Plenum reagieren, als hätte ich sie bedroht. Sie nehmen meine Nachfrage, auf die sie vielleicht keine perfekte Antwort haben, durch die „Lens of Power“ wahr und fühlen sich dadurch bloßgestellt und bedroht, während Menschen, die sich gleichrangiger fühlen und mich daher weniger durch die „Lens of Power“ betrachten, das als Einladung zum genaueren Ausführen ihrer Inhalte und zur inhaltlichen Diskussion wahrnehmen.

Im Umgang mit Menschen, die sich mir vielleicht unterlegen fühlen könnten, habe ich gelernt, dass es viel verbindender und weniger bedrohlich ist, wenn ich die gleiche Nachfrage vorher im Zweiergespräch stelle, und vorweg mein wirkliches Interesse an ihren Inhalten zeige. Denn Fragen von Ranghöheren vor Publikum werden von vielen Menschen nicht als Unterstützung, sondern eben als Kritik und „Infragestellen" gewertet.

5.1.2. Hoher Rang und Verantwortung

Unser hoher Rang resultiert aus unseren Privilegien. Privilegien stehen auch für unverdiente Vorteile. Das bedeutet stets auch eine Verpflichtung. **Eine ganz wichtige Verantwortung, die sich aus einem hohen Rang ergibt, ist die Verantwortung zum Brücken bauen.** Ein hoher Rang ermöglicht es, Menschen zu integrieren, die am Rand stehen, auf Menschen zuzugehen, die schlecht auf uns zu sprechen sind, und empathisch zu kommunizieren.

In einem *Macht Mit*-Paradigma sollte eine Person mit hohem Rang diesen stets einsetzen, um die Verbindung und das gegenseitige Verständnis zu stärken. Menschen, die sich machtlos fühlen, Menschen, die leicht verletzbar sind und deren wunde Punkte gerade getroffen wurden, können nur selten Brücken bauen. Das zu tun, ist die Verpflichtung des hohen Ranges.

Viele Konflikte werden nicht gelöst, weil beide Parteien der Überzeugung sind, die andere Seite sollte auf sie zukommen, müsste sich zuerst entschuldigen. Wie ich in Kapitel 7 noch vertiefen werde, ist ein häufiges Phänomen von Konflikten, dass jede Person sich von der anderen in ihrem Rang bedroht fühlt. Beide fühlen sich unterlegen, unterdrückt, und deshalb sollte die Gegenseite den ersten Schritt machen. Wenn eine der beiden Personen es schafft, sich mit ihrem eigenen hohen Rang zu verbinden, dann ermöglicht dies ihr, den ersten Schritt zu machen und Brücken zur anderen Konfliktseite aufzubauen.

Hoher Rang gibt Verantwortung - und auf der anderen Seite sollte Verantwortungsübernahme auch mit einem strukturellen Rang einhergehen. **Wenn eine Person für etwas Verantwortung übernimmt, dann braucht sie Gestaltungsfreiheit, um diese Verantwortung angemessen auszufüllen.** Ohne sie fehlt auch das Gefühl der Selbstwirksamkeit. Diese Gestaltungsfreiheit wird häufig durch einen strukturellen Rang gegeben, in dem einer Person mit einer bestimmten Aufgabe auch ein bestimmter Entscheidungsrahmen gegeben wird.

Gleichzeitig ist damit eine potenzielle Falle verbunden, denn, wie wir in Kapitel 3 gelernt haben, gibt es die große Gefahr, dass ranghohe Rollen korrumpieren. Die interessante Erkenntnis von Julie Diamond ist: Machtmissbrauch ist häufig unbeabsichtigt. Wir wollen etwas Gutes tun, und bemerken gar nicht, wie wir mit unserem Engagement andere verletzen oder entmutigen. Daher gehört zu einem hohen strukturellen Rang auch die Verantwortung, sich sehr bewusst der inneren Arbeit zu stellen, wie wir unseren hohen Rang einsetzen.

Überprüfe stets Deine Motivation!

Wir sind alle nur Menschen und nicht frei von unschönen Tendenzen wie Neid, Eifersucht, Sehnsucht nach mehr Vorteilen, Geld oder ähnliches. Mächtige Rangpositionen geben uns die Möglichkeit, diese ganz dezent auszuleben und uns mehr zuzugestehen als anderen, oder andere aus persönlichen Gründen zurückzusetzen. Dieser Gefahr müssen wir uns stets bewusst sein, und zur Verantwortung eines hohen Rangs gehört es, sich immer wieder kritisch nach der eigenen Motivation zu hinterfragen. Die Frage: „Fände ich es gut, wenn andere so handeln würden wie ich?“ kann dabei eine Leitschnur sein. Julie Diamond schreibt dazu in ihrem „Weekly Power Play“ auf LinkedIn[xxxix]: „Check in on the motives of your use of power. Using power for nothing more than your own gain backfires in the end. Like Gollum, you become a victim of the very power you crave, a slave to your passions and desires. Power untamed and unmoored from a higher purpose will devour you.“ (Überprüfe Deine Motive, wenn Du Deine Macht nutzen willst. Die eigene Macht für den eigenen Nutzen nutzen wird auf die Dauer auf Dich zurückschlagen. Wie Gollum wirst Du ein Opfer der Macht werden, die Du begehrst, ein Sklave Deiner Passionen und Wünsche. Ungezähmte Macht, die losgelöst von einem höheren Sinn ist, wird Dich verschlingen.)

5.1.3. Geh in den niedrigen Rang!

Ein wichtiger Hinweis für Menschen mit einer hohen Rangposition - egal in welcher Dimension - ist es, bewusst auch Arbeiten zu übernehmen, die in einer konventionellen Sichtweise eher als „niedrigrangig" bezeichnet werden. Solche Aufgaben zu übernehmen stärkt Vertrauen, da damit ausgestrahlt wird, dass die Person sich nicht zu schade ist, auch niedrigere Aufgaben zu übernehmen und ihren Rang nicht ausnutzen wird. Wenn wir austreten wollen aus dem *Macht Über*-Paradigma, ist es wichtig, die Vorurteile über machtvolle Menschen, die ihren Rang zur Erleichterung ihrer Situation nutzen, zu durchbrechen. Wenn sich jemand nicht an „niedrigen" Arbeiten beteiligt, kann dies den Eindruck verstärken, ausgenutzt zu werden, in einer unterlegenen Position zu sein oder dass sich der Andere für etwas Besseres oder Höheres hält.

TOILETTENEIMER LEEREN STÄRKT DEN RANG!

Im Ökodorf Sieben Linden haben wir keine Wassertoiletten, sondern verschiedene Trocken-Trenn-Toiletten - auch im Gemeinschaftsbereich. Das Leeren der Toiletteneimer im Gemeinschaftsbereich ist ein Gemeinschaftsdienst. Immer wieder fragen Menschen, wer das denn macht, ob die Neuen regelmäßig erstmal diese Aufgabe übernehmen müssen. Ich mache diesen Job seit über 20 Jahren als meinen Haushaltsdienst - und zwar gerne! Denn ich mach das tatsächlich lieber als Spüldienste, weil ich dabei draußen sein und mir die Zeit freier einteilen kann. Es ist kein Opfer für mich.

In einer Feedbackrunde zu meinem Umgang mit meiner Macht in Sieben Linden wurde mir von mehreren gespiegelt, dass es Vertrauen schafft, dass ich diesen Dienst, der als besonders „rangniedrig" eingestuft wird, so lange so klaglos übernehme.

Damit Menschen, die häufig im hohen Rang sind, den Bezug zu anderen Lebenswirklichkeiten nicht verlieren, ist es wichtig, **immer wieder bewusst in Situationen zu gehen, in denen sie einen niedrigen Rang haben** und das bewusst zu spüren. Einfach mal Anweisungen zu folgen und nicht die Last der Verantwortung zu tragen. Das kann der Küchendienst in meiner

Gemeinschaft, die Teilnahme an einer Alpenvereinswanderung mit Menschen, die im Schnitt deutlich mehr Ausdauer haben als ich, das Eintreten als Anfängerin in eine Volleyballmannschaft, obwohl ich seit Jahrzehnten kein Volleyball gespielt habe, der Neuanfang in einem Chor oder das Ankommen in einer anderen Gruppe sein. Die Erfahrung, wie sich niedriger Rang anfühlt, ist wichtig, und lehrt uns, die Empathie für rangniedrige Positionen nicht zu verlieren und bescheidener zu werden. Dabei dürfen wir aber nicht vergessen, dass eine derartige selbstgewählte niedrige Rangposition uns nicht wirklich das Lebensgefühl von Menschen teilen lässt, die durch ihr Aufwachsen und ihren sozialen Hintergrund dauerhaft niedrigen Rang erfahren haben. Menschen können das Gefühl, im niedrigen Rang zu sein, viel leichter ertragen, wenn diese Situation selbstgewählt ist, und sie wissen, dass es andere Bereiche gibt, in denen sie im hohen Rang sind. Dann kann ein niedriger Rang auch sehr entspannend sein. „Endlich sagt mir mal jemand, was ich tun soll!" So eine Ausnahmesituation fühlt sich ganz anders an, als wenn jemand tagtäglich im Alltagsleben wenig Gestaltungsmöglichkeiten hat.

Daher ist das bewusste Einnehmen von Situationen mit niedriger Rangposition zwar eine wichtige Übung, aber kein Weg, um die Lebenssituation von nicht-privilegierten Menschen wirklich nachvollziehen zu können. Einen Einblick können persönliche Gespräche mit Menschen, die eine ganz andere Lebenssituation haben, bieten oder aber auch Bücher, Filme, Musik. Eine ganz besonders erschütternde Lebensgeschichte erfuhr ich von Paul[7]. Triggerwarnung: Diese Geschichte erzählt von Flucht, Mord und Erpressung. Menschen, bei denen das retraumatisierend wirken könnte, sollten diese Geschichte nicht lesen.

[7] *Name und einige Details wurden zum Schutz der Person geändert.*

PAUL'S GESCHICHTE

Ich traf Paul in einer linken Hausgemeinschaft in Süddeutschland, wo er nun lebt. Er verließ sein Heimatland ohne das Ziel, nach Europa zu gehen, einfach mit dem Ziel in einem anderen afrikanischen Land einen besseren Job zu finden. Nach einer Odyssee durch mehrere afrikanische Länder strandete er in Lybien, wo er sich seinen Lebensunterhalt verdiente, in dem er ohne Arbeitserlaubnis arbeitete und hierfür ins Gefängnis kam. Als sich ihm die Chance bot, von Lybien nach Europa zu fliehen, ergriff er diese Chance.

Aber lassen wir Paul für sich selber sprechen:

Ich bin 38 Jahre alt. Ich habe keinen offiziellen Status in Deutschland. Es gibt für mich keine Chance, hier Asyl zu bekommen. Ich bin über Griechenland nach Deutschland gekommen, dort haben sie meine Fingerabdrücke. Wenn ich aufgegriffen würde, würden sie mich nach Griechenland schicken und die Griechen würden mich in mein Heimatland schicken. Deshalb bin ich ständig in Sorge, von der Polizei aufgegriffen zu werden und sehe keinen Weg zu einem legalen Status.

Ich fühle mich in meiner augenblicklichen Sitaution komplett machtlos. Um meine Situation zu verändern, bräuchte ich Dokumente, an die ich nicht komme. Dank der Unterstützung einiger Menschen habe ich die Möglichkeit, hier irgendwie zu leben. Aber alles, das ich wirklich tun will, kann ich nicht tun.

Die Unterstützung hilft mir zu überleben, aber auch nicht mehr als das. Denn: wenn die Polizei mich aufgreifen würde, dann könnten diese Menschen mir nicht mehr helfen, weil ich keinen Status habe. Ich bin total von anderen Menschen abhängig. Ohne sie könnte ich noch nicht mal durch Arbeit meinen Lebensunterhalt verdienen, ich könnte einfach gar nix machen.

Gab es Situationen in Deinem Leben, in denen das anders war?

In Griechenland hatte ich die ersten 6 Monate einen Status. Da fühlte ich mich etwas besser, weil ich offiziell arbeiten durfte und auch Arbeit fand. Ich bin ein starker Mann, und ich arbeite gerne, und ich will mir meinen Lebensunterhalt durch ehrliche Arbeit verdienen. Aber als diese 6 Monate vorbei waren, wurde der Status nicht verlängert. Obwohl ich all mein Geld in Anwälte investierte, konnten sie mir nicht helfen.

Ich war insgesamt fünf Jahre in Griechenland, sechs Monate legal und die anderen viereinhalb Jahre illegal. Das wurde aber immer schwieriger. Manchmal hatte ich Arbeit und bekam dann kein Geld – und konnte das ja nicht einfordern, weil ich illegal gearbeitet habe. Der Anwalt sagte mir, da ich eh keinen Status habe, kann ich auch versuchen, in ein anderes europäisches Land zu gehen, und dort als Illegaler leben. So ging ich nach Deutschland, hoffend, dass ich dort besser leben könnte.

Ich lebte in München. Dort gab es eine Unterstützungsgruppe für Menschen wie mich. Sie unterstützten mich mit Essen und organisierten medizinische Unterstützung, wenn sie nötig war. Ich und andere, wir lebten in kleinen Zelten in München. Als Corona kam, drohte unserer kleinen Zeltgemeinschaft die Räumung, weil wir zu eng miteinander wohnten. Durch die Unterstützungsgruppe kam ich dann in ein linkes Hausprojekt in der Nähe, die mir Unterkunft anboten.

Der Ort tat mir zunächst gut. Ich hatte ein Zimmer zum Leben, aber es gab weiterhin keine Möglichkeit zu arbeiten. Ich hing von der Gruppe ab, sie fütterten mich durch. Ich, als ein starker Mann, durfte nicht arbeiten. Das war sehr beschämend für mich. Ich will für meinen Lebensunterhalt arbeiten.

Ich fand dann jemand, der mir half, kleine Handlangerjobs als Schwarzarbeiter zu finden. Das war sehr wichtig. Ich brauchte dieses Geld, nicht nur für mich und meinen Lebensunterhalt, sondern auch für meine Mutter in meinem Heimatland. Meine Mutter lebt in meinem afrikanischen Heimatland, und sie hat gesundheitliche Probleme und braucht dafür meine Unterstützung. Ich versuche, jede Woche 150 Euro in mein Heimatland zu senden, um für Miete, Essen und medizinische Unterstützung zu bezahlen. Ich bin die einzige Person, die sie unterstützen kann, mein Bruder lebt in Lybien unter sehr schwierigen Bedingungen, meine Schwestern heirateten in andere Familien ein und haben keinen Kontakt mehr mit meiner Mutter und uns.

Erzähl mehr von Deiner Situation in Deinem Heimatland…

In meinem Heimatland hatten und haben wir als Familie ein großes Problem. Mein Vater wurde erschossen, als ich ungefähr 11 Jahre alt war. Es gab Spannungen zwischen meinem Vater und dem Häuptling unseres Ortes. Deshalb hatten wir unseren Heimatort verlassen. Am neuen Ort waren wir sicher, aber als mein

Vater einmal in unseren Heimatort zurückkehrte, um etwas zu regeln, wurde er dort erschossen.

Mein Onkel ist Muslim, aber meine Eltern und ich, wir wollen keine Muslims sein. Daher werden wir von vielen, und auch von unserer Familie, gehasst. Als mein Vater erschossen wurde, übernahm mein Onkel alles, was wir an dem neuen Ort aufgebaut hatten.

Wir haben nichts mehr, und wir mussten zurück ins Heimatdorf unserer Eltern. Aber mein Bruder und ich waren dort auch in Gefahr, daher entschieden wir uns, zu gehen, und woanders nach Arbeit zu suchen, um unsere Mutter und unsere jüngere Schwester zu unterstützen. Ich fand die Arbeit in einer privaten Goldmine, das war sehr harte Arbeit unter Tage. Wir suchten nach Gold für einen privaten Unternehmer. Aber die Regierung unseres Heimatlandes hat die Schürfrechte an internationale Unternehmen verkauft, das private Schürfen nach Gold war verboten. Die großen Firmen schürften mit großen Maschinen, wir suchten das Gold mit unseren bloßen Händen, und das Gold wurde dann verkauft, das war aber illegal. Ich kam für diese illegale Arbeit ins Gefängnis, einmal für sechs Monate, und ein zweites Mal für vier Monate. Aber es gab keine andere Arbeit, so ging ich nach dem ersten Gefängnisaufenthalt wieder in die Goldmine. Im Gefängnis war ich auch noch hilfloser als hier. Afrikanische Gefängnisse sind sehr anders als deutsche Gefängnisse, dort wirst Du geschlagen, es gibt kaum etwas zu essen, und viele sterben dort.

Dann erzählte uns jemand über ein besseres Leben in Lybien: "Ihr leidet hier, kommt für illegale Arbeit ins Gefängnis, hier habt ihr keine Chance. Aber in Lybien, suchen sie Gärtner für ihre Häuser und ähnliches, geht doch nach Lybien!" Er überzeugte uns und verkaufte uns eine Reise nach Lybien. Wir hatten keine Ahnung, was uns auf dem Weg und dort erwarten würde.

Wir zahlten ihm viel Geld, um die Reise nach Lybien zu machen. Wir waren fünf, die gemeinsam nach Lybien gehen wollten. Das war die Hölle. Wir wussten nicht, wie gefährlich der Weg durch die Wüste war: Kriminelle Banden errichteten Straßensperren und brachten die Leute um, wenn sie nicht bezahlten. So starb mein erster Freund auf dieser Reise. Wir wurden mitten in der Wüste gestoppt, weil mein Freund kein Geld mehr hatte, wurde er erstochen.

Der nächste starb nach einem Autounfall. Wir saßen alle auf dem Dach eines Pickups, die Sonne brannte erbarmungslos, und dann gab es einen Autounfall. Einer meiner Freunde wurde bei dem Autounfall verletzt. Das Auto war kaputt, wir mussten zu Fuß weitergehen. Mein verletzter Freund kam nicht mit – wir mussten ihn auf dem Weg zurücklassen. Ich bin sicher, dass er dort gestorben ist. Es gab keine Chance, in dieser Hitze dort zu überleben.

Du siehst viele tote Menschen entlang dieser Straße. Wir waren dann nur noch drei, die es bis nach Lybien geschafft haben. Einer von uns wurde kurz danach erschossen. Er arbeitete mit ein paar zwielichtigen Typen zusammen, die ihn nachts dann erschossen und mit seinem Lohn verschwanden.

Ich und mein einziger übriggebliebener Freund, wir arbeiteten in Lybien, aber natürlich wieder ohne Arbeitserlaubnis. Als eine Polizeikontrolle kam, landeten wir wieder im Gefängnis. Das lybische Gefängnis war das Schlimmste von allen: Sie schlugen uns jeden Morgen und begossen uns mit kaltem Wasser, bevor wir eine kleine Scheibe Brot als Verpflegung bekamen. Ich habe in dem Gefängnis viele Menschen sterben sehen. Die einzige Straftat, die wir verübt haben, war für unseren Lebensunterhalt zu arbeiten, aber eben nicht offiziell. Mein Freund starb nach 6 Monaten im Gefängnis.

Ich verbrachte fast ein Jahr in dem Gefängnis. Dann kam jemand, der der Gefängnisleitung Geld bezahlte, um Gefangene als Arbeiter zu nutzen. Ich arbeitete für ihn, und weil ich ein guter Arbeiter bin, behielt er mich eine Weile und lernte anscheinend, mich zu schätzen. Daher bot er mir an, er könne mir helfen, nach Europa zu kommen. Ich hatte nie daran gedacht, nicht danach gefragt, aber es war meine einzige Chance, mit meinem Leben etwas zu machen. Er brachte mich zu einem Boot, das mich nach Europa bringen sollte. Ich weiß nicht, ob er dafür bezahlt hat.

Es war furchtbar auf dem Boot. Gott half uns, zu überleben. Unser Boot war einfach ein Schlauchboot. Nach einer Weile merkten wir, dass die Schläuche Luft verloren, und versuchten, das zu reparieren. Den ganzen Nachmittag kämpften wir darum, dass das Boot nicht unterging. Dann schließlich entdeckte uns ein größeres Schiff und nahm uns auf. Zwei von uns sind auf der Überfahrt gestorben. Aber für den Rest von uns war es nicht der Zeitpunkt zu sterben, wir wurden gerettet und kamen nach Griechenland.

Was würdest Du anderen Menschen in Deiner Situation raten?

Ich erzähle allen meinen Facebook-Freunden in Afrika, dass sie auf keinen Fall Richtung Lybien oder Europa auf den gleichen Weg gehen sollen wie ich. Wenn sie nach Europa wollen, müssen sie ein Flugzeug nehmen, die Straße durch die Wüste ist viel zu gefährlich. Die Chance ist riesig, dort Dein Leben zu verlieren, und Du hast nur ein Leben. Wenn Du das verlierst, ist es vorbei. Ich habe so viele tote Menschen entlang dieser Straße gesehen. Ob sie erstochen wurden, erschossen wurden oder verdurstet sind, ich weiß es nicht.

Was hat Dich unterstützt? Und was hätte Dir noch mehr geholfen?

Die größte Unterstützung war der Mann, der mich aus dem Gefängnis in Lybien geholt hat und mir die Chance gegeben hat, nach Europa zu kommen. Auch wenn ich keine Perspektive in Europa habe, geht es mir hier noch besser als an jedem Ort in Afrika. Wenn er mich zurück ins Gefängnis geschickt hätte, wäre ich wahrscheinlich dort gestorben.

Hier in Europa bekomme ich Unterstützung von Menschen, die mir einen Platz zum Leben geben, und die Möglichkeit, mir durch meine eigene Arbeit etwas Geld für mich und meine Mutter zu verdienen. Es geht mir hier besser als in Lybien. Aber ich habe weiterhin fortwährend Angst vor der Polizei - keine Angst vor europäischen Gefängnissen, aber davor, nach Afrika zurückgesandt zu werden. Ich habe Angst um mein Leben in Afrika.

Mein größter Wunsch ist es, hier einen Aufenthaltstitel zu bekommen. Einfach um legal zu arbeiten, ohne Angst vor Kontrollen haben zu müssen, und um fähig zu sein, eine Familie und ein ganz normales Leben zu haben. All meine Gedanken drehen sich darum, aber es gibt keine Chance, das zu realisieren.

Wenn ich zurückschaue, war ich naiv, dass ich bei meiner Ankunft in Europa die Wahrheit gesagt habe. Ich habe ihnen erzählt, dass mein Vater erschossen wurde und von all den Problemen, die wir in unserem Heimatland haben. Aber sie meinten nur, das passiert überall, und wäre kein Grund für politisches Asyl. In meinem Heimatland gibt es keinen offiziellen Krieg. Andere, die besser als ich für die Gespräche mit den europäischen Behörden vorbereitet waren, erzählten Lügen und erklärten, dass sie aus Ländern im Krieg kämen. Sie bekamen dann einen Status. Ich verlor meinen Status nach sechs Monaten. Seitdem lebe ich "illegal" und habe keinerlei Rechte. Das ist furchtbar.

5.1.4. Teile Deinen Rang!

Hohen Rang habe ich nie nur aufgrund dessen, was ich selber erarbeitet habe, der hohe Rang wird mir immer gegeben und häufig unterstützt durch Menschen, die dafür ihren Teil beitragen und mitarbeiten. Daher ist ein ganz wichtiger Leitsatz für Menschen, die häufig im hohen Rang sind: **Teile Deinen Rang**, wann immer es möglich ist!

Was meine ich mit „Rang teilen"? Mache es Dir zur Angewohnheit, immer wieder darauf hinzuweisen, dass Du es nicht alleine gemacht hast, und teile Ruhm und Ehre mit den weniger Sichtbaren. Wir kennen alle das Bild, wenn der Dirigent nach einem tollen Konzert ohrenbetäubenden Applaus bekommt, aber dann seine Orchestermitglieder auffordert, aufzustehen, und signalisiert, dass der Applaus ihnen zusteht. Oder wenn nach einem Rockkonzert die Person am Mischpult noch auf die Bühne geholt wird, um deutlich zu machen, wie wichtig diese Arbeit für den Erfolg war. Es sich zur Angewohnheit machen, dann, wenn man für die eigenen Erfolge Würdigung bekommt, auch auf die hinzuweisen, die mit dazu beigetragen haben, ist ein ganz wichtiger Faktor, um bewusst mit eigenem hohen Rang umzugehen.

5.1.5. ...splaining

Den Rang zu teilen kann auch heißen, dass ich meine Fähigkeiten oder meine Rechte dafür einsetze, dass andere Menschen davon profitieren. Gutwillige Menschen, die vieles können, helfen gerne anderen mit ihren Fähigkeiten. Das kann hilfreich sein, und es kann das Gegenteil bewirken. Denn durch unaufgeforderte Hilfeleistungen senden wir unbewusste Signale aus, die aussagen: „Ich kann es und Du kannst es nicht!“ Wir tragen nicht dazu bei, dass die andere Person ihr Potenzial entfaltet, sondern wir zeigen unser eigenes Können und signalisieren damit unsere Überlegenheit.

Daher ist es auf jeden Fall angeraten, vor der Umsetzung eines Hilfe- oder Ratgeber-Impulses kurz innezuhalten und zu schauen: Wie kann ich meinen hohen Rang hier unterstützend einsetzen? Und hier ist hoher Rang eben nicht nur die eigene Kompetenz, die finanzielle Kraft, die Fähigkeit, Fahrräder zu reparieren oder selbstsicher aufzutreten, sondern auch das Bewusstsein dafür, dass es nicht immer gut ist, einer Person ihre Probleme abzunehmen, sondern dass sie sich damit auch zurückgesetzt oder erniedrigt fühlen könnte.

Jemandem schnell und voreilig eigene gute Ratschläge vorzusetzen, ist selten der sinnvollste Umgang mit den eigenen Kompetenzen. Wenn Männer das tun, gibt es dafür den neudeutschen Ausdruck des „Mansplaining“ - Männer, die Frauen etwas erklären, weil sie davon ausgehen, es besser zu wissen als sie, obwohl das gar nicht unbedingt der Fall ist. Dieser Fauxpas ist jedoch nicht nur Männern vorbehalten. Alleinerziehende Väter erleben in Erziehungssituationen oft das Gegenteil, das „Womansplaining“, dass Frauen der Meinung sind, mehr von den Kindern des Mannes zu verstehen als deren Vater. Es gibt alle Arten von „...splaining“, aus der privilegierte Menschen anderen Menschen auf herablassende Art und Weise etwas erklären. **Die Einordnung, was „herablassend“ ist und was nicht, liegt übrigens im Ohr des Hörenden.** Fast alle, die zu „...splaining“ tendieren, werden überzeugt sein, dass sie es nicht herablassend, sondern als Hilfestellung meinen. Wenn die Reaktion nicht so dankbar ausfällt wie erwartet, darf man sich gerne fragen, ob die Hilfestellung vielleicht herablassend wirkte. Und noch besser ist es, vor der Hilfestellung kurz innezuhalten. Folgende Fragen sollte man sich stellen, bevor man die eigenen Fähigkeiten und Erfahrungen ungefragt teilt:

Hat die andere Person aktiv um Rat gefragt? Interessiert sie das, was ich teilen will, überhaupt? Unterstelle ich ihr weniger Kompetenz als mir? Und: Weiß ich, welche Fachkompetenz sie in diesem Bereich wirklich hat?

Manchmal kann das Teilen der eigenen Erfahrungen oder auch der eigenen Fähigkeiten eine wunderbare Unterstützung für das Gegenüber sein. Manchmal kann es eine Herabsetzung des Gegenübers sein, weil ich ihr damit unbewusst unterstelle, weniger Kompetenz in dem Bereich zu haben als ich. Selbst wenn dies der Fall ist, ist es nicht unbedingt eine Unterstützung. Denn es tut Menschen auch gut, ihre eigenen Erfahrungen zu machen und Dinge selber zu tun, die sie nur mäßig können - aber nur so besteht die Möglichkeit zur Weiterentwicklung. Manchmal kann eine gut gemeinte Hilfestellung eine Grenzüberschreitung sein - etwa wenn man blinde Menschen einfach anfasst, um sie zu ihrem Ziel zu führen. Ruth Cohn prägte den schönen Satz: „Zu wenig Hilfe ist Diebstahl, zu viel Hilfe ist Mord."[xl]

Bevor ich meine eigenen Fähigkeiten und Privilegien nutze, um andere zu unterstützen, sollte ich also sehr bewusst nachforschen, ob meine Unterstützung gewünscht und sinnvoll ist. Häufig ist einfaches Nachfragen ein guter Weg, manchmal braucht es andere Kanäle als den verbalen, um es herauszufinden.

5.1.6. Ich bin doch keine Rassistin!

Zum bewussten Umgang mit dem eigenen hohen Rang gehört auch, dass wir uns bewusst sind, dass wir aus einer privilegierten Situation heraus nicht spüren und nicht nachvollziehen können, wie es Menschen geht, die unter Diskriminierung leiden. Das gilt in besonderem Maße im Umgang mit Menschen, die selber nicht hier geboren sind, oder deren Eltern oder Großeltern aus einem anderen Erdteil stammen. Hier ist uns, deren Ahnen seit Generationen in diesem Land leben, nicht bewusst, welches Privileg es für uns ist, dass wir so aussehen und sprechen wie die Mehrheitsgesellschaft. Ich gehe davon aus, dass wahrscheinlich mindestens 99% der Leser:innen dieses Buches davon überzeugt sind, dass sie nicht rassistisch eingestellt sind, ähnlich wie ich selbst von mir dieses Bild habe. Daher möchte ich ein Detail meines eigenen Lernprozesses in dieser Hinsicht teilen.

MEINE GESCHICHTE MIT DEM N-WORT

In meiner Familie gab es eine große Offenheit für Interkulturalität und Toleranz, und selbstverständlich wurden Menschen mit schwarzer Hautfarbe in meiner Kindheit in den 70er Jahren als „Neger" bezeichnet. Ich nutzte dieses Wort gedankenlos und in der Überzeugung, dass ich damit nichts Böses tue.

Als mich zum ersten Mal, vermutlich Anfang der 80er, jemand darauf ansprach, reagierte ich empört und ging in Verteidigungshaltung: „Ich habe das doch gar nicht rassistisch gemeint, also braucht es Dich auch nicht zu verletzen! Sei doch nicht so empfindlich!" Innerlich ging in mir Folgendes ab, damals hätte ich es allerdings noch nicht so formulieren können: „Arbeite Du an Deiner Tendenz zur Opferhaltung und mach mir keine Vorwürfe. Denn zu behaupten, dass ich rassistisch bin, ist eine unangemessene Beleidigung." Ich - die Person ohne Diskriminierungserfahrung - fühlte mich durch die Person mit Diskriminierungserfahrung in meinem Rang bedroht. Ich erlebte dieses Feedback als Angriff auf meinen sozialen Rang, denn ich wurde als jemand bezeichnet, die die Werte meiner Peergroup, meine eigenen Werte, nicht lebt. Damit schaltete mein Nervensystem auf Angriff um, und ich war absolut nicht offen für die Erfahrungen meines Gegenübers und nicht bereit, von ihnen zu lernen.

Es dauerte eine Weile, bis ich akzeptieren konnte, dass es in diesem Fall die Aufgabe von mir als privilegierter Person ist, meine Wortwahl zu verändern, um einen Beitrag zu einem entspannteren Miteinander zu leisten und nicht die Aufgabe der Menschen, die viel Diskriminierungserfahrungen in ihrem Leben machten, an ihrer Tendenz zur Opferhaltung zu arbeiten. Sie haben hier den hohen Rang der „Erfahrenen" in Sachen Diskriminierungserfahrung und damit die Deutungshoheit darüber.

In der Homosexuellen-Bewegung gab es einen anderen Weg, dort wurde bewusst die „Stigma-Umkehr" betrieben. Die geänderte gesellschaftliche Stimmung und ein gestiegenes Selbstbewusstsein und Aktivismus von Seiten von LGBTQ+Aktivist:innen, deren männliche Homosexuelle sich zunehmend bewusst mit dem Begriff „schwul" bezeichneten, trugen dazu bei, dass der Schimpfwortcharakter des Wortes in weiten Gesellschaftsteilen weitgehend verschwunden ist. Es bleibt eine Entscheidung der diskriminierten Menschen, welchen Weg sie gehen wollen, nicht eine Entscheidung der Mehrheitsgesellschaft, zu sagen: „Nimm das Wort doch einfach nicht als was Negatives!"

Ich habe in meiner Beschäftigung mit Privilegien, in vielen Gesprächen und dank des tollen Buchs von Tupoka Ogette „Exit Racism. Rassismuskritisch denken lernen."[xli] hierzu noch einiges dazulernen dürfen. Wir, die wir viele Generationen deutsche Vorfahren haben, denken, es ist nichts dabei, wenn wir Menschen mit anderer Hautfarbe fragen: „Wo kommst Du eigentlich her?" Was viele von uns dabei vollkommen überrascht: Diese Frage verletzt viele Deutsche, denen wir aufgrund äußerer Merkmale zuschreiben, dass sie eventuell nicht in Deutschland geboren sein können. Die Frage impliziert für viele von ihnen, dass sie „eigentlich" nicht dazugehören. Und selbst wenn wir es nicht so gemeint haben, sondern nur aus ganz ehrlichem Interesse an der Familiengeschichte gefragt haben, es verletzt trotzdem. Und erwarten wir nicht auch bei jemand, der uns anrempelt, ohne dass er es böse gemeint hat, eine Entschuldigung? Und dass diese Person beim nächsten Mal etwas achtsamer durch die Gegend läuft? Warum nicht auch, wenn uns jemand spiegelt, dass eine unachtsame Äußerung verletzt?

Ein achtsamer Umgang mit Sprache ist ein wichtiger Baustein zum bewussten Umgang mit den eigenen Privilegien - nicht nur in Hinblick auf Menschen mit Migrationshintergrund, sondern in Hinblick auf jegliche Menschen mit Diskriminierungserfahrung.

EINLADUNG ZUR REFLEKTION:

Denke an Deinen eigenen hohen Rang. Welcher der in diesem Kapitel genannten Hinweise hat Dir Denkanstöße gegeben, die für Dich wichtig waren?

Wieviel Feedback bekommst Du? Wie kannst Du Feedback einladen? Wie kannst Du Deinen hohen Rang einsetzen, um konstruktives Feedback zu geben?

Übernimmst Du die Verantwortung, die sich aus Deinem Rang ergibt?

Wo gehst Du bewusst auch in den „niedrigen Rang"? Könntest Du das noch etwas öfters tun?

Teilst Du Deinen hohen Rang mit Anderen?

Kannst Du bei Dir eine Tendenz zum ....splaining entdecken?

Ertappst du dich bei Gedanken, die Menschen aufgrund ihrer Herkunft, Religion, Geschlecht, Sexualität oder anderen Faktoren abwerten? Oder glaubst du, dass du gegen solche Gedanken immun bist? Was kannst du tun, um dich selbst zu informieren, damit du dir deiner eigenen Prägungen bewusst wirst?

5.2. Bewusster Umgang mit eigenem niedrigen Rang.

Es fühlt sich fast anmaßend an, aus meiner privilegierten Situation über niedrigen Rang zu schreiben. Denn ich habe das Gefühl, so viele Geschenke mitbekommen zu haben, dass ich mich häufig in ranghohen Positionen wiederfinde. Und doch habe ich natürlich auch viele Situationen erlebt, in denen ich im niedrigen Rang war und bin. Als schlechteste Sängerin in unserem Chor, als Neuling im Gemeinderat, während meiner Studienzeit als Kassiererin im Supermarkt, als Mutter eines Frühchens auf der Neugeborenen-Intensivstation, als Single unter lauter glücklichen Paaren. Ich bin sehr dankbar, dass diese Erfahrungen nicht überwiegen, sondern ich zu den Menschen gehöre, die viele Privilegien in die Wiege gelegt bekommen haben.

Sich dauerhaft im niedrigen Rang zu fühlen, ist extrem belastend. Dacher Keltner hat auch hierzu geforscht und zeigt auf, dass Menschen in machtlosen Lebenssituationen in andauernder Anspannung leben, einen dauerhaft erhöhten Kortisol-Spiegel haben und dass dies unmittelbare Auswirkungen auf ihre Gesundheit und Lebenserwartung hat. (Prinzipien 17-20 des Power Paradox)

Ich kann in diesem Buch wenig Unterstützung darin geben, wie Menschen aus finanzieller Enge, Abhängigkeit, Selbstzweifeln, Traumatisierungen, Einsamkeit, mangelnder Bildung und mangelnden Möglichkeiten heraustreten können, so dass ihr menschliches Grundbedürfnis nach Selbstwirksamkeit gut gestillt wird. Dazu braucht es andere Ratgeber:innen und Coaches. Und manchmal erscheint die Situation - wie beispielsweise bei Paul - auch sehr aussichtslos.

Ich möchte mich an dieser Stelle auf den Aspekt konzentrieren, den ich mit diesem Buch bewegen kann: Den psychologischen Rang. Der psychologische Rang ist einer, den wir - unabhängig von äußeren Faktoren - durch unsere innere Arbeit verändern können. Er ist in vielen Situationen der wichtigste Faktor, der die eigene Macht, die Fähigkeit, Menschen und Situationen zu beeinflussen, bestimmt. Beispiele wie Nelson Mandela, der 25 Jahre im südafrikanischen Gefängnis verbrachte und dann der Führer eines friedlichen Umbaus der südafrikanischen Gesellschaft wurde oder Victor Frankl, der ein Konzentrationslager überlebte und aus diesen Erfahrungen seinen Ansatz in der Psychotherapie entwickelte, können in diesem Kontext inspirierende Vorbilder sein.

5.2.1. Entwickeln des eigenen „Sense of Power"

Keltner et al. prägten den englischen Begriff vom „Sense of Power". Die wortwörtliche Übersetzung „Machtgefühl" trifft die Bedeutung dieses Wortes nicht zu 100%, daher nutze ich den englischen Begriff. Der Sense of Power beschreibt das Vertrauen in die eigene Fähigkeit, die Welt um uns herum beeinflussen zu können. Er hängt nur teilweise an objektiven Kriterien, wie wir an den Beispielen von Nelson Mandela und Victor Frankl sehen können, die diesen Sense of Power auch unter ungünstigsten Umständen erhalten konnten.

Die gute Nachricht ist: Dieses Vertrauen, die Überzeugung, dass man etwas beeinflussen kann, kann bewusst aufgebaut werden. Es ändert sich zwar nicht von einem Moment auf den anderen, aber es ist möglich. Dies haben wir bereits in Mia-Irenes Geschichte (Kapitel 4.3.) erfahren können. An dieser Stelle möchte ich die Geschichte meiner Freundin Emel teilen, die trotz ihrer Dramatik eine ganz besonders mutmachende Geschichte ist. Hier ist eine Triggerwarnung angebracht: Diese Geschichte erzählt von vielen traumatischen Momenten, insbesondere von Abschiebung und Vergewaltigung.

EMELS GESCHICHTE

Emel ist Kurdin. Sie verbrachte ihre Kindheit und Jugend in Deutschland, bis sie mit 15 Jahren in die Türkei abgeschoben wurde. Dort wurde sie zwangsverheiratet und lebte 13 Jahre in einer Zwangsehe, aus der sie sich schließlich durch einen Bundesfreiwilligendienst in Deutschland befreien konnte.

Emel, wann in Deinem Leben hast Du Dich ohnmächtig gefühlt?

Schon in meiner Schulzeit in Deutschland waren wir in einer Situation, in der wir kaum Rechte hatten. Wir waren nur geduldet, hatten nie einen Aufenthaltstitel und ständig Angst vor Abschiebung, und mein Vater war auch gewalttätig. Und trotzdem - ich war in der Zeit auch glücklich, hatte Freundinnen und habe viele schöne Erinnerungen an die Zeit. Später habe ich mich zu dieser Zeit zurückgesehnt. Die extreme Ohnmacht begann erst mit der Abschiebung in die Türkei. Wir waren Fremde in dem Heimatdorf meiner Mutter, sprachen kaum die Sprache, kannten die Kultur nicht. Und dann kam die Katastrophe: Ich wurde zwangsverheiratet mit meinem Cousin. Ich wollte ihn nicht heiraten, aber das spielte keine Rolle. Er entführte mich, vergewaltigte mich und damit waren wir verheiratet. In den ersten Jahren durfte ich nicht ohne seine Einwilligung das Haus verlassen. Meine Mutter lebte schräg gegenüber, aber ich brauchte seine Zustimmung, um sie besuchen zu gehen. Außer ihm bestimmten auch sein Vater und seine Brüder über mein Leben. Sie pfiffen mich manchmal zurück, wenn ich zu meiner Mutter gehen wollte. Ich hatte keinerlei Möglichkeiten, mein Leben in irgendeiner Form selber zu gestalten. Ich war komplett fremdbestimmt. Das einzige, was ich in dieser Zeit durchgesetzt habe, war, dass ich meistens kein Kopftuch getragen habe, trotz des Drucks der Familie. Da habe ich es geschafft, zu mir zu stehen.

Ich musste meinem Mann dienen, auf allen Ebenen, auch sexuell. Das war meine Pflicht, er hat sich sein „Recht" als mein Ehemann mit Gewalt genommen. Mein Schwiegervater hat mich auch mit dem Tod bedroht, wenn ich nicht gehorche.

Mir ging es absolut Scheiße in dieser Zeit. Ich kannte die andere Welt, ich war in Deutschland sozialisiert, ich konnte das nicht so akzeptieren wie die anderen Frauen und Mädchen in der Türkei, in deren Weltsicht es normal war, dass Frauen den Männern gehorchen müssen. Ich fühlte mich absolut ohnmächtig und wusste, dass es so falsch ist. Dass andere über mich bestimmen könnten, hat mich zum Durchdrehen gebracht. Ich war schwerst depressiv, bin in den Schlaf geflohen. Die einzigen schönen Momente hatte ich in meinen Träumen, da gab es auch schöne Gefühle.

Wie hat sich das dann geändert? Jetzt bist Du ja hier!

Ich habe nie die Hoffnung aufgegeben, dass ich eines Tages in Deutschland leben kann. Und ich hatte Freundinnen in Deutschland, die mich in dieser Idee unterstützt haben. Sie hatten die Idee, dass ich durch einen Bundesfreiwilligendienst ein Visum für Deutschland bekommen könnte, und so meinen Mann verlassen. Als sie mit dieser Idee kamen, bin ich wach geworden, die Hoffnung hat mich beflügelt, und dass ich etwas tun konnte, hat mir Auftrieb gegeben. Mit der Unterstützung meiner Freundinnen habe ich es tatsächlich geschafft. Das war ein langer Prozess. Ich habe meine Familie mit eingeweiht. Sie haben mich unterstützt. Wir haben es gemeinsam geschafft, meinen Mann zu überreden, dass er dem zustimmt, dass ich nach Deutschland arbeiten gehe und ihn dann nachhole. Das war eine Notlüge, aber ohne die wäre es nicht gegangen. Und irgendwann hatte ich das Visum und das Flugticket nach Deutschland in der Hand. Immer noch Angst, dass mein Mann es mir in letzter Sekunde wegnimmt und doch verbietet. Aber da die Familie es gut fand, dass wir aus der unsicheren Situation an der syrischen Grenze in das sichere Deutschland kamen, hat er meine Reise nach Deutschland mit den Kindern akzeptiert.

Wie war der Anfang in Deutschland?

Ich dachte, wenn ich in Deutschland ohne meinen gewalttätigen Mann bin, werde ich glücklich sein. Aber das war nicht so. Ich war zwar in Deutschland, aber ich war weiterhin depressiv und traumatisiert und voller Ängste. Heutzutage kann ich mir das erklären. Die Traumatisierung war ja nicht verschwunden durch den Wechsel des Landes. Mein Mann hat mich am letzten Tag nochmals vergewaltigt, ich kam direkt aus dieser verwundeten Situation hierher.

Ich war damals, als ich hier ankam, eine traumatisierte, ängstliche Frau. Ich dachte, ich bin glücklich, wenn ich in Deutschland bin, denn ich habe ja 15 Jahre lang davon geträumt, hierher zurück zu kommen. Aber ich war weiterhin depressiv. Ich habe in dieser ersten Zeit in Deutschland für mich abgeschlossen mit dem Gedanken, dass ich jemals glücklich werde. Ich dachte, ich bin einfach zu kaputt, so verletzt, dass ich jede Hoffnung auf Glück aufgeben muss. Aber ich nahm mir vor, zu funktionieren, für meine Kinder. In mir war alles schwarz. Der ganze Schmerz der Jahre in der Zwangsehe lag mir auf der Seele. Ich dachte, die lebensfrohe Emel ist in der Zwangsehe gestorben und kann wohl nicht mehr lebendig werden. Ich hatte da auch keine Ziele mehr, hab mich nur noch treiben lassen.

Freundinnen haben mich dann ermutigt, eine Therapie anzufangen. Ich habe nicht so recht daran geglaubt, dass es mir etwas hilft, aber habe es dann doch gemacht. Drei Wochen in einer psychosomatischen Klinik waren ein wichtiger Anfang. Es hat mir unglaublich gut getan, dort alleine zu sein. Ich habe da zum ersten Mal in meinem Leben ein Zimmer für mich gehabt, alleine in einem Raum geschlafen. Ich habe dort ein Bild gemalt, das meine innere Welt dargestellt hat. Es war ganz schwarz, und dann waren ganz viele Blutflecken drauf. Das war meine innere Welt, so sah es in mir aus.

Diese erste Therapie hat mich dann motiviert, meinem Mann, dem ich bis dahin noch vorspielte, dass ich versuche, ihn nachzuholen, zu sagen, dass ich mich scheiden lassen will. Ich hatte wahnsinnige Angst davor und er und seine Familie haben mich danach auch heftig bedroht. Aber ich habe den Mut dazu gefunden und es durchgezogen! So ging es dann Schritt für Schritt aufwärts.

Eine weitere Therapie und ein Coaching haben mir geholfen, in meine Kraft zu kommen und zu dem Punkt zu kommen, zu sagen: „Ich kann mein Leben selbst in die Hand nehmen. Ich kann alles erreichen, was ich will!" Meine Coachin hat mir geholfen, die Selbstliebe für mich zu entdecken, ich habe die Spiritualität entdeckt, und bin Schritt für Schritt aus dem tiefen Loch herausgekommen.

Ich hatte dann ein anderes Bewusstsein für viele Sachen, dadurch bin ich dann aus der Haltung, ein Opfer meines Lebens zu sein, in die Überzeugung, dass ich die Schöpferin meines Lebens bin, gekommen. Das war eine krasse Veränderung.

Was würdest Du anderen raten, die sich in einer ähnlichen Situation befinden wie die, in der Du Dich befunden hast?

Ich weiß, dass man, wenn man in der Situation steckt, es gar nicht mehr sehen kann, dass es einen Ausweg gibt. Dann ist einfach alles trostlos und hoffnungslos, so fühlt es sich an. Ich kann aus meiner Geschichte erzählen, dass es auch in so trostlosen Situationen noch Hoffnung gibt, aber es ist schwer zu vermitteln. Man denkt in dem Moment, das, was man fühlt, ist das einzige, was das Leben prägt. Aber ich habe erfahren: Man kann es verändern, und das Leben so leben, wie man es am liebsten hat. Und das braucht innere Arbeit und Unterstützung. Aber man kann's auch alleine schaffen. Ich würde jedem raten, niemals aufzugeben, für sich selber zu kämpfen, für sich zu stehen, denn es kann klappen! Ich war der festen Überzeugung, dass ich nie wieder glücklich werden kann, und jetzt bin ich quicklebendig und glücklich. Und ich bin so dankbar dafür.

Hätte ich nicht gekämpft, wäre ich immer noch depressiv und krank in der Zwangsehe. Oder ich hätte mir schon das Leben genommen. Und jetzt kann ich sagen: „Mir geht es so gut, ich habe es geschafft!" Dazu war wichtig, dass ich mich wichtig nehme und für mich kämpfe.

Wenn Du jetzt zurückblickst, was hättest Du dir in der Phase, als Du neu nach Deutschland kamst, von anderen mehr gewünscht?
Ich habe, als ich ankam, zwar viel Unterstützung bekommen, aber ich war trotzdem noch überfordert mit der Bürokratie. Die Unterstützung war oft pädagogisch gut gemeint so, dass ihr versucht habt, mich zu befähigen, die Dinge selber zu machen, aber ich war dazu noch gar nicht in der Lage. Ich kam mit einem schweren Trauma. Ich hätte mir in der Anfangsphase mehr gewünscht, dass ihr das respektiert und nicht von mir erwartet, dass ich schnell lerne, beispielsweise den Umgang mit der deutschen Bürokratie. Ich konnte das einfach noch nicht lernen. Ich war vollkommen überfordert in der Anfangszeit.

Für meine Kinder da zu sein, war meine wichtigste Aufgabe in der ersten Zeit, mehr ging nicht - und auch das konnte ich nicht gut. Ich kam frisch aus dem Trauma der Vergewaltigung und wurde gefordert, in neuer Umgebung klarzukommen und meine Kinder beim Ankommen zu unterstützen. Ich war mit dem, was ich auf der Orga-Ebene machen musste, trotz eurer liebevollen Unterstützung komplett überfordert. In dieser Anfangsphase wäre es besser gewesen, mir das ganz abzunehmen. Es war noch nicht der richtige Zeitpunkt, um überhaupt irgendetwas zu lernen.

Aber im großen Ganzen war es das Beste, was mir passieren konnte, hier gelandet zu sein. Denn hier hatte ich immer Menschen, die mich unterstützt haben, wenn ich mich getraut habe, zu fragen, und ich hatte hier ein sicheres Umfeld, in dem ich leben konnte. Dies hat mich darin unterstützt, zu der zu werden, was ich heute bin.

Nicht nur Emel, auch meine Gesprächspartner:innen Mia-Irene (Kapitel 4.3.), sowie Kristina und Maria, die wir in späteren Kapiteln kennenlernen werden, entwickelten ihren gestärkten Sense of Power unter anderem unterstützt durch Therapien und Coaches. Das Gefühl von Machtlosigkeit ändert sich nicht einfach auf Knopfdruck, durch geänderte Umgebung oder durch schlaue Bücher, die davon erzählen, dass und wie es möglich ist. Es ist ein langer Prozess der inneren Arbeit, idealerweise unterstützt durch Therapie oder Coaching, der aber schöne Früchte tragen kann!

Auch wenn Bücher nur sehr begrenzt etwas dazu beitragen können, möchte ich an dieser Stelle kurz vorstellen, wie die Auseinandersetzung mit dem Thema des Buches das Vertrauen in die eigene Wirksamkeit, den eigenen „Sense of Power" stärken kann.

1. Wir fühlen in der Regel weniger Macht, als andere in uns sehen.
→ *Verbinde Dich mit dem Aspekt, in dem Du Dich als Vorbild fühlst.*

Fast niemand ist wirklich überall in einem niedrigen Rang, es gibt immer einzelne Aspekte, in denen jemand auch Einfluss auf Andere hat. Und hier kann eine Aufwärts-Spirale in Gang gesetzt werden: Wenn ich mir bewusst mache, wo ich einen Einfluss auf andere habe, vielleicht sogar Vorbild für andere bin, dann ändern sich auch auch mein Selbstvertrauen, mein Verhalten und damit meine Wirksamkeit. So erzählte Mia-Irene in Kapitel 4.3., wie ihre Kinder, für die sie Vorbild war, sie inspiriert haben, sich mit ihrer Rolle auseinanderzusetzen. Heute möchte sie als an MS erkrankte Person Vorbild für einen guten Umgang mit Alter und Krankheit sein – und das ist sie!

2. Wir fühlen uns häufig schnell angegriffen und reagieren erregt.
→ *Stress-Reaktionen wahrzunehmen und selber regulieren zu können steigert den eigenen Rang.*

Wenn Du jemand „Mächtigem" gegenüberstehst und Dich vielleicht sogar angegriffen oder „klein gemacht" fühlst: Nimm deine emotionale Reaktion wahr, und wisse: Das ist Deine Reaktion, weil Du Dich angegriffen fühlst. Aus dieser Erregung heraus zu reagieren, ist selten hilfreich. Atme durch, betrachte die Erregung interessiert, und feiere es, wenn Du durch das Durchatmen und Etwas-aus-der-Situation-Heraustreten einen kleinen Spielraum zwischen Reiz und Reaktion schaffen kannst.

Was könnte eine sinnvolle Reaktion sein, wenn Du Dich mit Deinem hohen Rang verbindest? Kannst Du eine Brücke bauen?
Dies gelingt nur höchst selten im akuten Moment. Es ist auch schon sehr hilfreich, mit etwas Abstand über eine Situation nachzudenken und zu überlegen: Wie hätte ich reagieren können, wenn ich mich nicht von der erregten Reaktion hätte überwältigen lassen? Was wäre konstruktiver gewesen? Und kann ich das vielleicht morgen noch einbringen? Deine/n Konfliktpartner:in am nächsten Tag entspannt ansprechen zeigt, dass Du die Zügel in die Hand genommen hast! Dieses Thema vertiefe ich in Kapitel 7.1..

3. Wir empfinden uns am unteren Ende der Rangordnung unserer Gruppe.

→ Bewusstsein über Rangdynamiken steigert den eigenen Rang.

Ein kleines Geheimrezept für Menschen, die sich im niedrigen Rang fühlen, vermittelt dieses Buch tatsächlich: Die Erkenntnis, wie Rangdynamiken menschliche Interaktion beeinflussen kann, steigert den eigenen Rang. Die Selbsterkenntnis der eigenen Schwächen und Stärken, aber auch der neue Blick auf zwischenmenschliche Themen mit der „Rang-Brille" steigert unser Verständnis der Hintergründe von Interaktionen und damit unseren psychologischen Rang. Das wiederum kann unser Selbstvertrauen stärken und damit unsere Fähigkeit, Einfluss zu nehmen, vergrößern.

5.3. Typische Rangprobleme und praktische Tipps dazu

5.3.1. Hoher psychologischer und sozialer Rang und wenig struktureller Rang

In informellen Gruppen mit wenig oder keiner Hierarchie ist es ein häufiges Phänomen: Es gibt chaotische, unkonstruktive Gruppentreffen. Menschen mit hohem psychologischen und sozialen Rang erkennen schwierige Sitationen und haben Impulse, wie damit konstruktiv umgegangen werden könnte.

Idealerweise übernehmen sie dann informelle Leitungsrollen. Sie initiieren eine Sitzung, strukturieren sie, integrieren Stillere und fragen nach, um auch Minderheiten Gehör zu verschaffen. Diese ganz wichtige Rolle nennt sich „Participant Facilitator". Die Rolle gibt es zum Glück häufig in Gruppen, die keine strukturellen Ränge verteilen. Es kann sie aber auch neben einer offiziellen Leitungsrolle geben.

Und gleichzeitig halten sich gerade „machtsensible" Menschen mit großen sozialen Fähigkeiten in solchen Situationen auch häufig sehr zurück, weil sie eben nicht das Mandat haben, das Gespräch in die Hand zu nehmen. Hier gibt es - wie in vielen Situationen - nicht das eine Patentrezept, was das sinnvollste Vorgehen ist. Hier gilt der allgemeine Lehrsatz **„Setze Deinen hohen Rang bewusst ein!"** und spüre in die Situation hinein, ob sie jetzt eine Übernahme der Gesprächsleitung braucht oder im Gegenteil, das Zurücklehnen und Vertrauen auf den Gesprächsfluss der Anderen. Beides könnte genau die richtige Reaktion sein!

Um ein besseres Gespür dafür zu bekommen, was der sinnvollste Umgang mit dieser Rolle ist, empfiehl es sich immer, nach Feedback für die eigenen Beiträge zu fragen. Das kann während des Treffens sein, mit einer Frage wie: „Ist es okay, wenn ich jetzt einen Verfahrensvorschlag mache / die Gesprächsleitung übernehme?" Auch eine Bitte um Feedback am Ende des Treffens kann sinnvoll sein: „Ich habe den Eindruck, ich habe in diesem Treffen recht häufig die Gesprächsleitung übernommen, wie war das für Euch?"

Auch das Achten auf das nonverbale Feedback der Gruppe ist ein wichtiger Schlüssel, um die eigenen Fähigkeiten als Participant Facilitator zu schulen. Es ist eine Fähigkeit, die an vielen Stellen gebraucht wird, um einfühlsam im richtigen Moment die eigenen Kompetenzen einzubringen.

5.3.2. Wenig psychologischer und struktureller Rang und hohe Kompetenz

Ein anderer, manchmal regelrecht tragischer Fall ist die Situation von Menschen, die eine hohe Kompetenz einzubringen haben, aber deren psychologischer und im schlimmsten Fall auch noch sozialer und struktureller Rang eher niedrig ist. Der niedrige psychologische Rang kann aus unterschiedlichen Gründen resultieren: Es kann sein, dass sie unsicher sind, ihre Expertise einzubringen und sie daher eher schweigen oder sich so verhalten äußern, dass sie nicht gehört werden. Es kann aber auch sein, dass sie ihre Kompetenz auf eine ungeschickte, dominante Art einbringen und nicht verstehen, warum Menschen sich davon eingeschüchtert fühlen, dass sie es besser wissen. Es ist doch einfach nur die bessere Lösung, die sie aufzeigen! Gerade Männer, die zum „Mansplaining“ neigen, verzweifeln häufig an dieser Situation. Sie haben gute Lösungsideen und können sie nicht durchsetzen.

Menschen, die sich von dem hier Beschriebenen etwas angesprochen fühlen, tun gut daran, sich bewusst zu machen, dass Kompetenz und Erfahrung nicht die einzigen Qualitäten sind, die zählen - sie sind dennoch wichtig! Hier gilt wieder unser Geheimrezept: Setze Deinen hohen Rang bewusst ein! Verbinde Dich mit Deiner Fachkompetenz, bringe sie in Gesprächen zur Vorbereitung einer Entscheidung und den Diskussionen ein.

Flexibilität im Denken ist ein Faktor für einen hohen psychologischen Rang und die meisten Menschen, die gute Lösungen produzieren können, haben auch diese Fähigkeit. Lass den Gedanken zu, dass der Weg, den die anderen wählen, auch möglich wäre und zum Ziel führt. Vielleicht weniger gut als Deiner, aber es ist wichtig, anzuerkennen: gut oder weniger gut liegt meistens im Auge des Betrachters oder lässt sich erst nach dem Ausprobieren wirklich eindeutig festlegen. Und alle müssen ihre Erfahrungen machen, denn daran lernt man viel. **Denke auf Basis Deiner Fachkompetenz darüber nach, was es bräuchte, dass der andere Weg auch zum Erfolg führt.** Vielleicht kannst Du die entscheidende kleine Verbesserung einbringen, die dazu führt, dass der Weg, den andere vorschlagen, erfolgreich wird. Denn du kennst die Materie und hast Erfahrung damit. Durch konstruktive Ergänzungen lassen sich Menschen eher überzeugen, etwas zu verändern, als durch radikale Kritik. Und manchmal reicht eine kleine, konstruktive Ergänzung, um einen sachlich schlechten Vorschlag in einen brauchbaren zu verwandeln.

Stelle Fragen, die Dich wirklich interessieren. Keine besserwisserischen rhetorischen Fragen, sondern Fragen, die aus Deiner Kompetenz heraus geeignet scheinen, um den anderen Vorschlag konstruktiv weiterzuentwickeln. **Nutze Deine Kompetenz zunächst mehr, um Fragen zu stellen, als Antworten zu geben.** Gute, offene Fragen, die aus wirklichem Interesse kommen und alle Anwesenden, inklusive des Fragenden, zum Nachdenken anregen, bergen die größten Chancen zur Problemlösung - und integrieren gleichzeitig die kollektive Intelligenz der ganzen Gruppe. Dies wird inzwischen in Schulungen für Manager:innen gelehrt - ist aber ebenso wichtig für Menschen, die keine Management-Position haben.[xlii]

Denkt dabei aber auch an die „Lens of Power“ (Kapitel 5.1.1.)! Die meisten Fragen sind in einem Zweiergespräch, in dem wohlwollendes Interesse bekundet wird, besser aufgehoben als in einer Großgruppen-Situation. Da kommen sie schnell als Angriff an.

Du hast Geduld? Ein wichtiger Faktor, der den psychologischen Rang beeinflusst. Lass die anderen ihre Erfahrungen machen, und gehe davon aus, dass es eine wichtige Lernerfahrung wird, wenn sie scheitern, weil sie Deinen klugen Rat nicht angenommen haben. Atme durch und beobachte, wie die Welt weiterläuft, wenn Deinem Rat nicht gefolgt wurde. Sei offen für Überraschungen!

Wenn Du auch nach sehr gründlichem, ernsthaftem Abwägen trotz einer gesunden Portion Selbstkritik und Gesprächen mit ein paar Menschen, die Du nach Feedback fragst, zu dem Schluss kommst, dass nur Dein Weg der einzig sinnvolle ist, und dass die Gruppe ins Verderben rennt, wenn sie Deinem Weg nicht folgt, dann ist es vielleicht an der Zeit, Deinen hohen Rang voll in den Ring zu schmeißen. Such Dir dafür Verbündete.

Sprich jemanden an, der oder die in der Gruppe einen hohen sozialen und psychologischen Rang hat, erläutere Dein Dilemma, bitte um ein Feedback und wenn möglich, um Unterstützung. Häufig kann jemand, der in der Gruppe weniger gut mit den eigenen Argumenten gehört wird, sich im Zweiergespräch eher verständlich machen und so Verbündete gewinnen.

Es kann auch sein, dass die Person, mit der Du sprichst, auch im Zweiergespräch nicht von Deiner Lösung zu begeistern ist und Dir erklären kann, warum Deine Lösung bei ihr weniger gut ankommt. Das wäre ein wichtiger Lernhinweis!

Gibt es Expert:innen, die einen höheren sozialen Rang in Deiner Gruppe haben als Du, und die Du als Referenz zitieren oder vielleicht sogar nach einer Meinung anfragen könntest? Sind diese Expert:innen wirklich Deiner Meinung – oder sehen sie auch die Wege, die die anderen gutheißen? Vielleicht können sie dann eine Brücke bauen zwischen Dir und denjenigen, die für andere Wege gehen.

5.3.3. Immer diese Besserwisser:innen!

INKLUSION AUCH VON AUFFÄLLIGEN MENSCHEN OHNE DIAGNOSE?

Eins meiner Schlüsselerlebnisse zum Umgang mit Diversität hatte ich als Jugendliche. Ich bin mit einem autistischen Bruder aufgewachsen, den ich sehr liebe. Dass er sich selten so verhält, wie es sozial erwünscht ist, habe ich mein Leben lang erleben dürfen und konnte es leicht damit entschuldigen, dass „er nicht anders kann“. In einem Konflikt mit einem Freund aus der Jugendarbeit ärgerte ich mich wahnsinnig darüber, wie er sich verhalten hat. Und auf einmal kam mir die Einsicht: „Er hat sich zwar ‚falsch‘ verhalten, aber offensichtlich konnte er in diesem Moment einfach nicht anders. Warum verzeihe ich so etwas meinem Bruder, aber dem Freund werfe ich es vor?“

Nach diesem Kapitel für Menschen mit hohen Kompetenzen und niedrigen anderen Rang-Dimensionen noch ein Hinweis an Menschen, die an genau diesen Menschen leiden: In solchen Situationen kann es ein Augenöffner sein, sich mit dem Konzept der Neurodiversität zu beschäftigen. Inzwischen haben fast alle Menschen schon einmal erfahren, dass es beispielsweise Menschen aus dem Autismusspektrum gibt, die hochintelligent und in ihren Themenbereichen fachlich hochkompetent sind. Viele Menschen aus diesem Spektrum interagieren anders als andere Menschen. Menschen mit einem Interesse an Inklusion sind meist gerne bereit, auf die Besonderheiten von Menschen, die eine klare Diagnose haben, einzugehen. Können wir das, was wir Menschen mit einer klaren Diagnose von Neurodiversität verzeihen würden, vielleicht auch Menschen verzeihen, die keine Diagnose haben?

Denk an eine Person, über deren Art, ihre Themen und Initiativen in die Gruppe zu bringen, Du Dich schon häufiger geärgert hast. Kann es sein, dass auch sie nicht anders kann als so zu reagieren, wie sie reagiert? Wenn Du das weißt, verändert das etwas in Deinem Verhalten? Was kannst Du dazu beitragen, dass die Qualität, die in ihren Beiträgen steckt, gehört wird? Wie kannst du Brücken bauen und zwischen den verschiedenen Perspektiven vermitteln?

5.3.4. Hoher sozialer Rang – dürfen wir ihn einsetzen?

Ein hoher sozialer Rang ist ein Privileg, das wir wenig beeinflussen können. Unser familiärer Hintergrund wurde uns im wahrsten Sinne des Wortes in die Wiege gelegt. Wenn wir das Glück haben, in einigen Bereichen des Lebens zu den Untergruppen zu zählen, die vom sozialen Status her begünstigt sind, ist das ein reines Geschenk, hierfür haben wir nichts getan.

Einige Beispiele für hohen sozialen Rang sind: Wenn wir aus der Mittel- oder sogar Oberschicht kommen, wir einen europäischen Pass haben, unsere Muttersprache die Sprache des Landes ist, in dem wir leben, keinerlei Behinderung uns einschränkt, wir eine gute Bildung und Ausbildung bekommen haben, familiär gut eingebunden sind, keinerlei Geldsorgen haben – dann haben wir mehr Privilegien als sehr viele andere Menschen auf der Welt.

Was sich auch die weniger privilegierten unter den deutschsprachigen Leser:innen bewusst machen müssen: Im weltweiten Vergleich sind viele von ihnen immer noch zumindest auf der finanziellen Ebene privilegiert. Eine Person mit einem Jahres-Netto-Einkommen von 26.600 Euro gehört zu den reichsten 1% der Welt. In einem Land mit einem funktionierenden

Sozialsystem und kostenlosen Bildungsmöglichkeiten zu leben ist allein schon ein Privileg, das nicht viele Menschen auf der Welt besitzen, wie wir von Paul (Kapitel 5.1.3.) eindrücklich gehört haben und von Maria (Kapitel 6.7.) noch weiter hören werden.

Aber neben den vielzitierten Privilegien, die aus Finanzen und Herkunft entstehen, gibt es auch andere, beispielsweise, wenn wir in unserer sozialen Gruppe gut vernetzt sind. Die Anzahl von Freundschaften innerhalb der Gruppe und erst recht natürlich Liebesbeziehungen beeinflussen den eigenen Rang - ob wir das wollen oder nicht. Der:Die Liebespartner:in einer ranghohen Person wird als Neue:r in einer Gruppe anders angeschaut als ein jemand, der ohne Beziehung in die Gruppe kommt.

Wenn wir durch das, was wir in unserem Leben getan haben, von anderen besonders anerkannt sind, dann stärkt das ebenfalls unseren sozialen Rang. In Kreisen, die besonders achtsam mit dem Thema Status umgehen, ist dies gleichzeitig auch ein sehr schambesetztes Thema. Es ist nicht erwünscht, den eigenen sozialen Status ins Spiel zu bringen. Menschen, die das tun, werden schnell als aufschneiderisch betrachtet.

In meinen Augen gilt auch hier als wichtigste Richtschnur: Setze Deinen hohen Rang bewusst ein! Und das wird in diesem Fall sehr häufig heißen: Spiele ihn nicht aus! Spiel ihn ganz sicher nicht aus, wenn es als Konsequenz hat, dass andere sich deswegen kleiner oder weniger wert fühlen.

Aber in dem Moment, in dem Du Deinen hohen sozialen Rang dafür nutzen kannst, andere zu bestärken, dem Gemeinwohl zu dienen, die Sache der Gruppe voranzubringen - in dem Moment kann es auch manchmal der richtige Weg sein, genau Deinen hohen Rang einzusetzen!

Wenn beispielsweise in einer informellen Gruppensituation jemand diskriminierende Bemerkungen über andere macht, dann ist es sehr wichtig, dass jemand mit hohem sozialen Rang in der Gruppe sehr deutlich sagt, dass diese Aussagen nicht okay sind - und dabei darf auch der hohe Rang betont werden: „Als eine Person, die dieses Projekt mit aufgebaut hat, ist mir wichtig, klarzustellen, dass ...“.

Menschen mit hohem sozialen Rang können sich eher herausnehmen, Tabuthemen anzusprechen oder Vorschläge zu Veränderung zu machen, für die Widerstände erwartet werden. Ob das vom Rest der Gruppe als positiv oder negativ erlebt wird, wird dann sehr stark davon abhängen, ob die Personen, die es beurteilen, die Vorschläge gut oder schlecht finden.

WER SOLLTE DAS RISIKO AUF SICH NEHMEN, AN ALTEN STRUKTUREN ZU RÜTTELN?

Eine Gruppe von sechs jungen Menschen befindet sich im Aufnahmeprozess in eine Gemeinschaft. Alle lebten schon eine Weile dort, fünf davon als WWOOFer:innen, eine Person war dort aufgewachsen, der Sohn der Gründerin. Laut dem Aufnahmeverfahren der Gemeinschaft, das für Menschen konzipiert wurde, die das Projekt noch nicht kennen, müssten die jungen Menschen einen Kennenlernkurs besuchen, um eine Probezeit zu beginnen. Die sechs jungen Menschen haben die Idee, für sich eine besondere, selbstorganisierte Woche zu organisieren, in der die Inhalte des Kennenlernkurses auf ihre spezifische Situation zugeschnitten, vermittelt werden, weil sie den Eindruck haben, dass der klassische Kurs für sie nicht geeignet ist, da sie bereits lange vor Ort leben.

Es ist bekannt, dass es Widerstand geben wird, da einige der alten Gemeinschaftsmitglieder sehr an der Vorgabe hängen, dass alle diesen Kurs besuchen müssen. Trotzdem wollen sie es versuchen.

Der Sohn der Gründerin bringt den Vorschlag eines eigenen Kurses für die jungen Menschen in die Gemeinschaft. Daraufhin wird ihm vorgeworfen, dass er „seinen Rang als Sohn der Gründerin“ missbraucht hätte, um seine eigenen Ziele durchzusetzen. Ist das wirklich Missbrauch? Oder sinnvoll eingesetzter hoher Rang? Der Sohn der Gründerin war der Einzige aus der Gruppe, über dessen Probezeitbeginn nicht abgestimmt werden muss, weil er dort aufgewachsen ist und automatisch in die Probezeit gehen kann. Ist es nicht sinnvoll eingesetzter hoher Rang, dass genau er das Risiko auf sich nimmt, sich mit diesem Vorschlag vielleicht unbeliebt zu machen?

Wenn Du eine Person mit einem hohen sozialen Rang in einer Gruppe bist, dann reflektiere Konflikte, in denen Dir Dein Rang vorgeworfen wurde, mit den Anregungen aus diesem Kapitel. Wenn der Konflikt schon eine Weile her ist und sich halbwegs beruhigt hat, wäre es eine Super-Gelegenheit, gemeinsam mit Deinen Konfliktpartner:innen zu lernen. Gib der Person, mit der Du den Konflikt hattest, vielleicht dieses Kapitel zu lesen, und besprich das Ganze mit ihr unter dieser Perspektive, mit dem Hinweis: Ich möchte darüber sprechen, weil mir das Lernen an unseren Konflikten wichtig ist. Tue das nur, wenn Du wirklich interessiert an der anderen Perspektive bist.

6

Gemeinschaftskompass und Rangkonflikte

Mit dem Gemeinschaftskompass[xliii] habe ich ein Modell entwickelt, das gemeinschaftliche Initiativen auf ihrem Weg, gemeinsam Projekte umzusetzen, unterstützt. Die sieben Aspekte des Gemeinschaftskompasses (Individuen, Gemeinschaft, Intention, Struktur, Praxis, Ernte und Welt) machen darauf aufmerksam, worauf zu achten ist, um gemeinschaftliche Initiativen zum Blühen zu bringen.

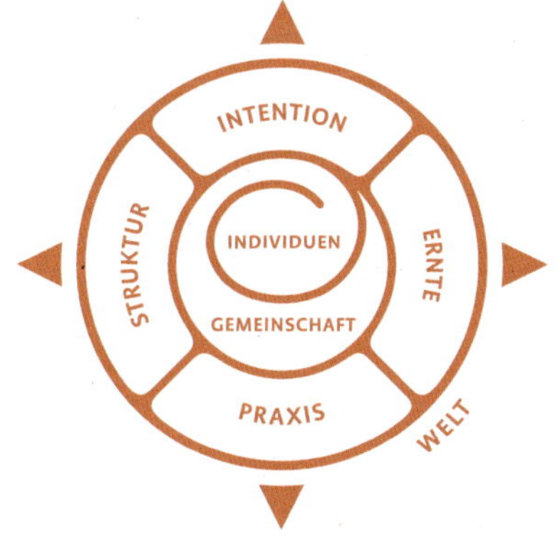

Eine wesentliche Frage dabei ist auch: Wie können wir eine Gruppenkultur schaffen, in der es weniger Rangkonflikte gibt? Da Rang jede menschliche Interaktion beeinflusst und Menschen unterschiedlich sind, wird es immer wieder Reibereien aufgrund von Rangthemen geben. Wir können sie nicht abschaffen - aber wir können dafür sorgen, dass sie weniger existentiell werden und als Lernchance für einen sensiblen Umgang mit Macht und Privilegien genutzt werden. Ich möchte die Frage daher relativieren: Wie können wir eine Gruppenkultur schaffen, in der Rangkonflikte mit weniger emotionaler Aufgeladenheit und Verletzung einhergehen?

Es gibt aus den verschiedenen Aspekten des Gemeinschaftskompasses heraus betrachtet verschiedene Antworten auf diese Frage. Und sehr häufig gibt es nicht die eine richtige Lösung, sondern ist es ein langfristiger Prozess des persönlichen Wachstums und der gemeinsamen Entwicklung einer rangbewussten Kultur.

6.1. Individuen

Viel habe ich schon geschrieben zur Bedeutung der inneren Haltung, des Rangbewusstseins und der Notwendigkeit der inneren Arbeit an dem Thema. Das ist das, was jede Person für sich selber, als eines der **Individuen** in der Gruppe, tun kann, und einer der wesentlichsten Schlüssel zum konstruktiven Umgang mit Rang - und zwar sowohl von der Seite der Ranghohen wie von der Seite der Rangniedrigen. Ganz wichtig ist dabei die Haltung, die Konflikte, die uns rund um das Thema begegnen, als Lernchance willkommen zu heißen. Welche neue Erkenntnis, wie Rang jede menschliche Interaktion beeinflusst, können wir aus unseren Konflikten mitnehmen? Diese Frage darf uns ein Leben lang begleiten und ist ein wesentlicher Beitrag zu einem konstruktiveren Umgang damit. Das Growth Mindset, das wir in Kapitel 4.3. kennengelernt haben, kann dabei helfen.

Auch das Teilen unseres hohen Ranges ist ein wichtiger Beitrag, den Einzelne leisten können. Denn hoher Rang ist immer auch ein Gemeinschaftsprodukt. Darauf hinzuweisen, wer noch dazu beigetragen hat, stärkt die Gemeinschaft.

Don't use it before you earned it!
(Nutze den Rang nicht, bevor du ihn verdient hast! Julie Diamond)

Ein häufiger Fehler im Umgang mit hohem strukturellen Rang ist die Falle, dass jemand einen hohen strukturellen Rang, sobald er verliehen wurde, nutzt, um Veränderungen, die aus der eigenen Sicht sinnvoll sind, umzusetzen. Der strukturelle Rang ermöglicht das - und doch ist es in vielen Fällen genau die falsche Strategie.

Denn ein hoher struktureller Rang wird zwar - meist - auf Grund von Kompetenzen vergeben, aber er bedeutet nicht, dass man aufgrund dieser Kompetenzen allen Anforderungen in der neuen Position gewachsen ist. In der neuen Position warten neue Herausforderungen und es ist wichtig, sich zunächst zu orientieren und Vertrauen aufzubauen. Der Tipp zum Umgang mit dem hohen Rang lautet auch hier: „Teile Deinen Rang!“ Es ist kein Zeichen von Schwäche, sich zu orientieren, die Kompetenzen der anderen wertzuschätzen, bevor Entscheidungen getroffen werden, sondern ein Zeichen von innerer Stärke. Nimm wahr, welche Kompetenzen und Erfahrungen in Deinem Umfeld sind, lerne von denen, und setze Deinen Rang eben nicht ein, bevor Du ihn nicht verdient hast.

DIE NEUE GESCHÄFTSFÜHRERIN

Eine Kulturinitiative hat eine neue Geschäftsführerin. Die Frau ist hochkompetent, sie hat vorher in einer anderen Kulturinitiative gearbeitet und bringt viele gute Ideen mit, unter anderem deshalb wurde sie eingestellt.

Die Kulturinitiative hat sich in den letzten Jahren mit Kleinkunst und Theater-Angeboten für Kinder und Jugendliche etabliert. Die neue Geschäftsführerin kommt aus einem Verein, der sehr viel mit Angeboten im Bereich Bildende Kunst gearbeitet hat. Bereits in den ersten Arbeitstagen entwickelt sie viele gute Ideen, wie der Verein seine Tätigkeit in diese Richtung ausbauen könnte. Dabei wundert sie sich, dass die sechs Mitarbeiter:innen immer lethargischer werden und wenig Interesse an Kooperation haben. „Die Person, die bis jetzt Theater-Jugendarbeit organisiert hat, könnte doch genauso gut auch Jugendangebote im Bereich Bildhauen und Malen anbieten!" denkt die Neue. Das alte Team fühlt sich jedoch nicht wertgeschätzt und fängt an zu mauern.

Mit ihren eiligen Vorschlägen respektiert sie nicht die Tatsache, dass die langjährigeren Mitarbeiter:innen im Punkt „Erfahrung in dieser Organisation" ranghöher sind als sie. Es ist enorm wichtig, diesen hohen Rang anzuerkennen und die Erfahrungen und Kompetenzen mit einzubinden.

Die neue Geschäftsführerin hat ihren Rang in dieser Initiative noch nicht verdient. Warum sollten die Mitarbeiter:innen ihr engagiert folgen? Sie haben noch nicht erfahren, ob die Ideen ihrer Chefin wirklich was taugen, während sie wissen, dass das, was sie bis jetzt gemacht haben, halbwegs erfolgreich war.

Die Achtung, die jemand in einem hohen strukturellen Rang von den Untergebenen erwartet, muss durch positive Erfahrung unterfüttert werden, bevor sie erwartet werden kann. Dazu gehört zunächst, dass die Mitarbeiter:innen Vertrauen in die Kompetenz der Geschäftsführerin aufbauen. Das geschieht am ehesten, wenn sie sich gesehen und gewürdigt fühlen mit dem Beitrag, den sie für die Initiative leisten, und mit ihrer Erfahrung. Denn sie bringen den Rang der Erfahrung mit, wie es bis jetzt gelaufen ist, und das ist eine enorm wichtige Grundlage für die Weiterentwicklung.

6.2. Gemeinschaftskultur und Rangbewusstsein

Auf der Ebene der **Gemeinschaft** ist es vor allem die Frage, welche Art der Kultur in Gemeinschaft entsteht und wie sie bewusst gestaltet werden kann. Zunächst ist es wichtig, eine Kultur aufzubauen, in der bewusst daran gearbeitet wird, alle Mitglieder in ihrer Potenzialentfaltung zu stärken, und in der das Thema Rang kein Tabuthema ist. Dabei soll ein Miteinander entstehen, in dem jede Gestaltungskraft gewürdigt wird, wenn sie mit Respekt und im Sinne der Ziele und Werte der Gruppe eingesetzt wird. Dazu gehört eine Gesprächskultur, in der es möglich ist, sich konstruktives Feedback zu Themen wie Macht und Ohnmacht zu geben.

Die gemeinsame Bewusstseins- und Weiterbildung zum Thema kann dabei ein wichtiger erster Schritt sein. Ein Austausch über die Frage: „Wie wollen wir mit den unterschiedlichen Privilegien und der unterschiedlichen Gestaltungskraft unserer Mitglieder umgehen?" kann ein wichtiger erster Schritt sein. In linkspolitischen Gruppen gibt es dabei oft die Haltung: „Es darf keine Macht geben!" Dieses Dogma zu überwinden, ist nicht immer einfach, in manchen Gruppen gar unmöglich. Mir persönlich - ich hatte diese Überzeugung auch lange - haben insbesondere folgende Erkenntnisse geholfen, mich von diesem Glaubenssatz zu verabschieden:

1. **Es gibt Unterschiede zwischen Menschen.** Sie zu leugnen, weil nicht sein kann, was nicht sein darf, ist kein sinnvoller Weg. Diese Unterschiede haben Konsequenzen für das Miteinander in den Gruppen und Situationen, die wir nicht leugnen sollten, auch wenn sie unseren Werten und Idealen entgegenstehen. Wenn wir diese Konsequenzen akzeptieren, können wir lernen, konstruktiv damit umzugehen und so dafür sorgen, dass unsere Ideale von gleichen Chancen für alle gelebt werden können.

2. Macht resultiert immer aus den Privilegien der Menschen, und diese **Privilegien verpflichten**. Eine ranghohe Position ist immer gleichzeitig eine hohe Verpflichtung zum Dienst an der Gruppe und der Sache. Aber die Privilegien nicht zu nutzen, schwächt die Gruppe.
3. Zum konstruktiven Umgang mit Macht gehört für mich die Ethik: **„Wir sollten unsere Macht stets nutzen, um andere in ihre Kraft zu bringen, nicht, um sie klein zu halten!"**

6.3. Intention: Ethik und Werte

Die oben genannten letzten beiden Punkte weisen bereits in die Richtung der Intention. Es braucht eine Verständigung über die Ethik im Umgang mit Macht, um konstruktiv damit umgehen zu können.

Eine wichtige Voraussetzung, um einen konstruktiven Umgang mit dem Thema in der Gruppenkultur zu verankern, ist ein Austausch zu den eigenen Werten und Zielen rund um das Thema „Rang und Macht" und idealerweise eine Festlegung der gemeinsamen Ausrichtung rund um das Thema.

Wie wollen wir mit unseren unterschiedlichen Einflussmöglichkeiten umgehen? Dazu eine gemeinsame Haltung zu erarbeiten kann sehr vieles erleichtern. Das, was ich in Kapitel 1.3. dazu geschrieben habe, darf gerne inspirieren, aber für verschiedene Gruppen wird hier auch Unterschiedliches passend sein. Es ist wichtig, dass die Gruppe sich selbst zu ihren diesbezüglichen Werten austauscht und eine gemeinsame Haltung dazu entwickelt. Schlaue, vorformulierte Vorschläge dafür sind meistens wenig hilfreich, da sie nicht verinnerlicht werden. Eine verinnerlichte gemeinsame Ethik ist die Grundlage dafür, dass man das Thema aus der Tabuzone befreien und es mit Forschergeist betrachten kann.

Hierzu ist es hilfreich, die eigenen guten und schlechten Erfahrungen, die Werte und Glaubenssätze dazu zu teilen. Welche Verletzungen schleppen die Einzelnen mit sich herum? Auf dieser Basis kann man dann gemeinsame Werte und eine Ethik zum Thema entwickeln.

6.4. Struktur

Struktureller Rang ist eine Rangdimension, in der Positionen und Privilegien zugewiesen und auch wieder entzogen werden können. Sie kann in vielen Fällen die letztendlich entscheidende Dimension sein. Durch toxische Strukturen können bestehende Machtverhältnisse zementiert und Veränderung gelähmt werden. Umgekehrt können Strukturen, die das Thema „Rang“ konstruktiv aufgreifen, sehr dazu beitragen, einen neuen Umgang damit zu finden. Da gute Beispiele für strukturelle Lösungen den Umfang eines Unterkapitels bei weitem sprengen, werde ich das in einem eigenen Kapitel (Kapitel 8) vertiefen.

Wie Hierarchien Menschen in ihre Kraft bringen können.

Im Laufe meiner Beschäftigung mit dem Thema Macht habe ich eine These entwickelt, die bei Menschen, die Hierarchiefreiheit als hohen Wert postulieren, stets erheblichen Widerstand auslöst. Ich bin davon überzeugt: **Strukturelle Rangpositionen zu vergeben, also Hierarchien bewusst zu definieren, und kann sowohl die Gruppe wie die Einzelnen sehr stärken!**

Es gibt Menschen, die sich trotz hoher Kompetenz wenig trauen, ihre Gestaltungskraft auszuleben. Mit der Vergabe von strukturellen Rangpositionen kann eine Gruppe sie ermutigen, bewusst in diese Kraft zu gehen. Menschen wachsen mit ihren Aufgaben und in einer Gruppe, die explizit jede Hierarchie ablehnt, vergibt die Gruppe sich die Chance, Menschen durch die Zuweisung von verantwortlichen - und damit auch entscheidungsmächtigen - Rollen in ihrer Entfaltung zu stärken. Gerade stille Menschen, die sich wenig in Gruppendiskussionen beteiligen, können aufblühen, wenn sie für konkrete Bereiche direkte Entscheidungsmacht haben - und damit aber eine hervorgehobene Position in einer Hierarchie zugewiesen bekommen.

Strukturelle Rangpositionen können Menschen direkt in eine kraftvollere Rolle bringen und damit ihre Kraft stärken. Hierzu ein Beispiel aus meiner Gemeinschaft.

PROBEZEITLER:INNENPLÄTZE IN SIEBEN LINDEN

Im Entscheidungsmodell in meiner Gemeinschaft, dem Ökodorf Sieben Linden, sind sieben Gremien, die wir Räte nennen, die höchsten Entscheidungsgremien für viele Bereiche. Eine Vollversammlung entscheidet nur wenige Themen. Probezeitler:innen sind aus gutem Grund in der Vollversammlung zwar rede-, aber noch nicht stimmberechtigt. Sie sind noch neu, kennen das Projekt nicht, haben sich noch nicht mit Genossenschaftsanteilen engagiert und noch nicht entschieden, langfristig zu bleiben. So erschien es uns anfangs vollkommen logisch, sie nicht in die höchsten Entscheidungsgremien, die Räte, zu wählen. Die Räte sollten den Genoss:innen vorbehalten bleiben.

Die Konsequenz: In der Zeit, in der das galt, interessierten sich Probezeitler:innen auffallend wenig für die gemeinschaftlichen Entscheidungsbelange. „Da hab ich ja (noch) nix zu sagen."

Um die Probezeitler:innen stärker in unsere Entscheidungsprozesse hineinzunehmen, führten wir nach einem Jahr in jedem Rat einen „Probezeitler:innenplatz" ein. Dies führte dazu, dass die Chance, als Probezeitler:in in einen Rat zu kommen, deutlich größer war, als die Chance, als Genoss:in in einen Rat zu kommen, weil auf 7 Schnupperplätze häufig nur ca. 10 Probezeitler:innen kamen, und auf ca. 30 normale Ratsplätze aber 80 Genoss:innen.

Der Probezeitler:innenplatz bewirkte sofort eine Veränderung. Seit dieser Veränderung engagieren sich die Probezeitler:innen deutlich stärker für gemeinschaftliche Themen. Sie haben in den Räten gelernt, was es bedeutet, Verantwortung für einen Bereich in Sieben Linden zu übernehmen.

Strukturelle Rangpositionen machen Macht transparent. Wenn es keine strukturellen Machtpositionen gibt, entwickeln sich die informellen Strukturen umso stärker, und wenn das Thema „Macht" ein Tabu in der Gruppe ist, dann werden diese informellen Strukturen nicht angesprochen, sondern bleiben intransparent. Intransparente Machtpositionen sorgen häufig für Spannungen und sind deutlich gefährlicher und anfälliger für Macht-Missbrauch als klar definierte Strukturen.

Eine Gruppe kann auch stark davon profitieren, Menschen, die informell eine hohe Rangposition haben, bewusst eine hohe strukturelle Position zu geben. Um damit Machtgefälle nicht dauerhaft zu zementieren, ist es dabei sinnvoll, diese strukturelle Macht auch mit klaren Vorgaben zu untermauern und ganz bewusst Teams zu bilden, in denen die Person mit der hohen Rangposition die Aufgabe hat, ihre Erfahrung weiter zu geben und sich überflüssig zu machen. Das wäre ein sinnvoller, struktureller Weg, um weitere Menschen darin zu befähigen, diese Aufgabe zu übernehmen. Gleichzeitig kann eine strukturelle Rangposition auch hilfreich sein, um „graue Eminenzen" in ihrer informellen Macht einzugrenzen. Denn mit der Struktur einher geht auch eine Definitionsmacht, die die Machtposition einschränkt: Was ist Dein Entscheidungsbereich, und was ist er nicht? Welche Ziele sollen erreicht werden? Auf welche Dauer ist diese Position vergeben? Mit der Vergabe von strukturellen Rangpositionen kann und sollte gleich mit vereinbart werden, wann und wie Feedback zum Ausfüllen dieser Rangposition gegeben wird. Damit ist der wichtigste Faktor zum Umgang mit hohem Rang, das direkte Feedback, unmittelbar verankert. Bei informellen Rangpositionen fehlen all diese Korrekturmöglichkeiten. Hier bleibt nur der Klatsch übrig, um die informelle Position zu unterminieren. (siehe Kapitel 3.1., die Erkenntnisse von Keltner)

Daher ist es in meinen Augen auch sinnvoll, auch die **Quelle einer Initiative** (siehe Kapitel 4.1.) **als besondere strukturelle Position zu begreifen.**. Sie hat eine besondere Rolle, die im Gemeinschaftsfeld wirkt. Sie zu leugnen wäre zwecklos, da sie so oder so im Feld wirksam wird. Sich der Quelle als Hüterin der Vision bedingungslos unterzuordnen widerspricht meinen Grundsätzen von gemeinschaftlicher Projektentwicklung, auch wenn die Quellenprinzipien das so fordern. Anzuerkennen, dass die Quelle eine besondere Rolle hat, wenn es um die (Weiter-)Entwicklung der Vision geht, würdigt die natürliche Ordnung und schafft Frieden im System.

Wenn es keine Hierarchien gibt, dann fehlt auch der sehr hilfreiche Aspekt der Personalführung. Personalführung heißt viel mehr als das, was aus dem *Macht-Über*-Paradigma angenommen wird: „Ich sage Dir, was du zu tun hast!" Inklusive, konstruktive Personalführung hat die Mitarbeitenden im Auge und engagiert sich dafür, jede einzelne Person in ihre Kraft zu bringen und auf die Inklusion Schwächerer zu achten. In einer Gruppe, in der niemand diese explizite Aufgabe hat, geht dieser Aspekt deutlich leichter verloren.

Hier entfaltet sich dann häufig das Phänomen der Verantwortungsdiffusion. Niemand fühlt sich zuständig für die unangenehmen Aufgaben - und dazu gehört z.B. auch das Ansprechen von Tendenzen, die manche Menschen ausgrenzen, oder die bewusste Förderung von Menschen, die Unterstützung brauchen. Durch gut besetzte und gut definierte Führungspositionen wird abgesichert, dass jemand dafür zuständig ist und das nicht aus dem Blickfeld gerät.

6.5. Praxis

Die Praxis im Umgang mit den Themen Rang und Macht ist das, woran sich zeigt, ob die vorigen Schritte gelungen sind. Und es wird nie perfekt sein.

In einer Bachelorarbeit erforschten Ronja Schichl und Lucie Rudolph[xliv], was einen konstruktiven Umgang mit einem hohen Rang in einer egalitär ausgerichteten Gruppe eines gemeinschaftlich geführten Landwirtschaftsbetriebs ausmacht. In der Auswertung ihrer Tiefeninterviews in vier verschiedenen Hofkollektiven und aus ihrer Literaturarbeit entwickelten sie die folgenden Handlungsempfehlungen:

1. Definieren des Gleichstellungsanspruchs

Unterschiedliche Vorstellungen vom Anspruch an „Gleichstellung aller" im Hofkollektiv führt häufig zu Spannungen. Was bedeutet „Gleichstellung" für das Kollektiv? Wo entscheiden alle mit, wo wird bewusst Entscheidungsmacht delegiert?

2. Aktive Auseinandersetzung mit Unterschieden und Privilegien

Sich der eigenen Privilegien und des eigenen Ranges bewusst zu werden und eine Kommunikation darüber zu ermöglichen, entspannt das Thema.

3. Sichere Räume schaffen.

Gerade im arbeitsintensiven Alltag von Landwirtschaftsbetrieben wird oft wenig Zeit für die Klärung emotionaler Themen eingeräumt - dafür braucht es aber einen geschützten Rahmen, der in vollen Arbeitsbesprechungen wenig gegeben ist. Gesprächsregeln und ein eigener Raum für sozial-emotionale Themen wie Rangthemen können helfen.

4. Reflexion und Begleitung von Konflikten

Die Frage: Kann es sein, dass mein:e Konfliktpartner:in sich von mir bedroht fühlt? Kann helfen, neue Lösungswege zu finden und anders auf die andere Person zuzugehen. Externe Begleitung ist hier häufig hilfreich.

5. Sensibel sein beim Wissenstransfer

Gerade in Kollektiven gibt es häufig eine starke informelle Hierarchie durch Wissens- und Erfahrungsunterschiede. Es ist wichtig, sich die Zeit zu nehmen, Erfahrungen an neuere Kollektivmitglieder weiterzugeben. Gleichzeitig ist es sinnvoll, auch neuen Leuten Spielraum zu geben, ihre eigenen Erfahrungen zu machen.

6. Eine lebendige Feedbackkultur schaffen

Dies ist ein extrem wichtiger Punkt für einen konstruktiven Umgang mit Rang. Eine Feedbackkultur, in der auch ranghohe Personen kritisches Feedback bekommen, ist enorm wichtig. Wenn ranghohe Personen kritisches Feedback konstruktiv aufgreifen, werden sie damit zu Vorbildern und laden andere zu einem ähnlichen Handeln ein.

7. Die individuellen Stärken entdecken

Um das Ziel zu erreichen, alle Kollektivmitglieder in ihrer Potenzialentfaltung zu unterstützen, ist es wichtig, sich Zeit zu nehmen, die besonderen Stärken jeder einzelnen Person wahrzunehmen und aufzugreifen.

6.6. Ernte

Der Aspekt **Ernte** im Gemeinschaftskompass erinnert daran, wie wichtig es ist, innezuhalten und die Früchte der Arbeit zu genießen. Er steht auch für die Bedeutung von Feedback und Wertschätzung. Und Feedback ist ein ganz wesentlicher Punkt für einen achtsamen Umgang mit dem Rangthema und für die Schärfung des Rangbewusstseins aller Beteiligten, wie in Kapitel 5.1.1. hervorgehoben. Gerade in exponierten Positionen ist es immer wieder wichtig, bewusst um Feedback zu bitten.
Menschen, die eher wenig Gestaltungskraft entfalten, profitieren davon, wenn sie Feedback bekommen, in denen ihnen gespiegelt wird, wo und wie ihr Potenzial gesehen wird. Menschen, die sich von anderen in ihren Entfaltungsmöglichkeiten eingeschränkt fühlen, können das als Feedback äußern, wenn es in der Gemeinschaft eine Kultur gibt, die Feedback einlädt. Eine konstruktive Feedbackkultur ist ein ganz wichtiger Schlüssel zu einem konstruktiven Umgang mit dem Thema Macht. Die Beschäftigung mit Ansätzen wie „Radikale Ehrlichkeit[xlv]" kann für Gruppen wie für Individuen hilfreich sein, um eine konstruktivere Feedbackkultur und den Mut für das Geben und Annehmen von Feedback zu entwickeln.

Feedback umfasst stets beide Seiten: Das kritische wie das wertschätzende Feedback. Häufig genug entwickelt sich schnell eine Kultur des kritischen Feedbacks, in der mit dem Finger auf Fehler, die jemand gemacht hat, gezeigt wird. Zu einer gelungenen Feedbackkultur gehört es auch, Fehler und Scheitern von Projekten nicht als Versagen Einzelner zu brandmarken, sondern als Lernhinweise für die Zukunft willkommen zu heißen.

Feedback muss nicht immer kritisch sein. **Wertschätzendes Feedback** ist eine ganz wesentliche Zutat für jede menschliche Kooperation. Wenn wir spüren, dass das, was wir tun, anerkannt und wertgeschätzt wird, steigert das unser Gefühl der Selbstwirksamkeit, unser Wohlbefinden und die Motivation, uns weiter zu engagieren. Wertschätzendes Feedback ist ein ganz wichtiger Beitrag zur Persönlichkeitsentwicklung und einer angenehmen Gruppenkultur. Es macht deutlich, wo wir mit dem, was wir tun, positiven Eindruck hinterlassen. Wir werden dadurch motiviert, dieses Verhalten zu wiederholen. Hier dürfen wir die Vorbildfunktion von Menschen, die in der Gruppe als „ranghoch" angesehen werden, nicht unterschätzen.

Viele ehrenamtliche Initiativen klagen, dass viel zu tun sei und wenige Menschen die Arbeit machen. Diese Klage beinhaltet einen impliziten und oft auch expliziten Vorwurf an viele Mitglieder, sie täten zu wenig. In solchen Situationen wird deutlich häufiger kritisches Feedback in die Welt gegeben, als dass die Menschen gewürdigt werden, die etwas zum Gelingen der Initiative beitragen. Dieses klagende Feedback wird meistens durch ranghohe Personen gegeben, die aufgrund ihrer Situation und Position häufig diejenigen sind, die einen Großteil der Arbeit machen.

In der Organisationspsychologie heißt es: „Die Führungsebene prägt die Unternehmenskultur." Auf selbstverwaltete Initiativen, die evtl. keine Führungsebene haben, angewandt bedeutet dies: „Die aktivsten Menschen in einer Initiative prägen die Kultur der Initiative." Wenn diese Menschen nun vor allem klagen, wie wenig andere sich engagieren, dann prägen sie damit eine Kultur, in der vor allem auf den Mangel geschaut wird. Wenn hingegen die Beiträge, die geleistet werden, von den Menschen, die in der Initiative gerade eine ranghohe Position besetzen, gewürdigt und wertgeschätzt werden, kann sich die gesamte Gruppenkultur ändern.

6.7. Welt

Auch der Aspekt **Welt** im Gemeinschaftskompass, der uns daran erinnert, dass unser gemeinschaftliches Projekt immer stark eingebunden ist in unsere Welt, in unsere Gesellschaft, spielt beim Umgang mit Rang und Macht eine große Rolle.

Die Rahmenbedingungen, die durch unsere Gesellschaft gesetzt werden, beeinflussen die Bedeutung von Rängen in einer Initiative und sind ernst zu nehmen. So trägt beispielsweise laut deutschem Recht der Vorstand eines Vereins die Verantwortung für Vereins-Aktivitäten. Beispielsweise bei Sicherheitsfragen ist das sehr relevant. Wenn Sicherheitsvorschriften nicht eingehalten werden, haftet der Vorstand, wenn dadurch jemand zu Schaden kommt. Da hilft es selbst nicht, wenn eine Mitgliederversammlung beschlossen hat, eine Veranstaltung z.B. auf einem Gelände stattfinden zu lassen, das keine vernünftigen Rettungswege hat. Der Vorstand bleibt haftbar.

Viele konsensorientierte Initiativen argumentieren: „Der Vorstand ist ja nur eine Position, die der Staat von uns will - intern handeln wir ganz anders und der Vorstand hat nicht mehr Rechte als andere!“ Dabei wird aber vergessen, dass der Vorstand vom Staat eine andere Verantwortung übertragen bekommt und daher andere Rechte braucht! Die hohe Verantwortung, die in einer Vorstandsposition steckt, darf nicht unterschätzt werden, und mit der rechtlichen Verantwortung müssen auch Entscheidungskompetenzen einhergehen.

Ein anderer Umgang mit Macht ist möglich!

Ich bin überzeugt, dass es eine wichtige gesellschaftliche Aufgabe ist, die Basis zu schaffen für eine Kultur, in der ein anderer Umgang mit dem Thema Macht selbstverständlich ist.

Stell Dir eine Welt vor, in der alle Menschen, auch Politiker:innen und alle Konzernchef:innen sich ihrer Privilegien bewusst sind und sie dafür einsetzen, dass möglichst viele Menschen ihr Potenzial entfalten! Ein neuer Umgang mit dem Thema Macht könnte diese Erde zu einem schöneren Planeten machen, davon bin ich überzeugt.

Wenn wir uns alle unserer Privilegien bewusst werden und sie dafür einsetzen, dass andere ihr volles Potenzial entfalten können, kann eine Welt entstehen, in der sehr viel weniger Aggressionspotenzial vorhanden ist. Wir können im Kleinen in unseren Initiativen beginnen und von dort aus diese gelebte Haltung ins Große weitertragen, beispielsweise in Bezug auf die ungerechte Verteilung des materiellen Wohlstandes in der Welt. Ein schönes Beispiel dafür ist die Initiative der Millionenerbin Marlene Engelhorn. Sie spendet einen großen Teil ihre Vermögens - aber nicht an Initiativen, die sie aufgrund ihrer privilegierten Situation als Millionenerbin auswählte, sondern sie initiierte einen „Guten Rat für Rückverteilung“, in dem 50 Menschen berieten, wie dieses Vermögen sinnvoll zu verteilen ist.

MARIAS GESCHICHTE

Maria ist 28 Jahre alt. Sie stammt aus Guatemala, sie kam mit einem Freiwilligendienst nach Europa. Sie hat Nachhaltigkeit studiert und arbeitet nun im Bildungsbereich.

Wo kommst Du her, was ist Dein Hintergrund?

Ich komme aus Guatemala und bin da in einer weißen, einigermaßen privilegierten Familie aufgewachsen. Ich konnte studieren, und habe aufgrund meiner Vorfahren auch noch einen spanischen Pass, der mir das Reisen und Leben in Europa ermöglichte. Daher fühle ich mich auch in vielem sehr privilegiert - im Vergleich zu vielen anderen Menschen in meinem Land, die nur unter größten Schwierigkeiten oder überhaupt nicht nach Europa reisen können. Allerdings im Vergleich zu den Menschen hier .... da gibt es schon einiges, was dazu beiträgt, dass ich mich nicht immer so privilegiert fühle.

Was mich persönlich sehr schmerzhaft einschränkt ist die Tatsache, dass ich hier fern von meiner Familie und meiner Kultur lebe und aufgrund der Sicherheitssituation in Guatemala nicht wirklich die freie Wahl habe, in meine Heimat zurück zu gehen - dort gibt es einfach zu viel Gewalt.

Und wenn ich mit den weniger Privilegierten aus meinem Land, beispielsweise den Kleinbauern spreche, dann wird mir bewusst, wie die internationalen Abkommen Guatemala knechten. So schreibt z.B. das Freihandelsabkommen mit den USA vor, welche Pflanzen wie anzubauen sind. So werden die Armen noch ärmer statt reicher, denn sie bauen nur das Billigste an und verdienen daran wenig. Wenn ich hier in Deutschland in den Supermarkt schaue, dann gibt es dort alle möglichen Produkte, auch aus Ländern wie Guatemala. Dafür wurde Anbaufläche in anderen Ländern benötigt, die nicht mehr für die Produktion von Grundnahrungsmitteln für die Ernährung dort zur Verfügung steht. Wir produzieren großteils Kakao, Kaffee, Avocados, Tequila - also Luxusprodukte - für die Länder im Globalen Norden. Es ist nicht so, dass wir soviel Land haben, dass wir diese Fläche für Deutschland spenden können, trotzdem werden unsere Flächen für Luxusprodukte für die Deutschen gebraucht. Und Deutschland stellt keine Flächen zur Verfügung, dass wir dort beispielsweise Kartoffeln für uns anbauen könnten. Es geht nur in die eine Richtung.

Und es macht mich wütend, wenn mir Menschen aus Westeuropa stolz erzählen, dass sie es geschafft haben, sechs Monate ohne Geld durch Lateinamerika zu reisen. Denn sie haben ja in dieser Zeit auf Kosten von Menschen gelebt, die viel weniger Möglichkeiten haben, Geld zu verdienen als sie selber. Sie wurden dann von gastfreundlichen Menschen eingeladen, die für sie gekocht haben, obwohl sie selbst sehr wenig Geld hatten. Sie waren dann auf deren Kosten da, und dann stolz auf das „ohne Geld reisen"! Aber diese Perspektive sehen sie gar nicht, so etwas wird dann zu wenig reflektiert.

Wo siehst Du unsere Blindheit für unsere deutschen Privilegien?

Es ist so wenigen Menschen bewusst, wieviel Wertvolles in Guatemala in der Hand von Menschen aus dem Globalen Norden ist, beispielsweise die Minen für Seltene Erden. Die Ausbeutung dieser Minen läuft nur über Firmen aus dem Norden, und es bleibt kein Geld, aber dafür ein riesiger Umweltschaden in unserem Land. Das wird von den Industrieländern als selbstverständlich gesehen.

Wenn ich sehe, wie selbstverständlich für die Menschen hier ihr materieller Wohlstand ist, dass alles verfügbar ist, das ist schon eine sehr andere Lebensart. Wenn hier etwas fehlt, na, dann wird es halt importiert! Es wird davon ausgegangen, dass es ein Recht gibt, alles zu haben, egal, woher es kommt. In Guatemala ist eine andere Haltung viel selbstverständlicher: „Wenn es das nicht gibt, dann kann ich es auch nicht haben, dann muss ich mich mit dem zufrieden geben, was es gerade gibt." Wir improvisieren viel mehr und haben viel weniger ressourcen-intensive Lösungen. Ihr Deutschen geht einfach nicht aus Eurer Komfortzone, seid es nicht gewohnt, Euch mit dem zufrieden zu geben, was da ist. Aber das bräuchte es, um unseren ökologischen Fußabdruck zu verringern. Und es ist weltweit nicht gerecht, dass die Menschen im Norden sich aufgrund ihrer Bequemlichkeit nicht einschränken, und dass aber diejenigen stärker darunter leiden, die das gar nicht verursacht haben. Wenn die Länder in Lateinamerika wegen der Klimasituation etwas nicht anbauen können, dann können sie es nicht von woanders importieren. Wenn hier in Deutschland etwas nicht angebaut werden kann, oder ein Material nicht hergestellt werden kann, dann importiert ihr es. Ihr nehmt die Systemgrenzen viel weniger wahr aufgrund Eurer Ausbeutung der Anderen. Und wir im Süden bekommen die Auswirkungen als erste zu spüren.

Was würdest Du Dir wünschen von Menschen, die hier in diesen privilegierten Bedingungen aufwachsen?

Wenn Menschen das Bewusstsein dafür hätten, das wäre schon ein riesiger Schritt. Es ist doof, dass es immer wieder die Aufgabe der weniger privilegierten Menschen ist, die Privilegierten auf ihre Privilegien aufmerksam zu machen. Sollte es nicht eigentlich eine Aufgabe der Menschen aus diesen Ländern sein, dafür Bewusstsein zu entwickeln? Ohne dass wir Euch immer wieder darauf stoßen müssen? Antrieb dafür sollte einfach das Interesse an einer gerechteren Welt für alle sein.

Aber vieles lässt sich nicht auf einem individuellen Niveau lösen, es braucht auch eine Veränderung auf einer Systemebene, um wirklich Gerechtigkeit zu bekommen. Bewusstsein alleine regelt nicht alles, aber es ist eine Voraussetzung dafür, dass sich im System was verändert.

Auch Du hast wenig privilegierte Situationen erlebt, habe ich schon von Dir gehört ....

Ja, als ich in Kanada gelebt habe. Ich hatte dort keine Arbeitserlaubnis und habe dann aber trotzdem schwarz gearbeitet, um Geld für mein zukünftiges Leben anzusparen. Ich habe eigentlich richtig gutes Geld verdient damals. Mein Geld wurde auf das Konto von meinem damaligen kanadischen Freund bezahlt, weil ich ja kein Geld verdienen durfte. Und dann haben wir uns getrennt und er hat dann entschieden, dass er mir die 15.000 Dollar, die ich mir durch meine Arbeit erarbeitet hatte, einfach nicht zurückgibt. Ich hatte keinerlei Chance, dieses Geld irgendwie einzufordern. Ich konnte eben nicht zur Polizei gehen, und sagen, er hat mein Geld genommen, weil ich ja nicht legal gearbeitet habe. Er hat mich auch bedroht, wenn ich nochmal nach Kanada käme, würde er melden, dass ich illegal gearbeitet habe. Ich war einfach total hilflos, und diese 15.000 Dollar, die waren einfach weg!

Ich hatte dafür gearbeitet, um mir den Anfang in Europa finanzieren. Aber ich hatte dann einfach gar nix, kein Geld. Ich hatte gar keinen Zugang zu Geld. Das ist eine Situation, die Ihr hier gar nicht kennt. Wenn Du kein Geld hast, gehst Du zum Amt und bekommst vielleicht weniger Geld als Du vorher hattest, aber du musst nicht ohne jegliches Geld leben. Und ich konnte weder irgendein Amt noch meine Familie anfragen. Obwohl sie für lateinamerikanische Verhältnisse gut Geld verdienen, haben sie nicht genügend Geld, um mein Leben hier zu finanzieren. Diese Erfahrung kennen wir in unseren Ländern gut, und Euch ist gar nicht klar, wie gut es Euch hier geht. Ich war damals 24, meine deutschen Freund:innen haben noch Kindergeld und BAFöG bekommen, und ich einfach gar nichts! Hier gibt es immer eine Möglichkeit, nicht so tief zu fallen. Für Menschen wie mich gab es diese Möglichkeiten nicht.

Ich war aber gut genug sozial vernetzt, dass ich dann einen Mini-Job und eine kostenfreie Therapiemöglichkeit gefunden habe. Außerdem habe ich einen Platz gefunden, wo ich durch WWOOFing (Mitarbeit in der Landwirtschaft) keine Miete bezahlen musste, während ich meine Bachelor-Arbeit geschrieben habe. Meine persönlichen und meine sozialen Privilegien haben mir geholfen, das irgendwie zu schaffen. Trotzdem war das der größte Not-Moment für mich, es war eine lange Zeit, in der ich mit sehr wenig Geld leben musste.

Nach dem WWOOFing kamst Du ja in dieses Gemeinschaftsprojekt, wie erging es Dir dort?

Als ich hierher kam, wo es zur Aufnahme in die Genossenschaft ungefähr die Summe braucht, die mein damaliger Freund mir gestohlen hatte, war das nochmal richtig heftig. Ich hatte dieses Geld erarbeitet, aber ich habe keinen Zugriff darauf. In dieser Situation ist mir besonders bewusst geworden, dass die Struktur mit den Pflichtanteilen auch unfair ist: Menschen, die wenig Geld in die Genossenschaft einbringen, müssen Darlehen aufnehmen und so mehr bezahlen als diejenigen, die schon Geld haben. Das ist ungerecht, finde ich.

Aber auch da habe ich eine gute Möglichkeit für mich gefunden. Menschen haben für mich Solidaranteile gezeichnet, nachdem ich von meiner Situation erzählt habe. Diese Unterstützung war für mich sehr heilend.

Gleichzeitig muss man dafür das Privileg haben, sich zu trauen, das anzusprechen. Menschen, die sich das nicht trauen, die bekommen diese Unterstützung nicht. Deshalb bin ich mit diesen Strukturen immer noch nicht einverstanden. Menschen, die weniger selbstbewusst sind als ich oder weniger sozial vernetzt sind, werden diese Hürden auch nicht meistern und niemanden ansprechen. Das, was Ihr Selbstverantwortung nennt, ist auch nicht jedem in die Wiege gelegt. Das zu können ist auch schon ein Privileg.

Was würdest Du anderen raten in ähnlichen Situationen wie deiner?

Das ist eine Frage, die mich nicht anspricht. Ich kann einer Person, die in einer unterprivilegierten Situation ist, nicht einfach gute Tipps geben. Damit stelle ich mich über diese Person. Wenn die Person was anderes machen könnte, dann würde sie etwas anderes machen. Wenn sie das jetzt nicht macht, dann kann sie es nicht, und braucht Unterstützung.

Was wünschst Du Dir von anderen Menschen in Deinem Umfeld?

Mehr Bewusstsein und ein wirkliches Interesse der Privilegierten an der Realität der Weniger-Privilegierten. Ich weiß aber auch nicht, woher die intrinsische Motivation dafür herkommen sollte. Es ist für manche Leute bereits schwierig, sich dafür zu interessieren, dass es allen gut geht, wenn es ihnen alleine schon gut geht.

Und ein Zuhören, wenn Menschen aus unterprivilegierten Situationen etwas über ihre Situation erzählen und darauf aufmerksam machen, was es bedeutet. Aber dieses Zuhören und dieses Interesse gibt es nicht so oft, wie ich es mir für meine Traumwelt wünschen würde.

Neulich wurde bei uns ein Film über Kolonialismus gezeigt, den ich extrem daneben fand. Ich habe im Vorfeld gesagt, dass ich es nicht gut finde, wenn dieser Film ohne Trigger-Warnung und ohne wirkliche Aussprache und Diskussion gezeigt wird, aber genauso wurde es gemacht - ohne Rücksicht auf meine Meinung dazu als die Einzige hier vom Post-Kolonialismus Betroffene. Da wünsche ich mir, dass es mehr Sensibilität gibt dafür und mehr Achtsamkeit vor dem Leid, die diese unterprivilegierte Situation von uns Menschen aus ehemaligen Kolonien auch bedeutet.

Man kann das auch ein Entwicklungstrauma nennen, das viele von uns, die in diesen unterprivilegierten Situationen aufgewachsen sind, mitgebracht haben. Und da braucht es einen traumasensiblen Umgang damit, und nicht einfach ein Ignorieren der Verletzungen und sagen: „Ist doch gar nicht schlimm!“ Ich denke, dass es das Recht derjenigen ist, die Ähnliches erlebt haben, wie es in dem Film dargestellt wurde, zu sagen: „Dieser Film ist verletzend!“ Und es ist nicht das Recht der Menschen, die aus den Kolonialmächten kommen, zu definieren, was wir okay finden sollen und was nicht.

7

Rang in Interaktionen

Zwar habe ich anfangs postuliert, dass Rang jede menschliche Interaktion beeinflusst, aber bis jetzt sehr stark auf die individuelle Perspektive geschaut: Welchen Rang hat eine Person aufgrund ihrer Geschichte, Kompetenzen oder auch aufgrund der strukturellen Rolle? Und wie kann man damit umgehen? Wie Rang ganz direkt die menschliche Interaktion beeinflusst, habe ich bis jetzt noch außen vor gelassen, und diese Frage werde ich in diesem Kapitel vertiefen.

Denn Rang beeinflusst nicht nur jede menschliche Interaktion, sondern er ist der wesentlichste Faktor in der Eskalation von Konflikten! In der Prozessarbeit heißt es: 90 % aller Konflikte sind Rangkonflikte. Und häufig sind wir uns dieser Tatsache gar nicht bewusst und versuchen, die Konflikte auf einer Ebene zu lösen, auf der gar nicht die Wurzel des Konfliktes liegt.

7.1. Rangkonflikte und Nervensystem

7.1.1. Exkurs zu unserem Nervensystem

Wenn man Konflikte anschauen möchte, dann ist es wichtig, die Erkenntnisse aus der neueren Forschung zum Thema „Nervensystem" zu kennen. Hier hat sich inzwischen die Erkenntnis durchgesetzt, dass der Zustand unseres vegetativen Nervensystems einen großen Einfluss auf unser Konfliktverhalten hat. Das vegetative Nervensystem ist ein Teil des Gehirns, der unserer bewussten Kontrolle nicht zugänglich ist, aber die lebenswichtigen Funktionen steuert. Da es ganz autonom von der Kontrolle des Großhirns arbeitet, wird es auch das „autonome" Nervensystem genannt.
Das autonome Nervensystem ist evolutionär älter als das Großhirn, und es ist grundlegender. Es besteht aus zwei Zweigen, dem Sympathikus und

dem Parasympathikus (Vagus). Der Sympathikus ist für die Erregung und der Parasympathikus für Erholung und Ruhe zuständig. Diese beiden Zweige des autonomen Nervensystems sind mit allen Organen verbunden und regulieren diese. Sie regeln das Erregungsniveau im Körper. Idealerweise halten sie das Erregungsniveau im Toleranzfenster zwischen zu starker Erregung und Erstarrung. Bei scheinbar extrem bedrohlichen Ereignissen reagieren sie sehr stark, um alle Reserven im Körper zu mobilisieren.

Der Teil des Gehirns, in dem unser Denken und Sprechen verortet sind, ist das Großhirn, der Neocortex, Er ist der evolutionär neueste Teil unseres Gehirns. Der Neocortex funktioniert nur dann, wenn das vegetative Nervensystem keinen „Alarm" meldet. Wenn der Körper auf „Alarm" schaltet, dann übernimmt mit dem vegetativen Nervensystem ein Teil des Gehirns, der rationalen Argumenten nicht zugänglich ist, die Steuerung unseres Verhaltens.

Dann wird das autonome Nervensystem alarmiert und der Körper tut meistens das, was sinnvoll war, als wir in Höhlen lebten und von Säbelzahntigern bedroht wurden:

Unser Sympathikus wird alarmiert und wir bereiten uns auf eine der klassischen Stress-Reaktionen vor : Kampf oder Flucht. Beides ist nicht vorteilhaft in den sozialen Situationen in unseren Gruppen und Teams. Hier reagiert, bildlich gesprochen, unser „Reptiliengehirn" und nicht unser Denkapparat.

Alle Ressourcen wie Sauerstoff, Blut und Zucker werden an die Muskeln umgeleitet, damit wir der Gefahr begegnen können. Die Aktivierung unseres Nervensystems schwächt leider all unsere Eigenschaften, die wir brauchen, um konstruktiv Konflikte zu lösen, weil unser Großhirn „ausgeschaltet" wird: So ist bewiesen, dass wir in Stress-Situationen schlechter zuhören können, die Weiterverarbeitung von verbalen Reizen ist gestört. Wer hat nicht schon erlebt, dass man sich im Streit vorwirft: „Aber hast Du nicht gehört, dass ich gerade gesagt habe, dass ...!" Tatsächlich kann man mit den neueren Erkenntnissen aus der Trauma- und Stressforschung nun verständlich machen, dass Menschen in einer gestressten Situation Informationen aufgrund ihrer körperlichen Verfassung nicht aufnehmen können. Auch nehmen sie schnell hilfreich gemeinte Äußerungen als Angriff wahr, weil nicht mehr differenziert werden kann.

Gleichzeitig sind Menschen mit erregtem Nervensystem deutlich ichzentrierter und haben wenig Empathievermögen. Mitleid mit den hungrigen Babies der Bärin, die angreift, ist meistens keine gute Idee, wenn man überleben möchte - und daher hat diese Reaktion sich evolutionär durchgesetzt.

Wenn keine Flucht mehr möglich ist, kommt zusätzlich zu der heftigen Reaktion des Sympathikus auch noch eine Reaktion des Parasympathikus hinzu. Der Parasympathikus ist verantwortlich für Entspannung, aber wenn er in einer traumatischen Reaktion bei einem hohen Erregungsmaß des Sympathikus auch noch aktiviert wird, dann ist es für den Körper so, als würde jemand auf Bremse und Gaspedal gleichzeitig treten. Diese Stressreaktion bewirkt Angststarre, Dissoziieren und Empfindungslosigkeit. Auch dies sind keine konstruktiven Lösungsmöglichkeiten.

Um eine konstruktivere Reaktion als Kampf, Flucht oder Erstarrung zu finden, ist stets die Voraussetzung, zunächst das Nervensystem (wieder) in den grünen Bereich zu bringen. Das bedeutet in der Regel: Verlangsamung. Schnelles, zielorientiertes Handeln - so sehr Menschen mit einer hohen Gestaltungskompetenz dies meist lieben - ist hier vollkommen fehl am Platze. Wichtiger ist: Die Menschen (oder sich selbst) aufzufordern, durchzuatmen, vielleicht eine Pause zu machen, oder zum Schütteln einzuladen, um aufgestaute Energie loszuwerden.

Da wir Menschen soziale Wesen sind, ist ein wichtiger Beitrag zur Beruhigung des Nervensystems auch die Co-Regulation gemeinsam mit anderen. Wenn wir spüren, dass die uns umgebende Gruppe entspannt ist, können wir auch leichter selber entspannen. Wenn in der Gruppe viel Anspannung herrscht, steigert sich die Anspannung auch bei den Menschen, die bis jetzt noch entspannt waren. Auch direkter Körperkontakt kann helfen, wenn genügend Vertrautheit zwischen den Beteiligten herrscht und keine Traumata im Zusammenhang mit Berührung vorhanden sind. In einem entspannenden körperlichen Kontakt mit einer vertrauten Person schaffen wir es häufig leichter, uns auch wieder selber zu spüren und das Erregungslevel herunterzufahren.

Erst wenn das Erregungslevel wieder in den grünen Bereich gesunken ist, kann man auf der kognitiven Ebene einsteigen.

7.1.2. Rangkonflikte und Nervensystem

90% aller Konflikte sind Rangkonflikte oder haben zumindest einen Anteil von selbigem. Diese Erkenntnis kann in vielen Fällen helfen, anders mit Konflikten umzugehen.

Was bedeutet „Rangkonflikt" überhaupt? Ich stecke in einem Rangkonflikt, wenn ich den Eindruck habe, dass jemand meinen Rang, meine Selbstwirksamkeit bedroht. Dann reagiere ich mit der typischen Stressreaktion - der Sympathikus wird angeregt, der Adrenalinspiegel steigt, und je nach Heftigkeit des Konflikts kann ich gar nicht mehr zuhören. Solange ein Konflikt einfach eine Meinungsverschiedenheit ist, muss er uns nicht bedrohen, unterschiedliche Meinungen können stehenbleiben. Aber wenn ich den Eindruck habe, dass ich weniger gestalten darf, als ich mir wünsche oder wenn mein sozialer Rang angegriffen wird und ich gefühlt degradiert werde, dann reagiert das Nervensystem mit der Meldung „Gefahr!". Das vegetative Nervensystem übernimmt und wir sind weniger zu konstruktiver Konfliktlösung fähig .

Wichtig ist mir in diesem Zusammenhang die Erkenntnis: Da das Leben eben keine objektiven Ränge kennt, sondern diese sehr subjektiv sind, fühlen sich sehr häufig beide Parteien in ihrem Rang bedroht. Das setzt die Eskalationsspirale so richtig in Gang!

In der Reflexion eigener Konflikte kann es hilfreich sein, sich dies bewusst zu machen. Lassen wir uns diesen Satz nochmal auf der Zunge zergehen: **„In einem Rangkonflikt fühlen sich häufig beide Seiten in ihrem Rang bedroht!"**

Der Satz passt damit zusammen, dass wir unsere Privilegien und damit unsere hohen Ränge deutlich weniger wahrnehmen als die Situationen, in denen wir eben keine Privilegien haben. Denn keines zu haben, tut weh, das bemerken wir sofort. Was ist, wenn sich beide Seiten zurückgesetzt fühlen? Bei mir hat die Erkenntnis, dass sich in einem Rangkonflikt beide in ihrem Rang bedroht fühlen, viel bewegt. Seitdem ich dies gelernt habe, schaffe ich es immer häufiger, mich beim Hochschaukeln eines Konflikts - oder spätestens beim Reflektieren danach - zu fragen: „Kann es sein, dass mein Gegenüber sich von mir in ihrem Rang bedroht fühlt, obwohl es mir genauso geht?“ Mit dieser Frage verbinde ich mich mit meinem hohen psychologischen Rang und bekomme automatisch mehr Handlungsmöglichkeiten. Dann kann es gelingen, aus der direkten, vom vegetativen Nervensystem diktierten Reaktion auszusteigen, und in diesem Raum zwischen Reiz und Reaktion liegt unsere Macht. Ich möchte in der Regel mein Gegenüber nicht im Rang bedrohen - aber ich möchte auch meinen Rang gewahrt wissen. Wenn ich dann meinen hohen persönlichen und psychologischen Rang einnehme, kann ich deeskalierend wirken. Das gelingt leider nur in Ausnahmefällen direkt in der Situation, in der sich das Ganze aufschaukelt - denn hier reagieren beide Parteien gesteuert durch die autonomen Nervensysteme. Aber in der Reflektion von Konflikten hat mir diese Fragestellung viel geholfen, im nächsten Schritt auf die andere Person zuzugehen und wieder konstruktive Verbindung aufzunehmen.

7.1.3. Setze Deinen hohen Rang bewusst ein!

Wie können wir Rangkonflikte konstruktiv lösen? Ein Kernsatz von Julie Diamond dazu lautet: „Setze Deinen hohen Rang bewusst ein!“ Dieser Satz scheint mit einem naiven Verständnis von Rang = Machtausübung kontraintuitiv, denn Rangkonflikte können durch Machtausübung nur selten konstruktiv gelöst werden. Aber das Geheimnis steckt hier darin, dass der bewusste Einsatz des hohen Rangs in aller Regel **keine** schiere Machtausübung ist. In einem Rangkonflikt ist es zunächst wichtig, sich mit seinem eigenen hohen Rang zu verbinden, sich dieses Ranges bewusst zu werden. Und der eigene hohe Rang verpflichtet zum Brückenbauen und eröffnet Möglichkeiten, wenn ich ihn erkenne. Denn er gibt uns auch die Möglichkeiten, uns selbst zu reflektieren und vielleicht zu verstehen, warum die andere Person so reagiert, wie sie reagiert. Wenn wir uns mit unserem hohen Rang verbinden, dann können wir Verständnis aufbringen für die Person, die sich von uns eingeschüchtert fühlt. Wir müssen ihr nicht vorwerfen, dass sie - in unseren Augen - nicht konstruktiv handelt, weil wir die Gründe dafür erkennen können. Wir können dann aufgrund unseres hohen Ranges leichter konstruktiv auf die andere Person zugehen, wenn wir uns bewusst machen, dass sie es vielleicht nicht kann.

Den hohen Rang bewusst einzusetzen bedeutet, aus dem gesamten Spektrum, das uns unser hoher Rang bietet, schöpfen zu können und die Reaktion zu wählen, die in dieser Situation die angemessenste ist und zum Wohl des Ganzen beiträgt. Gleichzeitig steigen wir selbst aus der Annahme aus, dass wir gerade bedroht werden und uns verteidigen müssen, wenn wir uns unseres hohen Ranges bewusst werden. Erst damit versetzen wir uns wieder in die Lage, Empathie für den anderen empfinden zu können und befähigen uns, die Situation weniger einseitig und subjektiv zu sehen. Die angemessene Reaktion kann sehr verschieden sein. Hier ein paar Beispiele aus dem weiten Spektrum der möglichen Reaktionen:

Es kann sein, dass wir **unsere sozialen Fähigkeiten** zeigen und durch empathisches Nachfragen die Haltung unseres Gegenübers besser verstehen, selbst aus dem Angriffs- oder Verteidigungsmodus heraus gehen und Brücken bauen.

Es kann sein, dass wir uns **bewusst ganz zurückhalten**, um andere ihre Erfahrungen machen zu lassen, auch wenn wir von einer besseren Lösung überzeugt sind. Solange der Weg, den andere gehen wollen, nicht wirklich gefährlich ist, kann es manchmal besser sein, unsere Überzeugung von dem, was richtig ist, loszulassen und andere Menschen ihre Erfahrungen machen zu lassen und neue Wege auszuprobieren. Das kann auch dann gelten, wenn wir davon überzeugt sind, dass unser Weg ganz klar der sinnvollere ist. Und wer weiß... Vielleicht lernen wir davon, dass es auch genauso gut anders geht.

Wir können **unseren sozialen Rang und unsere Netzwerke einsetzen** und so durch unsere Beziehungen, Finanzen oder unseren Status etwas erreichen, was andere vielleicht nicht können und auf diese Art und Weise zu einem guten Ergebnis beitragen.

Es kann aber auch sinnvoll sein, dass wir **mit viel Engagement unsere Fachkompetenz** in den Ring werfen und die anderen von den eigenen Ansichten überzeugen.

Der bewusste Einsatz eines hohen Ranges kann im Ausnahmefall sogar **physische Intervention** sein. Zum Beispiel, wenn ein Kind auf eine belebte Straße rennen will, kann die angemessene Situation sein, es physisch festzuhalten, damit es das nicht tut. In anderen Kontexten wäre das Gewalt - und in diesem Moment kann es die einzig sinnvolle Reaktion sein.

Aus dem ganzen Spektrum können wir wählen, wenn von „Setze Deinen hohen Rang bewusst ein." die Rede ist. Es gibt nicht **den** einen richtigen Einsatz - sondern die gesamte Klaviatur. Was davon in welchem Moment angemessen ist, hängt von den Rahmenbedingungen ab.

Gehe in Gedanken verschiedene Situationen durch, die Du mit Deinem hohen Rang beeinflusst hast oder hättest beeinflussen können. Was hast Du getan? Inspirieren Dich die Seiten, die Du gerade gelesen hast, in einer ähnlichen Situation Deinen Rang anders einzusetzen?

Sprecht gerne auch in Eurer Gruppe darüber. Was wäre in welcher Situation der sinnvollste Einsatz des hohen Rangs gewesen?

Kleiner Hinweis am Rande: Es gibt auch bei sehr transparenter Kommunikation, sehr bewusstem Einsatz nach bestem Wissen und Gewissen und konstruktivem Gruppenklima längst nicht immer eine Lösung, die alle Beteiligten als den bestmöglichen Einsatz des hohen Ranges wahrnehmen. Es bleibt dabei, dass Menschen aus unterschiedlichen Perspektiven die Welt unterschiedlich wahrnehmen und daher auch unterschiedlich darüber urteilen werden. Die Einen empfinden den Einsatz wichtig und gerechtfertigt, weil es dem Wohl des Ganzen diente, die anderen sind unzufrieden, weil sie eine andere Lösung präferiert haben. Was allerdings häufig der Fall ist: Es entspannt das Gruppenklima, darüber zu sprechen.

7.2. Das Drama-Dreieck

Das Drama-Dreieck beschreibt ein grundlegendes Beziehungsmuster, das sehr viele Interaktionen prägt und auch in vielen Märchen und Sagen beschrieben wird. Als erstes hat es in der Psychologie Stephen Karpman[xlvi] beschrieben. Das Dramadreieck ist durch drei Rollen geprägt:
Täter:in, Opfer und Retter:in.
In vielen konflikthaften Interaktionen gibt es diese drei Rollen, die interessanterweise genauso wenig eindeutig, sondern ebenso fluide sind wie Rangpositionen.

Zunächst scheint alles eindeutig: Die Täter:in ist die Person, die jemanden verletzt - das Opfer ist die verletzte Person. Häufig findet sich zusätzlich dann ein:e Retter:in, die sich für die arme verletzte Person einsetzt. Was zunächst wie eine selbstlose, gute Tat wirkt, kann aber auch das Gegenteil bewirken: Dem Opfer wird die Fähigkeit genommen, sich selber weiter zu helfen. Die/Der Retter:in stellt sich durch ihre/seine Rettungsaktion über beide andere Parteien: Die Täterperson wird als moralisch verwerflich abgewertet und die Opferperson ist zu schwach, um sich selber zu helfen. So sind Retter:innen scheinbar die wahren Held:innen der Situation - und werden dabei gleichzeitig selber zu Täter:innen. Aus einer Retter:innen-Rolle kann sehr viel Selbstbestätigung gezogen werden - und gleichzeitig ist sie sehr gefährlich für Gruppendynamiken. Denn wenn sich jemand in der Retter:innen-Rolle fühlt, dann gelten die normalen Regeln der Rücksichtnahme gegenüber allen Beteiligten und der konstruktiven Gesprächsführung nicht mehr. Denn Retter:innen setzen

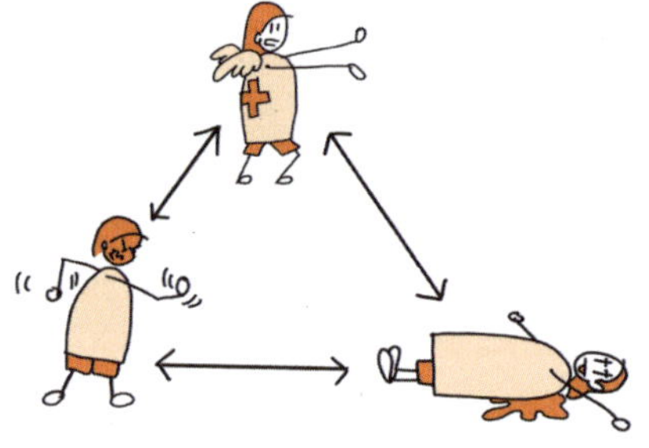

sich für das Gute ein und verteidigen die Schwächeren. Ein konstruktives Zugehen auf den:die Täter:in wirkt dann moralisch verwerflich.

So führen Stellvertreter:innenkriege und Übernahme der Retter:innen-Rolle gerade in Gruppen, die sonst auf konstruktive Kommunikationskultur achten, häufig zu einer Verhärtung von Fronten.

Am Dramadreieck kann man sehr plastisch die Uneindeutigkeit und Fluidität von Machtverhältnissen erkennen. Während auf den ersten Blick zumindest die Situation zwischen Opfer und Täter:in eindeutig ist, so kehrt sich in vielen Situationen die Macht um, wenn Retter:innen hinzukommen, und das arme Opfer aus der misslichen Situation befreien. Täter:innen werden angegriffen, und mutieren so zum Opfer. Retter:innen fühlen sich als die „Guten" und erlauben sich damit sowohl Täter:in wie Opfer abzuwerten. Denn dem Opfer wird durch die Rettungsaktion die Fähigkeit abgesprochen, für sich selber einzustehen.

Menschen, die zu ....splaining neigen, sind häufig typische Beispiele für die Retter:innen-Rolle.

Das Drama-Dreieck ist ein sehr häufiges Beziehungsmuster, in das Menschen geradezu hineingezogen werden. Wenn jemand eine der Rollen übernimmt, dann werden andere im Umfeld häufig dazu tendieren, die fehlenden Rollen zu übernehmen.

Auch ohne Retter:in bietet die Täter-Opfer-Dynamik noch interessante Varianten, die sehr viel mit dem Macht-Thema zu tun haben.

7.2.1. Die hohe Macht des Opfers

In einer Gesellschaft, in der es ein hoher Wert ist, die Schwachen zu schützen, ist eine der großen Paradoxien zum Thema „Rang und Macht" die Macht des Opfers. Rangpositionen können sich sehr schnell umdrehen, wenn sich eine Person als Opfer identifiziert und damit das Gegenüber zur Täter:in macht. Denn Täter:innen verstoßen gegen die gemeinschaftlichen Werte unserer Gesellschaft von „Schutz der Schwachen" und „Wir greifen niemanden an." Menschen, die als Täter:in gebrandmarkt werden, können dadurch in Sekundenschnelle von einem evtl. hohen Rang in die Position eines Außenseiters rutschen.

Ich seziere die Problematik hier an folgendem Beispiel:
Fred hat unbeabsichtigt Stella mit etwas, was er getan hat, verletzt.

Wenn Stella jetzt Fred vorwirft, übergriffig gehandelt zu haben, so ist dies zunächst mal ein Hinweis darauf, dass sie verletzt wurde. Es **kann** auch ein sehr wichtiger Hinweis auf sozial absolut inakzeptables Verhalten sein. Es kann aber auch sein, dass aus einer alten Verletzung von Stella heraus Verhalten als übergriffig wahrgenommen und bezeichnet wird, das bei vielen anderen Menschen nicht so angekommen wäre. Und dass Fred in bester Absicht gehandelt hat und Stella und ihre Grenzen wirklich nicht verletzen wollte.

Wer hat das Recht, zu bestimmen, wo akzeptables Verhalten endet und „Übergriffigkeit" anfängt?

Die Gefühle der Person, die durch das Verhalten verletzt wird, sind auf eine Art selbstverständlich die wichtigste, erste Leitschnur. Wenn Fred erfährt, dass Stella sich durch das, was er getan hat, verletzt gefühlt hat, ist es wichtig, dass er das ernst nimmt, sich entschuldigt und Wiederholungen vermeidet – selbst und gerade dann, wenn er sich keinerlei Schuld bewusst ist. Auch wenn wir unabsichtlich jemanden anrempeln, gehören Entschuldigungen zum guten Ton. Und für ein gutes Zusammenleben und -wirken ist es in solchen Fällen nicht nur wichtig, sich zu entschuldigen, sondern interessiert daran zu sein, zu verstehen, warum unser gut gemeintes Verhalten offensichtlich falsch ankam. Daher ist es sinnvoll, in so einem Fall aktiv nachzufragen, was verletzend ankam, gerade wenn es überhaupt nicht so gemeint war.

Wenn Stella jedoch für diese unbeabsichtigte Grenzverletzung Fred des übergriffigen Verhaltens anklagt, dann dreht sich ihre Opfer-Rolle in eine Täter-Rolle um. Denn wenn Fred beschuldigt wird, übergriffig zu sein, dann wird er damit abgestempelt und verliert den eigenen sozialen Rang – aufgrund von gravierenden Verstößen gegen die Gruppenwerte.

Dies ist ein Beispiel für das Ausspielen des hohen Rangs des scheinbaren Opfers.

Ein weiteres Beispiel dafür ist in einer Gemeinschaftskultur, die im Konsens entscheidet, die Macht der Menschen, die sich selbst als ohnmächtig sehen und aus dieser Position der Ohnmacht heraus Vetos aussprechen, weil sie sich übergangen fühlen. Damit begeben sie sich in eine sehr mächtige Position.

Ich betone im Zusammenhang mit dem Rang des Opfers gerne, dass sich hier, wie in fast allen Rang-Konflikten, wenn man tiefer schaut, nicht objektiv bestimmen lässt, wer nun die ranghöhere oder die rangniedrigere Person ist, da dies so vielschichtig ist, dass es sich nicht eindeutig sagen lässt.

Wenn es einen objektiven Indikator für die in einer Situation „wirklich" mächtigere Person gibt, dann ist es die Frage, welche Person sich mit dem eigenen Willen im Endeffekt durchsetzen kann. Das ist in einer Konsenskultur die Person mit dem Veto – da ein Veto einen Beschluss verhindert, den andere wollen. Hier setzt sich eine Person gegen die Mehrheit der anderen durch – eine sehr machtvolle Handlung!

Im Folgenden erzähle ich von Kristina, die in ihrer Geschichte sehr anschaulich die Macht des Opfers beschreibt und diesen Mechanismus und auch seine Bedeutung in ihrer Familiengeschichte reflektiert.

KRISTINAS GESCHICHTE

Kristina ist Mutter von drei Kindern, und ich habe sie in einer Gemeinschaft kennengelernt, mit der ich gearbeitet habe. Ich habe sie als selbstbewusste Frau kennengelernt, die selbst viel gestaltet und sich stark reflektiert. Umso überraschter war ich, von ihr zu erfahren, dass es in ihrem Leben lange Phasen gab, in denen es ganz anders war.

Du sagtest mir, dass es lange Zeiten gab, in denen Du ganz anders warst, als ich Dich jetzt kennengelernt habe, erzähl mir davon ...

Ich habe in meinem jungen Erwachsenenleben im Haus meiner Großmutter gelebt, und meine Mutter war auch in dieser Zeit sehr präsent. Zwischen 20 und 36 habe ich mein Leben absolut nicht bewusst gestaltet, sondern wurde mehr geschoben, als dass ich gestaltet habe. Ich habe mich als Punching-Ball zwischen den Ansprüchen Anderer gefühlt. Ich wusste nicht, wer ich wirklich bin, was ich will. Ich habe für meine Mutter, meinen Mann, meine Kinder gelebt, aber nicht für mich. Ich wusste nicht, was will ich eigentlich? Das gab es für mich gar nicht, zu schauen, was brauche ich, was will ich, wo will ich hin? Es gab viele Phasen, wo ich überfordert und wütend war. Ich habe mir auch selber wehgetan, meinen Kopf gegen die Wand geschlagen, aus lauter Wut und Überforderung. Es hat lange gebraucht, bis mir das Gefühl bewusst wurde, dass ich mich eigentlich nicht existent gefühlt habe. Ich habe einfach nur funktioniert. Ich war in meiner Arbeit gut, habe mich über die Anerkennung bei der Arbeit definiert, aber dabei mein eigenes Leben vergessen. Was ich will, danach habe ich nie geschaut. Wenn ich jetzt auf diese Zeit zurückblicke, dann ist da eine Trauer, ich habe in der Zeit viel von meinem Leben verpasst.

Erst als ich mit 36 aus diesem Leben ausstieg, begann ich, mich selbst wahrzunehmen und mein Leben in die Hand zu nehmen. Dazu musste ich erst durch großen Schmerz gehen.

Der größte Schmerz meines Lebens waren meine 3 Kaiserschnitte. Ich wusste, ich kann gebären, und ich hatte da richtig Lust drauf. Und dann gab es Ärzte und Hebammen und meine Mutter, die sagten, es sei so gefährlich für das Kind und für mich.

Das Kaiserschnitterlebnis mit meiner ersten Tochter war der Schock. Im Ultraschall sah man ein recht großes Kind und ich war recht klein und dann kam der Arzt zu dem Schluss, ich wäre nicht fähig zu gebären. Und obwohl meine innere Stimme mir sagte: „Natürlich kann ich dieses Kind gebären!" habe ich mich von Arzt, Hebamme und meiner Mutter zu einem Kaiserschnitt drängen lassen, und mein Kind per Kaiserschnitt geboren. So ging es bei den anderen beiden Kindern auch, es gab immer einen Arzt und meistens auch eine Hebamme, die sagten: Ich kann nicht gebären, und ich habe mich dann hingegeben. Wenn ich jetzt daran denke, werde ich immer noch traurig.

Das zieht sich durch mein Leben fort, dieses Gebären wollen, und dann gesagt bekommen: „Du kannst das nicht, Du musst es andere für Dich machen lassen, die wissen es besser."

Wie hat sich das dann verändert?

Die Traumaheilung von dem Kaiserschnitt war ein Weg in eine neue Kraft. Die Transformation dieser Kaiserschnitterfahrung war für mich ein entscheidender Schlüssel. Inzwischen ist die Kaiserschnittnarbe für mich so was wie mein Kompass, wann ich über meine Grenzen gehe. Die meldet sich sofort, wenn ich über meine Grenzen gehe, sie ist eine eingebaute Stoppfunktion, die mir inzwischen viel hilft.

Meine Angst vor Autoritäten, die sitzt immer noch sehr tief.

Den weiteren Kick zur Veränderung haben mir dann wieder meine Kinder gegeben. Als meine Mittlere mit der Schule nicht mehr zurechtkam - und das, obwohl sie in eine Montessori-Schule ging - hat sie sich jeden Tag gewehrt, in die Schule zu gehen. Ich habe lange der autoritären Vorschrift gefolgt, dass Kinder in die Schule müssen, sie mit Engelszunge überredet, oft habe ich sie weinend in die Schule gebracht. Und dann hat sie eines Tages gesagt: „Wenn ich noch einen Tag in diese Schule gehen muss, dann will ich nicht mehr auf diesem Planeten sein!" Das war ein Weckruf für uns. Wir haben gespürt, sie meint es ernst, und diese Schule ist nicht gut für sie. Mein Mann und ich haben dann entschlossen, dass wir mit den Kindern auf Reisen gehen, um das Land zu verlassen und der Schulpflicht zu entgehen.

Und das hat zur Befreiung beigetragen. Ich hatte kein Haus mehr, keinen deutschen Staat mehr, und war ganz auf mich gestellt. Wir waren viele Jahre auf Reisen. Der Mut, für meine Kinder einzustehen, dass sie nicht mehr in die Schule gehen müssen, den habe ich in mir verankert, und dann habe ich mich auch mit der Autoritätsgeschichte beschäftigt. Ich habe viele Aufstellungen gemacht, und an eine erinnere ich mich bis heute ganz genau.

In dieser Aufstellung wurde auch meine Unsicherheit sichtbar, und es hat sich der Satz herauskristallisiert: „Meine Unsicherheit ist meine größte Kraft!" Der Satz hat mich seitdem begleitet. Ich darf mich daran erinnern, dass ich unsicher sein darf.

Ich habe neben den Aufstellungen auch Therapie gemacht, um mich aus dieser Situation zu lösen. Aufstellungen und Therapie, das war nicht schwer, mir die Sachen anzuschauen. Schwierig war es, das, was ich dort gelernt habe, dann auch im echten Leben umzusetzen, mutig zu sein und für mich einzustehen. Das finde ich krass anstrengend.

Ein großer Schritt war für mich auch, in Gemeinschaft zu ziehen. Wir sind vor drei Jahren in eine Gemeinschaft in Österreich gezogen - in Österreich gibt es nur eine Bildungs- und keine Schulpflicht. Die drei Jahre Gemeinschaft waren sehr transformierend, ich habe da noch sooo viel gelernt. Das ist für mich eine Forschungsreise.

Kannst Du etwas von Deinen neuen Erkenntnissen teilen?

Ich habe hier gerade wieder etwas Spannendes über mich gelernt, nämlich meine Strategie, als Opfer Macht auszuüben.

Dass ich selber in die Opferrolle gehe, um Macht auszuüben, ist mir gerade an einem Konflikt besonders deutlich geworden, in einer Auseinandersetzung meines aktuellen Partners mit der Mutter seines Sohnes. Bei ihr nehme ich wahr: Sie nutzt die Opferrolle ganz bewusst, um zu kriegen, was sie will. Das zu sehen, hat mich wütend gemacht. Und dann habe ich mich selber ertappt: Ich mach das genauso! Mit dem Papa meiner Kinder. Vielleicht nicht so extrem wie sie, aber auf einmal fiel mir auf, wie häufig ich Druck auf den Vater meiner Kinder ausübe, indem ich in die Opferrolle der armen Frau gehe, die mit den Kindern überlastet ist. Und ich mach das nicht aus Kalkül oder bewusst, sondern es gibt diese Situationen, da falle ich so richtig in mich zusammen und verliere meine Kraft - und werde so gleichzeitig trotzdem mächtig. Ich fange an zu zerren und zu ziehen und ins Opfer zu gehen anstatt in meine Kraft zu gehen. Um zu erhalten, was ich haben will, fang ich an, in das Opferdasein zu rutschen. Dann kriege ich Aufmerksamkeit, Liebe, Zuwendung.

Das ist mir in dem Moment natürlich nicht bewusst, aber im Rückblick kann ich das Muster darin erkennen: Da ist das verletzte Kind, dem etwas fehlt, und dieses Kind hat gelernt, dass es das am ehesten bekommt, wenn es sich noch kleiner macht. Mir das bewusst zu machen, war ein wahnsinnig wichtiger Schritt für mich.

Das ist so ein Ding von „mich ganz klein und bedürftig machen“, obwohl ich es an der Stelle vielleicht gar nicht bin, um etwas zu bekommen, was ich glaube, haben zu müssen.

Ich gehe in den Situationen nie bewusst in die Opferrolle, um zu manipulieren, ich spiele das nicht. Ich fühle das in dem Moment so, aber jetzt merke ich dann manchmal „Plong! Da ist es wieder!“ Und dann kann ich da aussteigen, und in meine Größe gehen.

Und trotz dieser Erkenntnis reagiere ich immer wieder so. Das ist die Strategie, die ich früh gelernt habe, um das zu erreichen, was ich will. Nur so habe ich in meiner Kindheit das bekommen können, was ich wollte. Ich habe erlebt, dass es gefährlich war, wenn ich wütend war, dann wurde ich geschlagen. Aber als Kleine, Schwache habe ich dann doch manches durchsetzen können, was ich wollte.

Und jetzt lerne ich, entspannt und direkt zu sagen: „Das will ich jetzt!“ Ohne Machtspielchen und Opferrolle. Stehen bleiben, einzustehen für meine Bedürfnisse und für meine Meinung, ohne mich klein zu machen, wie ich es früher gemacht habe. Das ist für mich gerade der wichtige Schritt, dazubleiben und zu spüren, was ist.

Was würdest Du anderen raten, die sich in so einer Punching-Ball-Situation befinden wie Du in Deinem jungen Erwachsenenleben?

Das Wichtigste ist „Innehalten!“ Einfach mal anhalten, und sich jeden Punkt des Lebens anschauen und sich zu fragen: Passt mein Leben noch zu mir? Und wenn nicht, was braucht es, damit es wieder läuft?

Wirklich bewusst mein Leben anzuschauen ist für mich ganz wichtig. Gerade in dieser Zeit dachte ich, ich kann gar nicht innehalten. Aber gerade da ist es wichtig, und es geht immer irgendwie, wenigstens kurz. Ein feines Öl riechen, tanzen, meditieren, Mandalas malen, irgendetwas Meditatives machen, in der Natur sein, egal, was es für dich ist, nutze solche Momente, um zu Dir zu kommen! Schaffe Dir Momente, in denen Du gar nichts zu tun hast, und einfach nur bist.

Was hättest Du Dir von den Menschen in Deinem Umfeld gewünscht?

Von den Menschen in meinem Umfeld hätte ich mir mehr Präsenz gewünscht. Es ist enorm hilfreich, wenn die Menschen in meinem Umfeld sich selber reflektieren und sich selber spüren - und mich spüren. Wenn alle Menschen sich und andere spüren, und wir gemeinsam in einen Flow kommen, dann können wir miteinander fließen. Ich hätte mir gewünscht, dass meine Bedürfnisse auch wichtig sind und gesehen werden, nicht aus einem Helferding heraus, sondern aus sich selbst.

7.2.2. Täter-Opfer-Umkehr

So wie es die Macht des Opfers gibt, gibt es auch das gegenteilige Phänomen: Die Täter-Opfer-Umkehr. Wir können das am gleichen Beispiel durchdenken, an dem wir im vorigen Kapitel die Macht des Opfers kennengelernt haben:

Fred hat unbeabsichtigt Stella mit etwas, was er getan hat, verletzt.

Wir stellen uns zur Konkretisierung dieses Beispiels vor, dass Stella hinter einer Hausecke stand, und Fred schnell mit dem Fahrrad um diese Hausecke gefahren ist, und sie dabei angefahren hat. Der Fakt ist, Stella wurde verletzt. Wenn jetzt Stella vorgeworfen wird, dass sie ja an der falschen Stelle stand, und Fred deshalb gar nicht anders konnte, als in sie hineinfahren, dann wird dabei negiert, dass Stella durch den aktiven Fred verletzt wurde. Sie ist damit ganz eindeutig zunächst einmal ein „Opfer" und Fred als derjenige, der aktiv in sie hineingefahren ist, ist derjenige, der zumindest zu schnell um eine uneinsichtige Kurve gefahren ist. Was es als erstes braucht, ist von dem aktiven Teil ein Anerkennen der Verletzung und der Verantwortung, die der Täter für seine Handlung hatte.

Wenn Fred jetzt Stella vorwirft, dass sie durch ihr Herumstehen an der falschen Stelle einen Unfall provoziert hat, ist das ein typisches Beispiel für Täter-Opfer-Umkehr. Dieses Phänomen begegnet uns häufig im Zusammenhang mit sexueller Gewalt, dass eine Person „schuld" an Vergewaltigung oder Nötigung sei, weil sie sich aufreizend angezogen hat.

Es gibt für mich einige Situationen, bei denen die Unterscheidung zwischen Täter und Opfer sehr klar ist und auch so benannt werden sollte. In sehr vielen Konflikten aber ist es die sinnvollste Variante, aus den Kategorien von „Täter:in" und „Opfer" ganz auszusteigen, und anzuerkennen, dass diese Bezeichnungen einfach Rollen des Drama-Dreiecks sind und alle Seiten einen Teil der Verantwortung haben - und damit auch die Macht, durch ihr eigenes Verhalten etwas zu verändern.

7.2.3. Aussteigen aus dem Drama-Dreieck

Der erste Schritt ist, sich des Dreiecks bewusst zu sein. Und einen Moment innezuhalten, bevor man unbewusst in eine der Rollen gesogen wird.

Die Strategie, wie wir aus den verschiedenen Rollen aussteigen können, ist je nach Rolle unterschiedlich.

Wir haben in unserer Auseinandersetzung mit dem Thema Rang und Macht jetzt bereits häufiger erfahren, dass wir uns häufig schwächer fühlen als andere uns wahrnehmen. Für das Opfer ist die Frage wichtig: Was ist Deine Stärke? Niemand anderes als Du selbst kann Dich retten! Du bist nicht „schuld" an dem, was Dir bis jetzt passiert ist, aber ohne Dein aktives Handeln kann sich daran nichts verändern. Es ist wichtig, zu lernen, auszusteigen aus der Unterordnung unter Täter:in und Retter:in und die Verantwortung für Dein Leben selbst zu übernehmen.

Die Retter:innen-Rolle ist in Kreisen, in denen es um achtsamen Umgang mit Macht geht, ganz besonders beliebt. Schließlich ist ein wichtiges Ziel, alle zu unterstützen, in ihre Kraft zu kommen. Dazu braucht es doch Retter:innen-Energie, oder? Wenn Retter:in zu sein bedeutet, Selbstbestätigung daraus zu ziehen, dass ich anderen helfe, dann ist das kein wirklich altruistischer Schritt, sondern ein Weg zur Zementierung des Konfliktes und der vermeintlichen Schwäche des Opfers. Eine wichtige Frage für Retter:innen ist es: Welchen Sinn kann ich meinem Leben geben, ohne Retter:in zu sein? Und gleichzeitig ist nichts schlechtes daran, andere Menschen zu unterstützen, die wirklich Hilfe brauchen. Retter:innen sollten allerdings sehr darauf achten, Anderen nicht die Verantwortung für sich selber abzunehmen, sondern sie lediglich darin stärken, für sich selber einzustehen.

Die Täter:innen wiederum haben die Lernaufgabe, sich ihrer eigenen Schwächen bewusst zu werden und nicht durch Identifizierung von Sündenböcken davon abzulenken. Eine andere wichtige Lernaufgabe ist es, wahrzunehmen, wann ich andere mit meinem Verhalten - vielleicht auch unbewusst - verletze. Hier ist die Offenheit für Feedback sehr wichtig!

7.3. Facilitation von Rangkonflikten

Bisher haben wir Rang & Macht aus der Perspektive der Beteiligten kennengelernt: Wie können wir uns über unseren eigenen Rang bewusst werden? Wie häufig verschärft Rang menschliche Konflikte?

Nun möchte ich aus der Warte von einer Person, die entweder als „Participant Facilitator“ oder als offiziell beauftragte/r Facilitator:in Prozesse begleitet, auf das Thema schauen. Aufgrund meiner beruflichen Tätigkeit als Prozessbegleiterin für gemeinschaftliche Projekte bin selbst recht häufig in dieser Rolle und möchte daher verschiedene Herangehensweisen schildern.

7.3.1. Basis schaffen!

Entspannte Nervensysteme schaffen

Wir haben in Kapitel 7.1. erfahren, dass Rangkonflikte in der Regel zu angespannten Nervensystemen führen und damit die Voraussetzungen für eine konstruktive Konfliktlösung zunächst nicht gegeben sind. Daher ist die erste Aufgabe einer Konfliktbegleitung, die ich gerne „Facilitation[8]“ nenne, dafür zu sorgen, dass sich alle Parteien entspannen. Eine angenehme Umgebung, Arbeiten ohne Zeitdruck, eine Einstimmung mit einem Gespräch über unbelastete, persönliche Themen trägt dazu bei. Ein Check-in, in dem jede Person kurz erzählt, was sie gerade bewegt, kann auch dazu beitragen, einen sichereren Rahmen zu schaffen.

Am Anfang eines Gespräches wird der Ton gesetzt, daher ist es gerade hier wichtig, sich Zeit zu lassen für das Ankommen, um die Langsamkeit und das Zuhören einzuladen. Eine kurze Geschichte oder ein Gedicht oder auch Sinnsprüche können darin unterstützen, den Rahmen zu setzen. Zwei Sprüche zitiere ich in diesem Zusammenhang besonders gerne:

„Jenseits von richtig oder falsch gibt es einen Ort, da können wir uns begegnen.“ (Rumi)

„Du kannst recht haben oder glücklich sein, beides zusammen geht nicht!“ (Marshall Rosenberg)

---

[8]Facilitation kommt vom lateinischen „facilitare“ - erleichtern. Moderation kommt vom lateinischen „moderare“ - abschwächen. Ich möchte in der Konfliktmoderation nichts abschwächen, sondern die Beziehung erleichtern.

Grundsätzlich ist ein sehr wichtiger Hinweis an die Prozessbegleitung: Selten ist der kürzeste Weg zum Ziel der erfolgversprechendste. Verlangsamen ist häufig die hilfreichste Intervention. Eine Verlangsamung verhindert, dass der Austausch sich zu einem aufgeheizten Ping-Pong entwickelt, in das sich die Konfliktparteien verstricken. Manchmal kann zur Beleuchtung des Sachproblems auch ein bewusst gestaltetes Streitgespräch eine sinnvolle Methode sein. Dafür braucht es aber einen bewussten Rahmen, in dem Sicherheit durch die Struktur geschaffen wird.

Die vielgepriesene „Allparteilichkeit“ der Prozessbegleitung ist hier sehr wichtig. Um Sicherheit zu schaffen, ist es wichtig, jede der beiden Konfliktparteien in ihrer Position zu bestärken, ohne dabei in den Angriff der anderen Partei zu gehen, sondern durch Paraphrasieren deutlich zu machen, dass die Welt aus unterschiedlichen Perspektiven unterschiedlich aussieht. (Etwa: „Es war total bescheuert, dass Du dies und jenes gemacht hast!“ umformulieren in: „Es hat Dich wütend gemacht, dass die andere Person dies und jenes gemacht hat, weil Dein Bedürfnis nach ... verletzt war.“)

Durch Paraphrasieren und durch Fragen, ob beide Parteien das Gleiche verstanden haben, sorgt die Prozessbegleitung für Verlangsamung und hoffentlich eine Entspannung der Nervensysteme. Auch darf gerne daran erinnert werden, dass tiefes Atmen meist gut tut, um besser zuhören zu können. Eine Aussage wie: „Das war jetzt ein wichtiger Satz, den müssen wir erstmal wirken lassen!“ kann einen Moment der Stille einleiten, der zur Entspannung beitragen kann.

Natürlich ist man nicht davor gefeit, dass bei aller Konstruktivität die andere Seite auf den wichtigen Satz mit großer Anspannung reagiert, daher ist es wichtig, ihr danach das Wort zu geben: „Was ging in Dir vor, als Du das gehört hast?“ Und immer wieder zu verlangsamen, und die Reaktionen zu ent-dramatisieren.

Ganz wichtig zur Entspannung der Nervensysteme ist auch Bewegung. In vielen Gruppen kann man ganz bewusst auch dazu einladen, zwischendurch aufzustehen, sich zu schütteln, vielleicht sogar zu schnauben, um die Anspannung, die sich im Prozess aufgebaut hat, ein wenig loszulassen. Für andere ist das so ungewohnt, dass es die Anspannung nur verstärken würde.

Wichtig zur Schaffung der psychologischen Sicherheit für alle Beteiligten ist es auch, den Rang aller Konfliktparteien bewusst anzuerkennen und insbesondere die hohen Ränge **aller** Beteiligten im Laufe des Prozesses immer wieder zu betonen. Gerne darf man dabei neben den sozialen, strukturellen und persönlichen Rangaspekten auch an den hohen psychologischen Rang beider erinnern, der zu einer konstruktiven Konfliktklärung beitragen kann. Dies kann eine sinnvolle selbsterfüllende Prophezeiung sein.

Ethische Basis klären

Zur Begleitung von Rangkonflikten ist es hilfreich, wenn alle Beteiligten sich auf die gleiche ethische Basis beziehen können. Ich habe häufig die Erfahrung gemacht, dass es hilfreich ist, an dieser Stelle das Wort „Macht" durch Gestaltungskraft oder Gestaltungswillen oder Verantwortungsübernahme zu paraphrasieren, um ihm den negativen Beiklang zu nehmen. Mein wichtigster Leitstern für eine ethische Basis jeglicher Arbeit zum Thema Macht ist das Ziel, die Potenzialentfaltung aller möglich zu machen, alle Beteiligten in ihre Kraft zu bringen und ihnen die Möglichkeit zu geben, ihre Wirksamkeit zu spüren.

Und gleichzeitig gehören hierzu auch die gemeinsamen Ziele der Initiative, in der sich der Machtkonflikt entwickelt hat - auch diese Ziele nochmals in den Vordergrund zu stellen, ist bei der Begleitung eines Machtkonflikts wichtig. Denn es geht bei den meisten Konfliktbegleitungen auch darum, eine Gruppe wieder handlungsfähig zu machen. Eine Gruppe kann ihre Ziele am besten erreichen, wenn alle ihre volle Kraft konstruktiv dafür einbringen können.

Umgang mit Menschen, die häufig strukturelle Diskriminierung erfahren haben.

Neben den Punkten, in denen man an einen hohen Rang der Beteiligten anknüpfen kann, gibt es natürlich auch Menschen mit eindeutigen Diskriminierungserfahrungen, verbunden mit dem Erleben einer niedrigen Rangposition, was einen Machtkonflikt extrem verschärft. Gerade wenn dies Diskriminierungserfahrungen sind, die eine Person aufgrund von Geschlecht, Herkunft, Hautfarbe, finanziellem Status, etc. häufig in ihrem Leben gemacht hat, ist es wichtig, dies als allererstes anzuerkennen und bewusst Sicherheit für die Person zu schaffen, die viel Diskriminierung erlebt hat. Wichtig ist dabei, darauf zu achten, die Person nicht in eine schwache Opferrolle zu schieben, sondern einfach ihr Erleben und ihre Verletzung anzuerkennen. Diskriminierungserfahrung sollte als demokratischer Rang anerkannt sein, und kann so auch etwas sein, was den eigenen Rang hebt - denn nur Menschen, die diese Erfahrung haben, können sie auch nachvollziehen. Die Person hier in ihrer Rolle als „Erfahrene" anzuerkennen, kann unterstützend sein. Allerdings darf dabei nicht die Opferrolle gestärkt werden, sondern es sollte auf das Potenzial fokussiert werden, sich aus der Opferrolle zu befreien.

Wie bereits an anderer Stelle erwähnt: Wer keine strukturelle Diskriminierungserfahrung hat, darf sich nicht anmaßen, sich die Deutungshoheit über das emotionale Erleben von Menschen mit Diskriminierungserfahrung zu nehmen. Wenn jemand sich verletzt fühlt, dann ist diese Verletzung Realität, selbst wenn das Gegenüber gar nicht verletzen wollte.

Als Facilitator:in darf man an dieser Stelle gerne das in diesem Buch schon häufiger zitierte Beispiel anbringen: Die meisten von uns würden sich selbstverständlich entschuldigen, wenn wir unabsichtlich jemanden angerempelt haben und diese Person stürzt. Genau das gleiche Verhalten ist auch sinnvoll für Verletzungen, die aus unachtsamer Kommunikation mit Menschen mit Diskriminierungserfahrung resultieren. Auch hier ist es wichtig, zunächst vorbehaltlos die emotionale Realität der verletzten Person anzuerkennen - wie wir auch, wenn wir jemand aus Versehen angerempelt haben, als erstes der Person helfen, wieder aufzustehen, uns entschuldigen und nachfragen, ob noch etwas weh tut. Danach würde man der angerempelten Person vielleicht auch erklären, wie es zu der Unachtsamkeit kam: „Tut mir leid, ich war gerade in Gedanken vollkommen woanders, weil ....“ Und so kann man dann - nach dem Anerkennen des Schmerzes und der Entschuldigung für die unachtsame Verletzung - auch erklären, was die eigene Geschichte zu dem Thema ist und so ein Gespräch auf Augenhöhe beginnen, für das aber die Grundvoraussetzung ist, die Verletzung ernst zu nehmen.

Es ist eine große Herausforderung, als eine Person mit vielen Privilegien und wenig Diskriminierungserfahrung Gruppen in Rangkonflikten zu begleiten, in denen es heftige Diskriminierungserfahrungen gibt. Hier ist größtes Feingefühl gefragt, den Schmerz anzuerkennen und trotzdem darin zu unterstützen, aus der Opferrolle auszusteigen und in die eigene Kraft und Selbstverantwortung zu kommen.

Unterscheidung der beiden Konfliktebenen: Persönlicher Rangkonflikt und Sachkonflikt

Es gibt bei Machtkonflikten fast immer zwei Konfliktebenen: die persönliche Rangebene und die Meinungsverschiedenheit, bei der sich jede der Konfliktparteien durchsetzen möchte. Die Vermischung der beiden Themen schafft eine besonders explosive Mischung. Daher ist es wichtig, beide Ebenen zu benennen und situativ angepasst den richtigen Weg zu finden, die Lage zu entspannen, die Gruppe wieder handlungsfähig zu machen und die beiden Konfliktparteien zumindest zu einem Punkt zu bringen, an dem sie wieder entspannt miteinander sein können. Die Wege zur Klärung der beiden Ebenen sind unterschiedlich. Häufig ist es sinnvoll, zwischen beiden Ebenen abzuwechseln, indem zunächst auf der persönlichen Ebene etwas größerer Frieden geschaffen wird, um dann auf der Sachebene eine gangbare Lösung zu finden. Das Erleben von gemeinsam gefundenen guten Sachlösungen kann wiederum die persönliche Ebene weiter entspannen. Auf der Sachebene gefundene strukturelle Lösungen können ebenfalls ein wichtiger Beitrag zur Lösung sein.

In einer idealen Welt klärt man das Persönliche stets so gründlich und so weit, dass die Sachebene sich danach ganz einfach löst. In der realen Welt ist das leider längst nicht immer möglich. Verletzungen, die Menschen im

Laufe ihres Lebens erfahren haben und die durch eine andere Person in einem Rangkonflikt angerührt werden, lassen sich durch eine Konfliktaufarbeitung nicht vollständig auflösen. Genauso wie Menschen Strategien, die sie für sich entwickelt haben, um ihr Leben gut zu gestalten, die andere Menschen aber stören, nicht einfach ändern, weil dies als eine gute Lösung in einer Konfliktbearbeitung entwickelt wurde. Wenn dies doch einmal geschieht, sind es echte Sternstunden der Konfliktbegleitung, an denen alle Beteiligten meistens sehr viel lernen, und zu denen alle Beteiligten große Beiträge geleistet haben!

Ein ganz wichtiger Schritt ist es aber bereits, wenn Menschen anerkennen, dass sie persönliche Themen zu bearbeiten haben. Schon diese Anerkennung führt zu einer Entspannung, ohne dass die innere Arbeit an den Themen bereits geschehen ist.

Wie sieht die Begleitung eines Rangkonflikts aus?

Zunächst ist das Anerkennen, dass es sich hier um einen Konflikt handelt, der sowohl Rang- wie auch Sachthemen berührt und dass diese Mischung besonders explosiv ist, ein erster Schritt der Klärung und der erste Beitrag dazu, alle Stimmen zu hören.

Ich habe gute Erfahrung mit einer Sandwich-Herangehensweise gemacht: Es braucht immer **zunächst einen Blick auf die Rangebene des Konfliktes**, zumindest so weit, dass beide Konfliktparteien sich gesehen fühlen und so in eine gewisse Entspannung kommen können.

Mit etwas entspannteren Nervensystemen kann dann auf der **Sachebene** eine Lösung gefunden werden. Auf der Sachebene gibt es **zwei grundsätzlich verschiedene Lösungskategorien:** Eine Lösungskategorie ist eine **Lösung für das konkrete Streitthema**, um das sich der Rangkonflikt entzündet hat, und die andere ist eine **strukturelle Lösung**, die in Zukunft dazu führen kann, dass sich weniger Rangkonflikte entwickeln, etwa weil die Entscheidungskompetenzen zwischen beiden Konfliktparteien so aufgeteilt werden, dass beide zufrieden sind und sich weitgehend so entfalten können, wie sie dies wünschen - oder z.B. indem eine dritte Instanz definiert wird, die bei unterschiedlichen Lösungsvorschlägen dann die Entscheidungshoheit hat.

Nach einigen positiven Erfahrungen mit den strukturellen Lösungen kann es dann leichter sein, nochmals auf den persönlichen Anteil zu schauen und zu würdigen, was sich verändert und verbessert hat und damit die persönliche Situation noch tiefer zu befrieden.

7.3.2. Persönliche Rangrivalitäten über die Wasserlinie heben

Ich habe bereits die Bedeutung einer Einführung, die dafür sorgt, dass beide Seiten sich sicherer fühlen, betont. Bevor wir ganz konkret auf die Rangrivalitäten schauen, die zum Konflikt gehören, ist es wichtig, nochmals einen möglichst entspannten und sicheren Rahmen zu schaffen und die gemeinsame ethische Basis herauszustellen.

Nach dem Schaffen des hoffentlich entspannten Rahmens ist dann der Zeitpunkt gekommen, beide Parteien aufzufordern, ihre persönliche Schilderung des Verhältnisses zu teilen. Es ist wichtig, sie einzuladen, wirklich ehrlich zu teilen, auch schwierige Themen anzusprechen, gleichzeitig bei sich zu bleiben und nicht die andere Person zu verurteilen, sondern über sich und die eigenen Gefühle und Emotionen zu sprechen.

Eine Eingangsfrage dazu könnte sein: „Wo hast Du den Eindruck, von xy nicht ernst genommen zu werden, und warum?"

Die Rolle der Gesprächsleitung ist es hierbei, dafür zu sorgen, dass das Ausgesprochene verstanden werden kann, z.B. durch Nachfragen und Umformulieren: „Habe ich richtig verstanden, dass ....", dabei absolute Aussagen bei Bedarf zu relativieren, und Angriffe und Du-Botschaften in Ich-Botschaften zu übersetzen, die leichter anzunehmen sind.

Manchmal ist es wichtig, während des Gesprächs kurz etwas auf die Meta-Ebene zu gehen und das Erlebte mit dem in diesem Buch erläuterten theoretischen Hintergrund einzuordnen.

Der Hinweis, dass es nicht nur möglich, sondern sogar eher die Regel ist, dass beide Seiten sich von der anderen Seite in ihrer Macht eingeschränkt fühlen, darf hier, wenn passend, gerne einfließen.

Gleichzeitig kann es für alle Beteiligten sehr hilfreich sein, wenn die Person, die das Gespräch begleitet, auf unbewusste Rangsignale aufmerksam macht. Denn Rangthemen werden nie auf der rein verbalen Ebene gelöst - ein Bewusstsein für Rangsignale und was sie bei anderen auslösen, kann sehr hilfreich sein. Am Ende eines konstruktiven Gesprächs zu einem Rangkonflikt kann manchmal eine Verabredung stehen wie: „Machst Du mich bitte in Zukunft mit Codewort darauf aufmerksam, wenn ich wieder in einer männlich-raumgreifenden Pose anfange zu reden?"

7.3.3. Die Sachebene anschauen

Auf der Sachebene gibt es zwei grundverschiedene Lösungsansätze: Die eine ist es, das kontroverse Sachthema zu klären, die andere ist es, diesen und potentiell zukünftige Rangkonflikte durch strukturelle Klärungen zu entschärfen oder zu lösen, indem geklärt wird, wer diese Frage entscheiden darf oder wie sie entschieden wird.

Kontroverse Sachthemen konstruktiv angehen

Zu der Frage, wie kontroverse Sachthemen konstruktiv angegangen werden können, gibt es eine Fülle von Literatur zur Konfliktmoderation, die ich an dieser Stelle nicht zusammenfassen werde. Ich empfehle an dieser Stelle gerne das „Handbuch Konfliktmoderation in sozialen Bewegungen und selbstverwalteten Projekten[xlvii]".

Ein sehr spannender Ansatz zur sachlichen Konfliktlösung, der aus der Prozessorientierten Psychologie nach Arnold Mindell entwickelt wurde, ist die „Lewis Deep Democracy". Hier finden sich spannende Werkzeuge, wie die „Debatte" oder der „Streit", die dazu einladen, sich von der Verhaftung mit der eigenen Sichtweise zu lösen, die eigene Betroffenheit zu teilen und dann auf der Grundlage einer tiefen Demokratie geeignete Sachlösungen zu finden[xlviii].

Strukturelle Lösungen

Immer wieder geht es bei Rangkonflikten aber auch um die Frage, wer jetzt und/oder zukünftig das Recht hat, welche Entscheidungen zu treffen. Ein Lösungsansatz auf der Sachebene ist es, hierfür neue strukturelle Lösungen zu finden und so festzulegen, welche Entscheidungskompetenzen an wen vergeben werden.

Meine Erfahrung ist: Selten löst man einen tiefgehenden Konflikt nur durch Arbeit auf der strukturellen Ebene. Die sachliche Auseinandersetzung sowie die inneren und zwischenmenschlichen Themen sind ganz wesentlich, um zu einer guten Kooperation zu kommen.

Unklare oder unpassende Strukturen allerdings lösen zwischenmenschliche Konflikte aus oder vertiefen sie, während gute strukturelle Lösungen und passende Strukturen für Entspannung sorgen können, in der sich dann auch die zwischenmenschlichen Themen leichter lösen lassen.

Daher werde ich dem Thema „Strukturelle Lösungen" ein ganz eigenes Kapitel widmen. Dieses Kapitel steht aber nicht nur zufällig fast am Ende meines Buches. Die individuelle Arbeit an dem Thema und die Arbeit an der Gruppenkultur ist in meinen Augen primär - und braucht trotzdem unbedingt die Unterstützung durch sinnvolle strukturelle Lösungen.

7.3.4. Die Rolle der Facilitator:in

Das eigene Holz verbrennen

Rangkonflikte zu begleiten ist für alle Prozessbegleiter:innen eine große Herausforderung. Denn es kommen fast immer verschiedene Konfliktebenen zusammen, und es geht schnell sehr emotional zu. Dazu kommt, dass eine Person, die einen derartigen Prozess begleitet, durch ihre Rolle in einer strukturellen Machtposition ist, die ihr sehr schnell „um die Ohren gehauen" werden kann, wenn sich eine Partei im Stich gelassen fühlt. Daher ist die erste und wichtigste Übung für eine Person, die Rangkonflikte begleiten will, ihre eigenen Rangthemen gut zu reflektieren und verarbeitet zu haben. Das ist ein Prozess, der nie aufhört. Aus jeder Begleitung wird auch die Person, die begleitet, etwas Neues für sich lernen.

Die wichtigste Übung vor der eigentlichen Begleitung ist „das eigene Holz verbrennen", wie es Arnold Mindell nennt[xlix]. Dabei geht es darum, sich die eigene Haltung, die eigenen Wertvorstellungen und wunden Punkte und Auslöser bewusst zu machen und sich zu fragen: Kann ich das begleiten? Welche Themen ploppen bei mir auf, wo werden bei mir evtl. alte

Geschichten reaktiviert, und was steckt dahinter? Begleiter:innen sind immer auch Menschen mit ihren eigenen Erfahrungen und Schmerzpunkten. Wenn ich mir derer bewusst bin, kann ich überzeugender Prozesse begleiten. Am besten ist es immer, Rangkonflikte zu zweit zu begleiten, damit die beiden Facilitator:innen auch unterschiedliche Rollen übernehmen können.

Vorbildfunktion bewusst einnehmen

Die Person, die einen Rangkonflikt begleitet, ist damit gleichzeitig Vorbild für eine machtvolle Position in einer Gruppe. Denn sie hat von der Gruppe einen hohen strukturellen Rang zugesprochen bekommen, und sie hat hoffentlich auch den psychologischen und persönlichen Rang, ihn auszufüllen. Sich dieser Tatsache sehr bewusst zu sein, ist wichtig. Es kann sinnvoll sein, immer wieder auch auf der Metaebene über den eigenen Rang zu reflektieren oder darauf hinzuweisen, gerade in von allen akzeptierten Kleinigkeiten: „Ich beschließe jetzt aus meiner Macht als Gesprächsleitung heraus, dass die Pause bis ... dauert." Das sind in der Regel Statements, bei denen alle aufatmen, die schon häufiger 10-minütige Diskussionen darüber, ob eine Pause 10 oder 15 Minuten dauern soll, erlebt haben. Und es sind Beispiele für sinnvoll eingesetzte Macht.

Und gleichzeitig soll so eine Gesprächsleitung natürlich absolut vorbildhaft mit ihrem eigenen Rang umgehen, ihn stets nur in den Dienst der Sache stellen, niemanden bevorzugen und auf keinen Fall eigene Verletzungen in die Begleitung hineinbringen oder gar einer Person das Gefühl vermitteln, weniger wichtig zu sein oder weniger recht zu haben als die andere. Ich denke, jeder Person, die diese Zeilen liest, ist bewusst, dass diese Anforderung nie vollständig zu erfüllen ist.

Hier ist die Balance gefragt, sehr bewusst und offen auf das Feedback der Gruppe zu hören und sich nicht gleich vom ersten kritischen Feedback aus der Bahn werfen zu lassen. Denn die Chance, dass jemandem, der oder die heftige Rangkonflikte moderiert, selber Machtmissbrauch in der Gesprächsleitungsrolle vorgeworfen wird, ist auf jeden Fall ziemlich hoch! So ist die hohe Kunst, Feedbacks zu würdigen, in der eigenen Spur zu bleiben und den eigenen hohen Rang sehr bewusst einzusetzen, auch mal gegen einen Widerstand aus der Gruppe. Das bewusste Einsetzen des Rangs der Facilitator:in kann wieder das ganze Spektrum umfassen von der „machtvollen“ Variante, mit einer klaren Begründung auf dem eigenen strukturellen Rang zu bestehen, über das bewusste teilweise Aufgreifen (sehr häufig das beste Mittel!) oder auch das vollständige Eingehen auf das Feedback.

Konflikt mit der Gesprächsleitung als Stellvertreter-Konflikt

Auf jeden Fall braucht es in der Gesprächsleitungsrolle große Aufmerksamkeit! Leicht wird man hier der Spielball, über den Rangkonflikte ausgetragen werden. Wenn das geschehen sollte, ist es wichtig, tief durchzuatmen, um nicht selber emotional zu reagieren, eine Pause einzuleiten und zu prüfen, ob und wie man den Prozess noch halten kann.

Im Zweifelsfall ist es immer gut, die Rangthemen, von denen man spürt, dass sie auf die Gesprächsleitung übertragen werden, sehr offen und ohne Vorwurf anzusprechen, um sie als interessanten Weg zur weiteren Erkenntnis des Phänomens Rangkonflikte zu nutzen. „Kann es sein, dass zwischen uns jetzt etwas ähnliches geschieht wie es sonst in Euren internen Konflikten geschieht? Mich interessiert: Was ist es, was Dich jetzt so stark in Widerstand gehen lässt?“ So kommen die Konfliktparteien manchmal zu neuen, interessanten Erkenntnissen.

Im schlimmsten Fall, wenn die Projektionen auf die Gesprächsleitung zu groß werden, kann es sogar mit einer Kapitulation einhergehen: „Ich glaube, dass ich den Konflikt nicht weiter moderieren kann, weil ich jetzt hineingezogen werde ...“ Auch mit dem Aufgeben der strukturellen Rolle kann man noch eine Vorbildfunktion für den Umgang mit Rang sein.

Hilfreich ist es in jedem Fall, sehr offen eigene Fehler einzugestehen, egal wie unbedeutend sie uns erscheinen, und sich auch für Fehlverhalten, z.B. das Übersehen von Signalen, zu entschuldigen. Die Gesprächsleitung hat die Rolle, der Gruppe ein Vorbild in konstruktivem Umgang mit Rang zu sein. Dazu muss sie nicht perfekt sein, aber das echte Interesse an der anderen Seite und die Bereitschaft, sich selber infrage zu stellen, sollte zu jedem Zeitpunkt spürbar sein.

Rangsignale wahrnehmen und ansprechen

Ein ganz wichtiger Hinweis für die Facilitation von Rangkonflikten ist es, sehr bewusst auf Rangsignale zu achten und sie bewusst und ohne Vorwurf anzusprechen. So etwa zu thematisieren, wenn jemand laut spricht, ganz wenig oder gar nicht gesprochen hat, aber eben auch die Körpersprache wahrzunehmen. Auch hier gilt wieder: Genau wie die rationalen Rang-Themen sollte auch die Körpersprache nicht vorwurfsvoll angesprochen, sondern als ein interessanter Hinweis für eine Vertiefung der gemeinsamen Bewusstheit gesehen werden. Auch ist große Vorsicht geboten mit Interpretationen des Verhaltens, sondern es sollte einfach beschrieben werden. Ein Hinweis auf die Körpersprache vielleicht mit der Nachfrage: „Was sagt uns Dein Körper gerade?" sorgt für mehr Bewusstheit im Prozess.

Häufig überspielen nonverbale Rangsignale von hohem Rang auch eine große Unsicherheit der betreffenden Person – also einen niedrigen psychologischen Rang, der z.B. dazu führen kann, dass manche Menschen gerade aus Unsicherheit besonders viel reden oder besonders dominant auftreten.

Julie Diamond stellte in ihrer Diplomarbeit[1] fest, dass in allen Dimensionen ranghohe Menschen meistens typische Rangsignale ganz bewusst nicht ausstrahlen: Sie unterbrechen selten, sie nehmen bewusst wenig Redezeit ein, sie vermeiden es, als erste zu sprechen, etc. Wirkliche Macht zeige sich häufig eher durch wenig reden, eher Nachfragen als Lösungen vorgeben und die Fähigkeit, anderen Raum zu geben. Auch hier zeigt sich wieder: Das Thema „Rang" ist nicht in der Konsensrealität angesiedelt, sondern auf der Emergenz-Ebene, in der es keine logischen Eindeutigkeiten gibt. Rangsignale von hohem Rang strahlen etwas aus, und das heißt nicht, dass dies die Wahrheit ist.

8

Strukturelle und methodische Inspirationen zum konstruktiven Umgang mit Macht

8.1. The Power Matrix

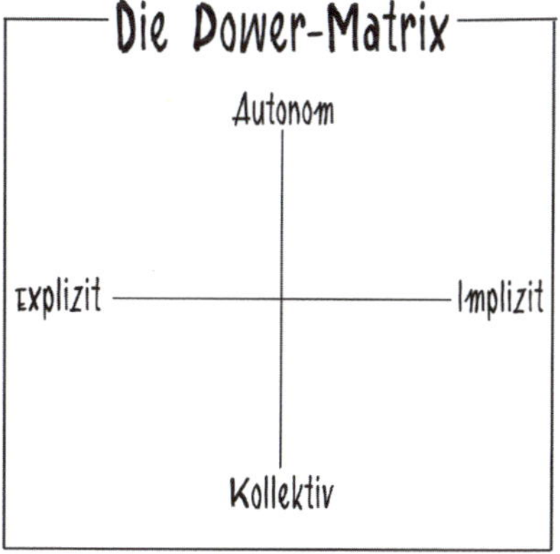

Ein schlichter, recht unbekannter, aber in meinen Augen sehr hilfreicher Ansatz zum konstruktiven Verändern der Strukturen des Umgangs mit Macht ist die „Power Matrix“ von Cecile Green[li]. Die Matrix unterscheidet in einem schlichten 2x2-Format zwei Dimensionen von Macht, in dem eine Achse die implizite und explizite Macht darstellt und die zweite die autonome und kollektive Macht.

Wenn es Themen gibt, in denen sich der Umgang mit Macht konfliktbeladen anfühlt, dann kann die Power Matrix unterstützen, den Konflikt zunächst einmal auf dieser zu verorten: Wo ist die Situation einzuordnen? Wieviel autonome Macht hat eine Person? Wie stark ist die kollektive Macht? Wie explizit ist die Macht der Person? Wieviel beruht auf impliziten Faktoren?

Es ist mit Blick auf die Matrix dann deutlich leichter, einen Weg zu entwickeln, der zu einem gesünderen Umgang mit dem Thema führen würde. Das kann eine Bewegung in jede der Richtungen auf der Power Matrix sein:

Richtung explizit - autonom: Eine Person erhält durch Änderung der Entscheidungsregeln mehr explizite Macht. So kann eine Situation entspannt werden, in der viele Menschen in belanglose Entscheidungen reinreden. Dadurch kann aktiven Menschen ein Gefühl von mehr Wirksamkeit ermöglicht werden. (Siehe auch Kapitel 6.4.)

Richtung explizit - kollektiv: Klar festlegen, welches relevante Themen sind, die alle betreffen und daher gemeinsam entschieden werden müssen.

Richtung implizit - autonom: Eine Person kann sich zutrauen oder ermutigt werden, ihren eigenen Weg zu gehen. Eine Person wird durch Selbsterfahrung, Coaching oder Therapie in ihrer Autonomie gestärkt.

Richtung implizit - kollektiv: Die Kultur „Wir binden viele Perspektiven in unseren gemeinsamen Entscheidungsprozess ein" wird durch die Aktivitäten der Gruppe gestärkt, z.B. durch Umfragen, Themenabende und ähnliches.

Strukturelle Lösungen können einen konstruktiven Umgang mit Macht sehr erleichtern. Denn wir Menschen können Gewohnheiten leichter verändern oder integrieren, wenn wir sie benennen können, das heißt in der Sprache der Power Matrix, wenn sie expliziter werden.

Bis jetzt haben wir uns in diesem Buch mit den eher „impliziten", weil sehr persönlichen Wegen damit befasst, wie wir konstruktiv mit unserer Kraft umgehen können. Innere Arbeit und ein bewusster Umgang mit dem Thema ist in meinen Augen enorm wichtig. Aber es ist auch ein schwerer Weg, den nicht alle in einer Gruppe gehen und der leider bis jetzt noch nicht zu perfekten Menschen geführt hat. Und selbst wenn ihn alle gehen, können Strukturen - also auch die Einführung von strukturellen Rangpositionen - enorm hilfreich dabei sein, einen bewussten, anderen Umgang mit Rang und Macht umzusetzen.

Ich habe bereits in Kapitel 6.4. auf die Soziokratie verwiesen, die in meinen Augen hervorragende Werkzeuge und Strukturansätze entwickelt hat, um konstruktiv mit dem Thema umzugehen. In den folgenden Unterkapiteln werde ich Grundlagen der Soziokratie und des Systemischen Konsensierens vorstellen, die gute Werkzeuge und Vorschläge für einen anderen strukturellen Umgang mit dem Thema Macht ermöglichen. Gleichzeitig möchte ich alle, die in ihren Projekten einen bewussteren Umgang mit dem Thema wünschen, ermutigen, ihre Organisationsstruktur von der Soziokratie und dem Systemischen Konsensieren inspiriert zu verändern. Es ist sehr sinnvoll, sich dafür Unterstützung von ausgebildeten Soziokratie-Trainer:innen und Berater:innen zu suchen und nicht zu hemdsärmelig ohne tiefere Einführung die Soziokratie zu implementieren.

8.2. Grundlagen der Soziokratie

Der Begriff „Soziokratie“ wurde im 19. Jahrhundert von Auguste Compte geprägt. In den 70er Jahren des letzten Jahrhunderts hat Gerard Endenberg den Begriff für das von ihm entwickelte Organisations-Entscheidungsmodell übernommen und neu belebt. Das Modell entsprang dem Wunsch, dass in seiner Elektrofirma alle Beteiligten an Entscheidungen mitwirken können. Sein Ansinnen war, aus der Machtposition des Firmeninhabers auszusteigen und alle Mitarbeitenden in gestaltende Positionen zu bringen. Inspiration dafür fand er in seiner Erziehung bei den Quäkern und seinem systemtheoretischen Hintergrund: Sein Ansatz als Kybernetiker, stets mit Regelkreisen und Feedback-Schleifen zu arbeiten, hat Eingang in diese Form der Organisationsstruktur gefunden.

In den ersten Jahren wurde es vor allem in den Niederlanden bekannt, seit 2000 hat dieser Ansatz den Weg auch in die internationale Öffentlichkeit gefunden und es haben sich verschiedene Seitenzweige entwickelt: Die Holakratie hat ihre Wurzeln in der Soziokratie, die Soziokratie 3.0 hat viele Elemente aus dem agilen Management mit Soziokratie verbunden und die Soziokratiezentren in Deutschland, Österreich und den Niederlanden (vermutlich auch noch andere Ländern) und die internationale Organisation „Soziokratie für alle“ (Sociocracy for all - Sofa) haben den Ansatz jeweils weiterentwickelt, teilen Informationen über Soziokratie, sie bilden aus und beraten.[lii]

In den verschiedenen Schulen wird die Soziokratie auch geringfügig unterschiedlich dargestellt.

8.2.1.Werte

Die Werte, die hinter der Soziokratie stehen, sind

- Gleichwertigkeit/Augenhöhe
- Transparenz/Klarheit
- Verantwortung
- Vernunft/Pragmatismus
- Flexibilität/Agilität/Entwicklung
- Effizienz/Effektivität[liii] sowie ein positives Menschenbild.

Das entspricht weitgehend meinen Werten. Sie ergänzen die im Kapitel 1.3. von mir genannten Werte um Aspekte, die notwendig sind, um nicht nur in gutem zwischenmenschlichen Kontakt zu sein, sondern auch in unseren Projekten und Organisationen etwas zu erreichen und umzusetzen.

In einem der Standardwerke der Soziokratie „Many Voices, One Song"[liv] wird das schöne Bild eines Chors für gemeinschaftliche Prozesse genutzt. Jede:r Sänger:in ist wichtig, hat einen Teil dazu beizutragen. Manchmal gibt es ein Solo und eine einzelne Person sticht hervor und dominiert. Aber das ist gemeinschaftlich so vorgesehen, es dient dem gemeinsamen Ziel und ist keine individuelle Profilierung. In einem Chor müssen sich die Stimmen miteinander ausbalancieren. Für das Ausbalancieren von Machtverhältnissen bietet die Soziokratie in meinen Augen einen wunderbaren Werkzeugkoffer.

Die Soziokratie basiert erklärtermaßen auf dem Paradigma von *Macht Mit*. Es ist nicht einfach eine neue Entscheidungsfindungsmethode, die mit einer neuen Organisationsstruktur einhergeht, sondern der Ansatz der Soziokratie ist es, durch eine andere Struktur zu einer neuen Haltung der Individuen und neuen Kultur beizutragen.

Die Kultur der Soziokratie basiert auf Augenhöhe: Alle Mitglieder der Gemeinschaft gestalten mit, ihre Argumente werden gehört und fließen mit ein. Gleichzeitig sorgt die Effizienz des Systems für Erfolgserlebnisse und dafür, dass die Projektentwicklung schnell vorangeht, und dass Zeit und Raum für andere, gemeinschaftsbildende Aktivitäten bleibt.

8.2.2. Prinzipien und Regeln

Übereinstimmend in allen Schulen der Soziokratie gibt es folgende Prinzipien:

- Entscheidungen nach dem Konsentprinzip.
- Dynamische Steuerung.
- Organisation in Kreisen mit klar definierten Aufgabenbereichen.
- Doppelte Kopplung (double-links) der Kreise.
- Offene soziokratische Wahlen.

Konsentprinzip

Entscheidungen werden in der Soziokratie stets im Konsent gefällt. Ein Konsent bedeutet, dass es keinen schwerwiegenden sachlichen Einwand gegen einen Vorschlag gibt.

Der Unterschied zum Konsens scheint klein und ist doch groß. Insbesondere muss ein Einwand, der einen Vorschlag aufhält, stets sachliche Argumente enthalten, und aufzeigen, dass die Umsetzung des Vorschlags die Erreichung der gemeinsamen Ziele gefährden würde. Auch wird nicht nach der perfekten Lösung gesucht, sondern nach einer möglichen Lösung, die dann im weiteren Verlauf angepasst werden kann.

Wesentlich ist die **Kultur der Entscheidungsfindung**. Für die Findung eines Konsents zu einem komplexen Thema wird in der Regel die soziokratische Kreismoderation (Kapitel 8.4.1.) angewandt, die viele der Gedanken zu einer rang-bewussten Entscheidungsfindung aufgreift.

In der Soziokratie wird stets betont, dass jeder Einwand, jedes Bedenken ein Geschenk an die Gruppe ist. Einwände machen auf Dinge aufmerksam, die bis dato noch nicht bedacht wurden und die dann bedacht werden können - durch eine Integration der Einwände in den Beschluss oder auch durch die Festlegung eines Zeitpunkts, wann kontrolliert wird, ob z.B. eine Befürchtung eingetroffen ist.

Dynamische Steuerung

In der Soziokratie müssen Beschlüsse nicht perfekt sein, es reicht, dass die Beschlüsse, die gefasst werden, einfach nur **„Gut genug für jetzt und sicher genug, um es auszuprobieren"** sind.

Vorschläge werden stets so konzipiert, dass sie evaluiert und im Prozess weiter verbessert werden können. Daher muss nicht nach der perfekten Lösung gesucht werden. Dies ist ein elementarer Unterschied zum Konsensprozess. Während im Konsens-System eine im Konsens gefundene Lösung auch nur im Konsens wieder verändert werden kann, gilt im Konsent: Sobald ein schwerwiegender, begründeter Einwand auftaucht, muss die Entscheidung überdacht werden. Allerdings bleibt die alte Lösung bis zum Finden eines neuen Konsents erstmal weiter gültig. So kann man mit anfangs unperfekten Lösungen beginnen und sich dann durch Nachsteuern nach und nach einer wirklich guten Lösung annähern.

Die Soziokratie ist eine sehr dynamische, prozessorientierte Herangehensweise, die ständig mit Feedback und Anpassung arbeitet. Bei jedem Anwendungsschritt der Soziokratie gehören das Auswerten und die Integration von Feedback mit dazu.

Was bedeutet „Dynamische Steuerung" konkret? Alle Beschlüsse in der Soziokratie werden für eine bestimmte Zeit getroffen, und bereits während des Zeitraumes, in dem sie gelten, evaluiert. Es wird bei Beschlussfassung festgehalten, was mit dem Beschluss erreicht werden soll, und in der Evaluation wird kontrolliert, ob das gewünschte Ergebnis auch erreicht wurde. Wenn nicht, muss nachgesteuert werden. Oft hilft diese Evaluation auch bei der Integration von Einwänden. Wenn es die Sorge gibt, dass ein Beschluss negative Auswirkungen hat, die messbar sind, kann man festlegen, den Beschluss eine bestimmte Zeit auszuprobieren und die Konsequenzen zu ermitteln - und so direkt feststellen, ob die Bedenken berechtigt sind oder nicht.

Diese fest etablierte Feedback- und Anpassungsschleife sorgt für eine sehr agile Entscheidungskultur. Beschlüsse sind nicht in Stein gemeißelt, sondern können jederzeit angepasst werden. Es wird bewusst mit dem Unperfekten gelebt, und gleichzeitig ständig danach gestrebt, die gefundenen Lösungen zu verbessern. Diese Flexibilität und Offenheit sind ein ganz wesentliches Merkmal soziokratischer Strukturen.

Organisation in Kreisen mit klar definierten Aufgabenbereichen

Eine soziokratisch organisierte Organisation ist in Kreisen aufgestellt. Die Kreise arbeiten dauerhaft zusammen und haben eine Größenordnung, in der es noch wirklich möglich ist, alle zu hören und sich die Zeit zu nehmen, auf alle Beiträge einzugehen und gemeinsam zu einer Konsent-Entscheidung zu kommen. In der Regel sind das zwischen drei und acht Personen.

Sie haben eine klar definierte Domäne, innerhalb derer sie Entscheidungen fällen dürfen. Sie haben auch klar definierte Ziele, was sie erreichen wollen. Innerhalb dieser Domäne und Ziele dürfen die Kreise aber alles entscheiden, was in ihren Bereich fällt und die Mitglieder sind untereinander gleichberechtigt.

Doppelte Kopplung der Kreise

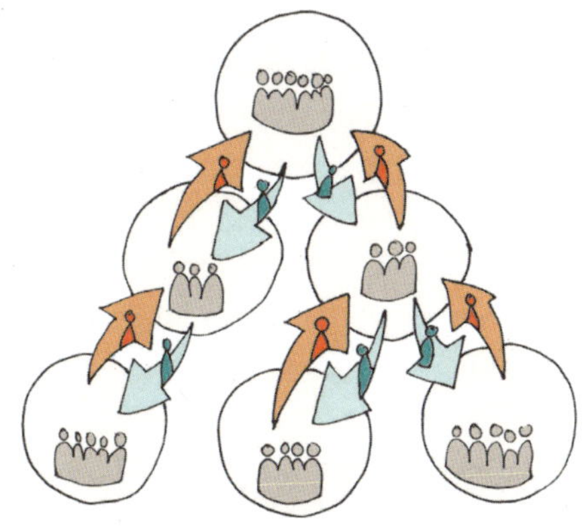

Im Gegensatz zu klassischen Organisationspyramiden, in denen in der Regel eine Verbindungsperson zwischen verschiedenen Hierarchieebenen existiert, gibt es in der Soziokratie zwei Verbindungspersonen.

Es gibt ganz bewusst einen Menschen, der beauftragt ist, die Interessen des unteren Kreises in den oberen zu tragen. Das ist eine Person, die das Vertrauen dieses Kreises hat, aber nicht notwendigerweise der Liebling der oberen Kreise sein muss. Sondern die Person, die das Vertrauen der Menschen hat, die zusammenarbeiten. Gleichzeitig ist diese Person gleichberechtigtes Mitglied des oberen Kreises. Hiermit ist ein direktes Feedback von „unten nach oben" sichergestellt, das in klassischen Hierarchien sehr häufig fehlt.

Und auf der anderen Seite gibt es die Leiter:innen, die die oberen Kreise in den unteren Kreisen repräsentieren. Sie haben die Rolle, die Interessen der gesamten Organisation im Blick zu behalten und in das Team zu transportieren.

Manche basisdemokratisch und auf Gleichheit bedachte Menschen reagieren mit Ablehnung auf Bezeichnungen wie Leiter:innen, unterer Kreis, oberer Kreis - wir sind doch alle gleich! Können wir nicht die Worte wechseln? Diese Begrifflichkeit in der Soziokratie trifft immer wieder auf Skepsis und Widerstand, und manche vermeiden diese Begriffe daher. Anfangs habe ich das auch getan, und von allgemeineren und spezielleren Kreisen gesprochen, die Organisationspyramide um 90 ° gedreht, um das Gefühl von unten und oben nicht aufkommen zu lassen.

Das Kreismodell, in dem es zentralere und peripherere Kreise gibt, vermeidet zwar die Worte oben und unten, aber auch dem Wort „zentral" haftet ein Eindruck von mehr Wichtigkeit an als „peripher".

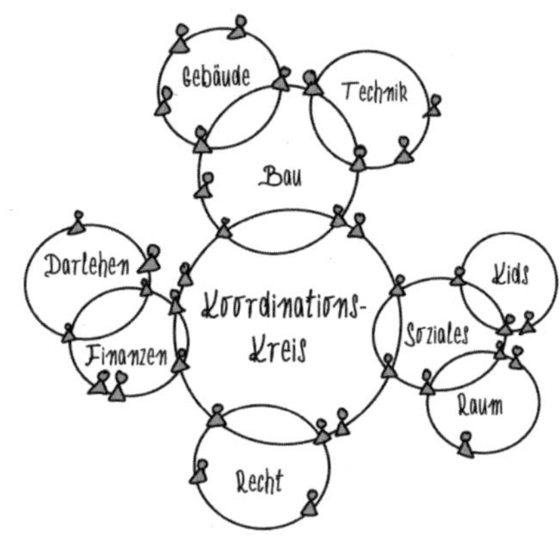

Ich habe mich entschieden, die Worte „obere und untere Kreise" weiterhin zu gebrauchen, denn ich finde, die oberen Kreise sind weiter oben, weil sie mehr Überblick brauchen. Sie sind deswegen noch lange nicht besser als die anderen.

Und über die Sinnhaftigkeit, jemandem eine verantwortungsvolle Rolle und damit auch eine gewisse Macht zu geben, habe ich schon an diversen Stellen in diesem Buch gesprochen. Daher habe ich meinen Frieden damit geschlossen, diese Person auch Leiter:in zu nennen.

Ein Organisationsprinzip der Soziokratie ist es, die Entscheidungsgewalt immer möglichst weit „nach unten" zu delegieren. Die untersten Kreise haben das Recht, alles, was nicht mit anderen Kreisen interferiert, vollständig selbstorganisiert zu bestimmen. Damit erfahren sie selbst in normalerweise als niedrigrangig gesehenen Tätigkeiten in den unteren Kreisen ihre Selbstwirksamkeit - indem beispielsweise Reinigungskräfte ihre Arbeit selbständig organisieren und die Verantwortung für die Sauberkeit der Räume vollends übernehmen und nicht nur Auftrags-Ausführende sind. Ihre Leiter:innen sind gleichberechtigter Teil des Kreises, sie haben nicht mehr oder

weniger zu sagen als die anderen. Aber sie bringen aus ihrer Mitgliedschaft in dem übergeordneten Kreis eine Überblicksperspektive mit ein.
Ein Koordinationskreis ist das zentrale Steuerungsgremium des Projektes. Durch die Delegierten der Kreise sind alle Gruppenmitglieder auch im Koordinationskreis vertreten.

Diese doppelte Verbindung ist eine der großen Besonderheiten der Soziokratie, die dafür sorgt, dass jede Person auch ohne Plenum Einfluss auf Entscheidungen außerhalb des Kreises nehmen kann, wenn die Argumente dazu überzeugend genug sind.

Offene, soziokratische Wahlen

Für die Wahlen gibt es in der Soziokratie ein Prozedere, das die Kraft der Transparenz, die Macht des Arguments und Wertschätzung der Fähigkeiten der Teammitglieder verbindet. Durch eine Vorschlagsrunde, in der die Qualitäten der Person genannt werden, die vorgeschlagen wird, kann die Aufmerksamkeit der Initiative auf Kompetenzen von Menschen gerichtet werden, die nicht immer sofort sichtbar sind. Damit kann es ein Werkzeug sein, stillere, weniger selbstbewusste Menschen mit ihren Kompetenzen sichtbar zu machen und in verantwortliche Positionen einzuladen.

In der soziokratischen Wahl machen alle Gruppenmitglieder je einen Vorschlag, wen sie in der zu besetzenden Rolle sehen, und sie begründen dies mit den Qualitäten dieser Person. Nach einer Runde, in der alle Vorschläge gehört werden, wird gefragt, wer seine Nominierung aufgrund der gehörten Begründungen ändern möchte, und danach aufgrund der Qualitäten, die genannt wurden, eine Person zur Abstimmung gestellt, und nach Einwänden gefragt.

Die vorgeschlagene Person wird erst am Ende des Prozesses gefragt, ob sie diese Rolle ausfüllen möchte. Es ist wichtig, dass eine Person hört, warum sie vorgeschlagen wird. Und dass sie ihre Gründe zur Ablehnung äußert - die manchmal auch von der Gruppe aufgegriffen werden können. So kann z.B. ein Einwand wie „Ich habe keine Zeit." manchmal durch Angebote von Übernahme anderer Aufgabenpakete gelöst werden.

Die soziokratische Wahl ist meistens für alle Gruppenmitglieder eine motivierende Erfahrung, da die Qualitäten vieler Mitglieder genannt werden. Es geschieht in soziokratischen Wahlen deutlich häufiger als in klassischen demokratischen Wahlen, dass Menschen, die sich wenig in den Vordergrund drängen, gewählt werden. Denn durch die Nennung der Qualitäten kommen auch stillere Kandidat:innen, die sich von sich aus gar nicht gemeldet hätten, für eine Rolle ins Spiel. Auch werden so Qualitäten von Gruppenmitgliedern, die bis jetzt vielleicht eher verborgen waren, anderen Gruppenmitgliedern bewusst. Dies kann Menschen in ihre Kraft bringen, die sich die Position, um die es geht, zunächst selbst nicht zugetraut haben.

8.3. Kulturveränderung durch Soziokratie

In den meisten Einführungsartikeln zur Soziokratie werden die Prinzipien aus einer Perspektive vorgestellt, welche die durch die Soziokratie bewirkten Veränderungen für konventionelle Organisationskulturen sichtbar macht.

Hier wird stets betont, dass die Soziokratie Organisationen aus dem Macht-Über-Paradigma zu einem Macht-Mit-Paradigma verändert. Es geht darum, die Kraft aller hervorzubringen, zu nutzen und alle Beteiligten in ihre Kraft zu bringen.

Die Zielgruppe dieses Buches sind weniger Menschen aus klassischen Organisationsstrukturen, sondern Menschen, die in informellen, selbstorganisierten oder konsensorientierten Gruppen arbeiten. Daher zäume ich das Pferd von der anderen Seite auf. Ich brauche den meisten Leser:innen dieses Buches nun nichts mehr darüber zu erzählen, wie sinnvoll es ist, Macht zu teilen.

Die Soziokratie bietet in meinen Augen geniale Werkzeuge, wie wir Macht teilen und viele Menschen empowern können, ohne in die Fallen zu tappen, die eine starke Konsensorientierung und Basisdemokratie mit sich bringt. Denn die Soziokratie bricht mit einigen Grundprinzipien dieser Ansätze. Sie verändert das „Keine-Macht-Für-Niemand“-Paradigma, indem sie Begriffe wie „oberer“ und „unterer“ Kreis, Leitung, Delegierter, etc. zulässt und gleichzeitig Lösungen entwickelt, in denen alle Teammitglieder Macht bekommen.

8.3.1. Entscheidung in kleinen Gruppen

Die Soziokratie bricht mit einer häufigen Grundannahme der Selbstverwaltung, dass möglichst alle an einer Entscheidung beteiligt werden sollten. Sobald eine Organisation eine gewisse Größe überschreitet, ist das kaum möglich, und viele Initiativen überfordern sich damit, sehr viele Themen weiterhin in Großgruppen zu entscheiden.

Seit ich mich mit dem Thema Macht und Selbstwirksamkeit beschäftige, wundere ich mich über das Paradox: Menschen entscheiden sich für selbstverwaltete Gruppen, weil sie mitwirken und mitbestimmen wollen. Gleichzeitig berauben sie sich dann in diesen Gruppen durch die Festlegung einer Entscheidungsstruktur, in der vieles in der Großgruppe entschieden wird, genau dieser Wirksamkeit. Wieviele Stunden haben sich Wohnprojekte, die ich begleitet habe, über die Einrichtung von Gemeinschaftsräumen, die Farbe der Möbel oder der Fenster in den Haaren gehabt? Meine Frage ist bei solchen Diskussionen stets: „Wärst Du nicht eingezogen, wenn der Gemeinschaftsraum anders möbliert gewesen wäre?“ Und ich propagiere: Nur die Themen sollten Großgruppenentscheidungen sein, die wirklich essenzielle Fragen betreffen.

Die Soziokratie setzt deshalb ganz bewusst auf eine Organisationsstruktur aus kleinen, überschaubaren Kreisen mit echter Entscheidungskompetenz. Das gibt den Menschen das befriedigende Gefühl, in dem Bereich, für den sie sich engagieren, wirklich gestalten zu können.

Großgruppenentscheidungen lähmen häufig das Gefühl von Selbstwirksamkeit. Sie sind wichtig, um den Rahmen und die gemeinsamen Ziele von Projekten festzulegen - denn das sollte von allen getragen werden. Aber für Alltagsentscheidungen, die sogenannten „operativen Entscheidungen“, sind Großgruppen, insbesondere wenn sie versuchen, zu einmütigen Entscheidungen zu kommen, ungeeignet.

Sehr sinnvoll dagegen ist es, die Großgruppe zu beteiligen, um die kollektive Intelligenz für die kreative Lösungsfindung mit einzubeziehen und um bei wichtigen Entscheidungen aus verschiedenen Lösungswegen die am meisten getragene Entscheidung herauszufinden. Das ist in vielen Fällen ein sehr guter Weg, hier bietet sich das Systemische Konsensieren an, das ich in Kapitel 8.5. vorstellen werde.

8.3.2. Dynamische Steuerung

Eine weitere große Veränderung für Projekte, die aus dem basisdemokratischen Konsensprinzip kommen, ist der Aspekt der dynamischen Steuerung der Soziokratie. Die Konsensorientierung entpuppt sich mit der Zeit als ein sehr konservatives System. Zur Konsenskultur gehört häufig auch, den einmal mühselig beschlossenen Konsens langfristig zu achten - selbst wenn er vielleicht überholt ist. Wie oft habe ich es schon erlebt, dass sinnvolle Versuche, Konsensentscheidungen auch nur zu überdenken, als Angriff auf mühsam errungene Ergebnisse gesehen werden. Die Soziokratie hingegen lädt genau dazu ein.

Öffnet das nicht ständigen Grundsatzdiskussionen Tür und Tor? Diese Frage wird oft gestellt, wenn sich Menschen aus dem Konsens-Paradigma in Richtung Soziokratie bewegen.

Da ein Einwand jedoch stets als Begründung haben muss, dass ein Beschluss oder eine Regelung die Erreichung des gemeinsam festgelegten Ziels gefährdet, ist das Gegenteil der Fall. Die soziokratische Kultur unterstützt es, wirklich die gemeinsamen Ziele zu erreichen und nicht langfristig mit unbrauchbaren, vor Jahren im Konsens beschlossenen Mitteln auf die Ziele zuzugehen.

Die Kultur, Beschlüsse zu fassen, die „gut genug für jetzt, und sicher genug, um sie auszuprobieren" sind, trägt oft zu mehr Leichtigkeit und dem Gefühl, etwas bewegen zu können, bei. Es geht nicht mehr um Perfektion, es geht um Schritte, sich dem Ziel anzunähern.

Aufgrund des Prinzips der dynamischen Steuerung wird Feedback bewusst integriert, Evaluierung selbstverständlich eingebaut. Hier unterstützt die Soziokratie eins der wichtigsten Prinzipien zum sinnvollen Umgang mit Macht: Bewusstes Achten auf Feedback!

8.4. Tools aus der Soziokratie, die sensiblen Umgang mit Rangthemen fördern

Im Folgenden stelle ich einige Tools aus der Soziokratie vor, die ich als besonders geeignet für einen sensiblen Umgang mit Rangthemen halte. Dabei ist es nicht mein Ziel, eine ausführliche Einführung in die jeweilige Methode zu geben, sondern nur so weit vorzustellen, wie es für das Verständnis wichtig ist, warum dieses Tool zu einem bewussteren Umgang mit Rangthemen beiträgt.

8.4.1. Soziokratische Kreismoderation (SKM)

Die soziokratische Kreismoderation (SKM) ist ein idealtypischer Ablauf für ein Arbeitsgruppentreffen.

Check-in

Jedes Treffen beginnt mit einem kurzen Check-in aller Teilnehmenden. Dies geschieht, wie fast aller Austausch in einem soziokratischen Treffen, im Rahmen einer Runde: Eine Person nach der anderen spricht und erzählt kurz, wie es ihr geht, was sie gerade bewegt.

Das Check-in zeigt uns ein Stückchen die Tagesform aller Gruppenmitglieder, und damit auch schon etwas von ihrem ganz aktuellen psychologischen und persönlichen Rang. Und die Tatsache, dass jede Person schon einmal gesprochen hat, senkt die Hemmschwelle, sich auch später an der Diskussion zu beteiligen.

Rollen verteilen, Tagesordnung bestätigen

Danach werden Rollen verteilt. Rollen, die es in jedem Falle braucht, sind die Gesprächsleitung und die Protokollführung. Manche Gruppen haben weitere Rollen festgelegt, wie eine Co-Leitung, eine Extra-Person für das Achten auf die Zeit, eine Person, die auf die Stimmung achtet und bei Bedarf eine Achtsamkeitsglocke schlägt.

Zur Rollenverteilung

Ein ganz wichtiges Element zur Befähigung von Menschen ist es, sie ganz bewusst auch in Rollen einzuladen, in die sie hineinwachsen können. Es kann Vorteile haben, wenn die erfahrenste Person immer die Gesprächsleitung hat, insbesondere wenn die Gruppe unerfahren im gemeinschaftlichen Entscheidungsfinden ist. Gruppen in der Größe von soziokratischen Kreisen (also 3-8 Menschen) machen es leicht, auch als unerfahrene Person Gesprächsleitungserfahrung zu sammeln. Wenn es Menschen gibt, die sich eine Gesprächsleitung alleine nicht zutrauen, dann ist es sinnvoll, mit der Rolle einer Co-Leitung zu arbeiten, so dass sich zwei Menschen die Leitungsrolle teilen. So können Menschen, die noch nicht den Mut zur alleinigen Leitung haben, zunächst über die Co-Leitung und im nächsten Schritt als Leitung in diese Rolle hineinwachsen.

Trennung von Gesprächs- und inhaltlicher Leitung

Ein wichtiger Hinweis, den ich aus der Soziokratie gelernt habe, ist es, Gesprächs- und inhaltliche Leitung stets zu trennen. In vielen Gruppen ist es so, dass die Person, die eine Leitungsrolle innehat, beides gleichzeitig macht. Das hat aber gerade aus einer rangbewussten Perspektive sehr viele Nachteile.

1. Es sind **zwei unterschiedliche Aufgaben**: Ein Thema inhaltlich einzuführen und zu vertreten ist etwas vollkommen anderes, als auf eine konstruktive Gesprächsführung zu achten.
2. Wer inhaltlich stark in einem Thema steckt, hat häufig dazu auch eine klare **Meinung**. Es ist aber wichtig, dass die Gesprächsleitung inhaltlich nicht festgelegt, sondern offen für alle Seiten der Diskussion ist.
3. Mit verschiedenen Leitungsrollen **verteilt man den strukturell hohen Rang** der Leitung auf mehrere Schultern.

Eine Gesprächsleitung sollte, soweit möglich, in die zu besprechenden Themen wenig emotional involviert sein. In soziokratisch organisierten Treffen kommt es daher häufiger vor, dass die Gesprächsleitung auch während einer Sitzung wechselt. Denn es ist sehr hilfreich und zeugt von hohem psychologischen Rang, dass die Gesprächsleitung die Leitung für einen Punkt abgibt, wenn sie erkennt, dass sie an diesem Punkt befangen ist oder emotional reagiert.

Ablauf der Entscheidungsfindung zu einzelnen Tagesordnungspunkten

Die Soziokratische Kreismoderation hat für den Ablauf einzelner Tagesordnungspunkte ein festes Schema, das insbesondere für komplexe und kontroverse Entscheidungsfindungen sehr sinnvoll ist.

So gibt es in der soziokratischen Kreismoderation verschiedene Runden, in denen keine offene Diskussion herrscht, sondern ein Kreismitglied nach dem anderen in einer Runde drankommt. Wenn eine Person nichts zu sagen hat, kann sie weitergeben. Dies gibt Menschen, die sich in offenen Diskussionen wenig trauen, das Wort zu ergreifen, leichter die Möglichkeit, ihre Sichtweise einzubringen.

1. **Vorstellung des Themas und der Motivation,** warum es einen Beschluss braucht. (Inhaltliche Leitung des Themas spricht.) Manchmal werden an dieser Stelle bereits ein erster Beschlussvorschlag oder alternative Beschlussvorschläge vorgestellt.
2. **Klärungsrunde,** in der alle Sachfragen gestellt und möglichst geklärt werden sollen.
3. **Reaktionsrunde** für ein erstes Bild, wie die Reaktionen und Gefühle zu dem Thema sind.
   (Wenn es sich herausstellt, dass es ein sehr emotionales Thema ist, braucht es vielleicht vor der Klärung der Sachfrage noch eine andere Ebene. Wenn es keinerlei Diskussionsbedarf gibt, kann vielleicht schon an diesem Punkt ein Beschluss gefasst werden.)
4. **Erste Meinungsrunde,** in der jedes Kreismitglied seine Meinung sagt.
5. **Zweite Meinungsrunde** – in dem die Kreismitglieder auch auf die Meinungen/Beiträge der anderen reagieren können und weiteres zu ihrer Meinung ergänzen.
6. Jemand (oft die Moderation) formuliert, aufbauend auf den Beiträgen aus den vorherigen Runden, einen **konkreten Beschlussvorschlag**.
7. **Konsentrunde zu dem Beschlussvorschlag:** Geben alle Mitglieder Konsent oder gibt es noch schwerwiegende, sachlich begründete Einwände? Gibt es leichte Einwände, die noch geäußert werden müssen?

Wenn es leichte Einwände gibt, ist es wichtig, sie zu hören, wenn möglich zu integrieren, wenn nicht, werden sie zumindest ins Protokoll genommen.

Wenn es einen schwerwiegenden Einwand gibt, muss er in irgendeiner Form in den Beschlussvorschlag integriert werden. Bei Bedarf geht man dafür zurück zu Punkt 4.

Wenn es keinen schwerwiegenden Einwand gibt, ist ein Konsent erreicht. Wichtig ist es, diesen zumindest kurz bewusst zu zelebrieren und auch schriftlich festzuhalten.

Dieses Vorgehen klingt aufwändig und ist es auch. In den mir bekannten Gruppen wird es selten immer so angewandt. Es ist lebendig, zwischendurch auch andere Formen zu nutzen. Bei kleinen Entscheidungen kann das Vorgehen häufig abgekürzt werden. Aber für komplexe und kontroverse Entscheidungen ist dieser Ansatz sehr hilfreich und integriert ganz explizit viele Punkte, die von Rangbewusstsein und einer konstruktiven, alle integrierenden Entscheidungsfindung zeugen.

Bedeutung der Klärungsrunde: Oft genug werden in anderen Zusammenhängen Entscheidungen getroffen, zu denen gar nicht alle Menschen den gleichen Sachstand haben. Dabei begründen unterschiedliche Wissensstände natürlich auch unterschiedliche Machtverhältnisse – und das Zurückhalten von Information ist eine sehr starke Machtausübung. In einer bewussten Entscheidungsfindung sollte daher selbstverständlich eine ausführliche Informationsphase als erstes kommen. Dies gerät doch erstaunlich oft in Vergessenheit.

Bedeutung der Reaktionsrunde: Die Reaktionsrunde hat zwei wichtige Aufgaben: Zum einen weist sie auf mögliche Abkürzungen oder notwendige Umwege hin, die für eine gemeinsame Entscheidungsfindung wichtig sind. Mit der expliziten Einladung auch zu emotionalen Statements macht sie es darüber hinaus gerade Menschen mit wenig Selbstbewusstsein und einem leichten Bauchgrummeln leichter, dieses auszudrücken. Sie ist eine Brücke für Menschen, die sich sonst weniger trauen, ihr diffuses Unwohlsein zum Ausdruck zu bringen. Denn in den darauf folgenden Meinungsrunden ist Sachlichkeit gefragt.

Meinungsrunden: In offenen Diskussionen dominieren fast immer die „üblichen Verdächtigen“, die Menschen mit einem hohen strukturellen, sozialen, persönlichen und psychologischen Rang. Das Rundenformat sorgt dafür, dass alle ermutigt werden, ihre Meinung wirklich auszudrücken, auch diejenigen, die nicht das Privileg haben, leicht vor größeren Gruppen zu sprechen oder gar zu widersprechen. Die Tatsache, dass es zwei Runden gibt, ermöglicht, dass man auch, wenn beim ersten Mal noch nicht alles formuliert werden konnte, ein zweites Mal sprechen kann und auch auf Meinungen, die in der ersten Runde formuliert wurden, reagieren kann.

Konsentrunde: Es wird explizit jede Person nach ihrem Konsent oder Einwänden gefragt. Dieses explizite Ansprechen ermutigt Menschen, die noch Einwände haben, sie auszusprechen. Dazu gehört auch die Kultur der Soziokratie, die Einwände als Geschenk an die Gruppe bezeichnet.

Check-out

Der letzte Punkt eines Treffens, das nach soziokratischer Kreismoderation abläuft, ist ein Check-out. Hier wird eine Abschlussrunde gemacht, in der nochmals jede Person zu Wort kommt, das Treffen würdigt und ein Feedback zum Ablauf, zur Gesprächsleitung und den Beiträgen der anderen macht. Konstruktiv genutzt ist das Check-out ein ganz wichtiges Werkzeug zum Lernen und Befähigung aller, das nicht fehlen darf! Die Gesprächsleitung lernt durch das Check-out, ob ihre Art, durch die Sitzung zu führen, die Bedürfnisse der Teilnehmenden getroffen hat. Menschen, die sich seltener in Gruppen zu Wort melden, bekommen im Check-out häufig ein Feedback dazu, dass ihre Beiträge willkommen waren. Und umgekehrt: Wenn jemand die Diskussion unangemessen dominiert hat, darf dies auch im Check-out konstruktiv gespiegelt werden, und bietet so eine Lernchance für diese Person, ihr Redebedürfnis nächstes Mal etwas zu zügeln.

Damit kann ein Check-out ein ganz wichtiges Werkzeug sein, um in einem Team nach und nach rangbewusstere Kommunikation zu entwickeln!

8.4.2. Soziokratisches Feedbackgespräch zu Rollen

Wenn Menschen auf soziokratische Art in Rollen hineingewählt wurden, ist ungefähr zur Hälfte der Amtszeit ein soziokratisches Feedbackgespräch vorgesehen. Das soziokratische Feedbackgespräch, auch 360°-Feedback genannt, ist ein weiteres Musterbeispiel für eine rangbewusste Herangehensweise.

Das Besondere am soziokratischen Entwicklungsgespräch ist das Team, das dieses Gespräch führt. Es ist nicht, wie ein klassisches Mitarbeitergespräch, ein Gespräch zwischen Chef:in und Untergebenen, sondern idealerweise besteht eine Feedbackgruppe aus vier Personen: Der Person, die das Feedback bekommt, eine Person aus dem Kreis über ihrem Kreis, eine Person aus ihrem Kreis und eine Person aus einem untergeordneten Kreis. So wird sichergestellt, dass die Rolle aus unterschiedlichen Perspektiven angeschaut wird.

Das ist ein revolutionärer Punkt: In der Soziokratie gehört es explizit dazu, dass Feedback auch von „unten nach oben" gegeben wird. Einer der größten Fallstricke klassischer Hierarchien ist es, dass die oberen Ebenen kein Feedback aus den unteren Ebenen bekommen. Es gehört selten zur Unternehmenskultur und selbst wenn gutmeinend Mitarbeiterbefragungen gemacht werden, ist es häufig eher ein Feigenblättchen. In der Soziokratie wird dieses Feedback nicht nur durch die Präsenz der Delegierten in den oberen Kreisen, sondern auch durch diese Feedbackkultur explizit eingefordert.

8.5. Systemisches Konsensieren und ein Schwachpunkt der Soziokratie

Das Systemische Konsensieren entstand aus einer Gruppe, die eine Freie Schule gründen wollte. Die Initiative ist mit vielen guten Idealen gestartet und wollte möglichst demokratisch und partizipativ einen guten Weg für ihr Projekt finden, trotzdem haben sie sich nach einem Jahr bitterlich zerstritten.

Die Gruppe entschied durch Mehrheitsabstimmungen - ein Weg, der sinnvoll schien, denn der zeitliche Aufwand für lange Konsens-Diskussionen hätte das Projekt gelähmt. Allerdings führte das demokratische Abstimmen schnell zu Frontenbildung und viel Frust bei denjenigen, die bei Abstimmungen verloren hatten.

Ein Mitglied der Initiative, Erich Visotschnig, entwickelte daraufhin das Prinzip des Systemischen Konsensierens, als einen Weg, „wie man Konflikte ohne Machtkämpfe löst."[lv]

Auf der Website dazu: sk-prinzip.eu wird es wie folgt beschrieben: „Wird die SK-Methode einmal in einer Gruppe benutzt, fördert sie fast automatisch das kollaborative Miteinander. Konkret wird beispielsweise das „Nein" eines Einzelnen respektiert und wertgeschätzt. Denn **in diesem „Nein" steckt häufig eine neue Lösung**, an die bisher vielleicht noch gar nicht gedacht wurde.

Da beim Systemischen Konsensieren unterschiedliche Meinungen in ihrer Vielfalt akzeptiert werden, bleiben Gruppen auch in komplexen Situationen **handlungsfähig**. Und zwar nicht, weil eine Einzelperson die Führung übernimmt, sondern **weil die Gruppe gemeinsam nach einer Lösung sucht, die am wenigsten abgelehnt wird und damit die größte Akzeptanz erfährt**."[lvi]

Das Systemische Konsensieren kommt ohne den organisatorischen Überbau der Soziokratie aus. Es basiert auf zwei einfachen Schritten:

1. **Vorschläge entwickeln:** Zunächst werden zu einem Problem, einer Fragestellung verschiedene Lösungen erarbeitet. Es wird gemeinsam kreativ gedacht, Argumente ausgetauscht, wobei sie nicht in einen gemeinsamen Beschlussvorschlag münden müssen. Es ist sogar gewünscht, dass am Ende des Prozesses verschiedene Formulierungen stehen, unter denen dann die Gesamtgruppe mit dem Prinzip des Systemischen Konsensierens entscheidet. Ein möglicher Vorschlag ist dabei immer: „Es wird nichts unternommen/ geändert/ beschlossen." Diese Variante wird durch das Konsensieren mit den anderen Möglichkeiten verglichen. Hiermit wird die konservative Tendenz des Konsens, in dem immer alles beim Alten bleibt und damit unbefriedigende Situationen lange erhalten bleiben, aufgelöst.
2. **Zwischen den Vorschlägen abwägen:** Die Gesamtgruppe ist dann eingeladen, zwischen den verschiedenen Vorschlägen abzuwägen. Hier es geht nicht darum, zu einzelnen Vorschlägen „Ja" oder „Nein" zu sagen, sondern jede Person ist eingeladen, zu jedem der Vorschläge die eigenen Widerstandspunkte zu benennen. Meist wird dabei mit einer Skala von 0-10 gearbeitet: 10 bedeutet maximalen Widerstand, 0 bedeutet, die Person hat keinerlei Widerstand gegen den Vorschlag. Die Widerstandspunkte von allen werden dann addiert. Der Vorschlag mit den wenigsten

Widerstandspunkten ist der, den die Gruppe als Beschluss umsetzt. Man kann davon ausgehen, dass er der am stärksten getragene Vorschlag ist, da diesem am wenigsten Widerstand entgegengebracht wird.

Für das Systemische Konsensieren sind auch online-tools entwickelt worden. Eins davon ist z.B. Acceptify.at. Mit diesem Tool kann eine Gruppe in einem ersten, zeitlich klar begrenzten Zeitraum Lösungsvorschläge für ein Problem sammeln und dann in einem weiteren Zeitraum die Widerstandspunkte dazu abgeben.

Das systemische Konsensieren ist ein hervorragender Weg, mit geringem Zeit- und Nervenaufwand viele Menschen an einer Entscheidung zu beteiligen und die getragenste Lösung zu ermitteln. Es ist in meinen Augen eine sehr wichtige Ergänzung zu einem der größten Schwachpunkte der soziokratischen Entscheidungsfindung:

In der soziokratischen Entscheidungsfindung „nach dem Lehrbuch", so wie ich sie kennengelernt habe, hat die Gesprächsleitung eines Kreises eine sehr hohe strukturelle Macht. Denn sie ist die Person, die nach den Meinungsrunden einen Beschlussvorschlag formuliert. Sie ist die Person, die zur finalen „Konsent-Runde" einlädt. Nach dem Prinzip „Gut genug für jetzt und sicher genug, um es auszuprobieren!" gibt es aber natürlich viele Wege, die gut genug sind.

An diesem einen Punkt zeigt die Soziokratie für mein Gefühl zu wenig Sensibilität für die delikate Macht-Problematik. Wenn die Gesprächsleitung an dieser Stelle die Macht hat, einen der vielen als gut genug scheinenden Vorschläge auszuwählen, ist das eine enorm starke Machtposition. Eine gute und vollkommen unbefangene Gesprächsleitung wird natürlich den für die Gruppe besten Vorschlag auswählen. Nur - welcher ist das? Schon allein um die Gesprächsleitung von dem Verdacht zu befreien, dass sie aus vielen guten Lösungen genau ihre Lieblingslösung auswählt, würde ich hier einen Schritt hinzufügen. Das Systemische Konsensieren kann eine soziokratische Entscheidungsfindung an dieser Stelle häufig sehr sinnvoll ergänzen. Damit wirkt sie einem Machtmissbrauch (und auch dem Verdacht desselben) durch die Gesprächsleitung entgegen.

Wenn nach zwei Meinungsrunden kein ganz klarer Entscheidungsvorschlag im Raum steht, sondern verschiedene Wege „gut genug“ scheinen, bietet es sich an, zwischen verschiedenen Varianten mit systemischem Konsensieren abzuwägen, um dann den getragensten Vorschlag im Konsent zu beschließen.

SYSTEMISCHES KONSENSIEREN ZUM UMGANG MIT ALKOHOL AUF DEM PLATZ

In einer Gruppe, mit der ich arbeitete, gab es eine Regel, die besagte, dass auf dem Platz gar kein Alkohol getrunken werden darf. Diese Regel wurde allerdings sehr häufig ignoriert. Was bringt eine Regel, die viele nicht einhalten? Die wenigen, die daran erinnerten, wurden immer frustrierter. Es wurden gemeinsam fünf Vorschläge erarbeitet, und die 15 Entscheidungsträger:innen nach ihren Widerstandspunkten gefragt.

0. Die Regel bleibt weiterhin - und wird weiterhin teilweise nicht eingehalten. (78 Widerstandspunkte)
1. Die Regel bleibt weiterhin - und alle, die Alkoholkonsum wahrnehmen, sprechen die Person darauf an, dass es nicht erwünscht ist. (62 Widerstandspunkte)
2. Wir verändern die Regel: Wir wünschen uns einen achtsamen Umgang mit Alkohol. Bei Partys oder privaten Zusammenkünften sind Bier und Wein in Maßen (ein bis zwei Gläser oder kleine Flaschen pro Person) erlaubt, keine härteren Alkoholika. Zusammenkünfte, bei denen mehr Alkohol als dies zur Verfügung gestellt wird, sind nicht gestattet. (30 Widerstandspunkte)
3. Wir schaffen die Regel ab. (65 Widerstandspunkte)

Wenig überraschend bekam die Null-Variante, die den augenblicklichen Zustand beschrieb, die meisten Widerstandspunkte. Die vehementen Verfechter:innen der Regel hatten keinen Widerstand zu Variante 1, allerdings war der Widerstand der anderen dagegen sehr hoch. Sie wollten nicht zur Polizei werden, und andere zur Einhaltung einer Regel auffordern, hinter der sie in dieser Absolutheit nicht stehen. Trotzdem war der sehr maßvolle Umgang mit Alkohol vielen ein wichtiges Anliegen. Daher bekam auch Variante 3, gar nichts zum Thema Alkohol festzulegen, viel Widerstand.

9

Ein neuer Umgang mit Macht

Als Rio Reiser „Keine Macht für Niemand" schrieb, meinte er damit, niemand sollte Macht haben. Wenn er von Macht sang, dachte er an das despotische *Macht Über*, das er bekämpfen wollte. Mit einem positiveren Verständnis von Macht als Gestaltungskraft, kann man den Satz aber auch anders sehen, denn eigentlich bedeutet „Keine Macht für Niemand" doch, dass **niemand** keine Macht haben sollte! Alle sollten Macht bekommen! Dies ist mein Ziel für einen neuen Umgang mit Macht. Es geht darum, deutlich zu machen, wie wichtig es ist, dass alle Menschen in die Lage versetzt werden sollen, ihre Gestaltungskraft auszuleben und ihre eigene Wirksamkeit zu spüren, sprich: dass alle Menschen Macht haben sollten. Und das ist nicht mit Fäusten zu schaffen, wie Rio Reiser es forderte, sondern mit vier wichtigen Zutaten:

- Ethik, dass eigene Privilegien zum Wohle der Allgemeinheit eingesetzt werden sollten, mit dem Ziel, zur Potenzialentfaltung aller beizutragen.
- Bewusstsein für die eigenen Privilegien
- Bewusstsein darüber, wie Rangthemen jegliche menschliche Interaktion beeinflussen.
- Strukturen, die einen konstruktiven Umgang mit dem Thema unterstützen.

Mit diesem Buch will ich einen Beitrag leisten, das Thema in einer Szene, in der es eine große Skepsis gegenüber Macht gibt, aus der Tabuzone zu heben. Julie Diamond, meine wichtigste Inspirationsquelle zum Thema Macht und Beraterin vieler großer Firmen zum Thema, schrieb mir in einem persönlichen E-Mail-Wechsel: „It's funny, people ask me about the cultural differences around power, and if talking about power is hard in traditionally hierarchical countries, e.g., India or Latin American region. Honestly, for me, it's egalitarian groups! Countries, groups, organizations that see themselves as egalitarian have the biggest resistance to the topic!" (Es ist lustig, ich werde oft nach den kulturellen Unterschieden rund um Macht gefragt, und ob es schwieriger ist, in traditionell hierarchisch organisierten Ländern wie Indien oder Latein-Amerika über Macht zu sprechen. Ehrlich gesagt, für mich ist es am schwierigsten in egalitären[9] Gruppen! Länder, Gruppen, Organisationen die sich selbst als egalitär sehen, haben den größten Widerstand zum Thema!")

Gerade die Initiativen, die sehr skeptisch gegenüber dem Machtthema sind, könnten Vorreiterinnen einer neuen, wirklich konstruktiven Kultur im Umgang mit dem Thema sein. Aus der traumatischen Erfahrung von Machtmissbrauch fallen sie jedoch häufig aus dem Gefühl der „Untermacht" in einen Kampf gegen Menschen, die viel Gestaltungskraft haben. Dadurch, dass sie ihre Mitglieder mit hoher Gestaltungskraft ausbremsen, schwächen sich die Gruppen jedoch selber. Diesen Energieverlust können wir uns in der augenblicklichen gesellschaftlichen und ökologischen Krise nicht mehr leisten.

Ich bin davon überzeugt, dass es eine der wichtigsten gesellschaftlichen Aufgaben ist, eine Kultur aufzubauen, in der alle Menschen ihre Gestaltungskraft ausleben können. Denn das Gefühl der Machtlosigkeit ist Wurzel für sehr viele Missstände und Kriege auf dieser Welt.

Nur wenn wir alle unsere Selbstwirksamkeit entfalten können und uns dabei bewusst sind, wie genau dieser Wunsch nach Selbstwirksamkeit all unsere Beziehungen und Interaktionen beeinflusst, nur dann kann Friede herrschen - im Großen wie im Kleinen.

---

[9]*Egalitär: auf rechtliche, soziale und politische Gleichheit bedacht (Gesellschaftssystem), lt.*

Danke!

Dieses Buch habe ich geschrieben, aber es ist auch ein Gemeinschaftsprojekt. Ohne die Unterstützung von ganz vielen Menschen wäre das Buch ein anderes - und vermutlich deutlich langweiliger.

Als allererstes möchte ich meiner Gemeinschaft, allen Menschen aus dem Ökodorf Sieben Linden danken für das langjährige Lernfeld zu dem Thema, das mir dort geboten wurde. Manchmal war es schmerzhaft, aber immer wieder sehr erhellend, und ohne Euch und Eure Rückmeldungen wäre ich nicht die Person, die ich jetzt bin, und gäbe es dieses Buch nicht. Danke für diesen lebenslangen Selbsterfahrungsworkshop zum Thema, den Ihr mir ermöglicht! Auf dass wir gemeinsam noch viel mehr lernen!

Der erste persönliche Dank dieses Buches geht an Johannes Hochholzer. Er meldete sich, als er hörte, dass ich dieses Buch plante, und bot an, frühzeitig mitzudenken und Feedback zu geben. So bekam er als Einziger einen Rohentwurf dieses Buches, der damals noch ungefähr halb so viele Zeichen hatte wie das Buch, das jetzt vor den Leser:innen liegt. Und er gab mir sehr inspirierendes Feedback, gab den Impuls zu ganz neuen Kapiteln, machte mir Mut, meine Gedanken klarer zu formulieren. Ohne Dich, Johannes, wäre das Buch ein anderes. Ich danke Dir insbesondere für die Quellenprinzipien, auf die Du mich aufmerksam gemacht hast, auch wenn ich noch ein bisschen am Hadern bin mit diesen Prinzipien, steckt ein großer Schatz darin!

Peter Koenig, die Quelle der Quellenprinzipien, danke ich für die Geduld, mit der er meine E-Mails beantwortete, die seine Thesen infrage stellten. Es war eine inspirierende Kommunikation, vielen Dank dafür!

Meinen Lehrer:innen in der Prozessarbeit, insbesondere Max und Ellen Schupbach, Peter Ammann und Kirsten Wassermann danke ich für die vielen Erkenntnisse, die sie mir in Seminaren und Workshops, die ich bei ihnen besucht habe, beschert haben. Das, was ich bei Euch gelernt habe, ist die Grundlage dieses Buches!

Meiner Schwester Barbara Stützel danke ich für unser lebenslanges gemeinsames Lernen am Thema - dem Aussteigen aus der Schwesternrivalität und dem Eintritt in gemeinsames Lernen und Wachsen aus unterschiedlichen Perspektiven! Außerdem danke ich Dir für das engagierte Gegenlesen und das Einbringen von neuen Gedanken zu dem Buch.

Alix Einfeld danke ich für die schönen Illustrationen und die Leichtigkeit, mit der sie meine Anregungen aufgegriffen hat.

Dieses Buch ist nicht nur inhaltlich stark von Sieben Linden inspiriert, sondern auch im Entstehungsprozess ein Sieben Lindener Gemeinschaftsprojekt. Ich bedanke mich bei den Korrekturleser:innen Matthias Lönhardt, Marc-André Klotz und Ute Feisel fürs aufmerksame Korrekturlesen und konstruktive Kommentare, wie das Buch noch besser werden kann. Alle Fehler, die jetzt noch zu entdecken sind, sind sicher meinen späteren Verschlimmbesserungen zu verdanken und nicht der Unaufmerksamkeit meiner Korrekturleser:innen.

Margaretha Shaw übernahm dankenswerterweise das Layout für dieses Buch – ich finde, es ist sehr gut gelungen! Michael Würfel mit dem Eurotopia-Verlag war und ist mir ein sehr angenehmer Partner für das Veröffentlichen des Buches. So ist es ein wirkliches Sieben Linden Produkt zu dessen Werden viele meiner Mitbewohner:innen aktiv beigetragen haben. Das freut mich ganz besonders!

Beetzendorf, im Oktober 2024

Eva Stützel

Literaturnachweis

[i] Ton, Steine, Scherben, 1972: Keine Macht für Niemand. Song der 70er Jahre.

[ii] Laloux, Frederic, 2015: Reinventing Organizations. Ein Leitfaden zur Gestaltung sinnstiftender Formen der Zusammenarbeit. Vahlen.

[iii] https://www.socialnet.de/lexikon/Macht

[iv] Weber, Max (1972): Wirtschaft und Gesellschaft. Grundriß der verstehenden Soziologie. Erste Auflage veröffentlicht 1921/1922, (Online-Quelle), 5. Aufl., Tübingen 1972 ff.

[v] Niccolo Machiavelli, 1532: Il Principe. (Der Fürst) veröffentlicht bei Reclam, 1986.

[vi] Arendt, Hannah, 2000. Macht und Gewalt. S.45. 14. Auflage. München: Piper Verlag.

[vii] https://www.iese.edu/insight/articles/power-authority-ethics-mary-parker-follet/

[viii] Stuart, Graeme, 2019: 4 Types of Power: What are Power Over, Power Under, Power With and Power Within? https://sustainingcommunity.wordpress.com/2019/02/01/4-types-of-power/

[ix] Wineman, steven, 2013. Untermacht – Seelisches Trauma als gesellschaftliche Normalität. Auswege aus dem System individueller, familiärer und politischer Gewalt https://untermacht.wordpress.com/untermacht/

[x] Wineman, steven, 2013. Untermacht – Seelisches Trauma als gesellschaftliche Normalität. Auswege aus dem System individueller, familiärer und politischer Gewalt https://untermacht.wordpress.com/untermacht/

[xi] Rosenberg, Marshall, 2017: Gewaltfreie Kommunikation und Macht. In Institutionen, Gesellschaft und Familie. Junfermann-Verlag.

[xii] Schaarschmidt, Thomas, 2016: Was Macht Mit uns macht. In Spektrum der Wissenschaft, https://www.spektrum.de/news/was-macht-mit-uns-macht/1416651

[xiii] Keltner, Dacher, 2016: The Power Paradox. How we gain and lose influence. Penguin Books.

[xiv] Keltner, Dacher, 2016: The Power Paradox. How we gain and lose influence. Penguin Books.

[xv] Keltner, Dacher, 2016: The Power Paradox. How we gain and lose influence. Penguin Books.

[xvi] Smith, P. & Trope, Y., 2006: You Focus on the Forest When you Are in Charge of the Trees. Power Priming and Abstract Information Processing. veröffentlicht in: Journal of Personality and Social Psychologie, 2006, Vol. 90 Nr. 4, 578-596.

[xvii] Lammers, Joris & Burgmer, Pascal, 2019: Power increases the self-serving bias in the attribution of collective successes and failures. European Journal of Social Psychology, 49 (5), pp. 1087-1095.

[xviii] Diamond, Julie, 2016: Power – A user's Guide. Belly Song Press.

xix Mindell, Arnold, 1997: Das Pferd rückwärts reiten. Prozessarbeit in Theorie und Praxis. Via Nova, Petersberg.
Mindell, Arnold, 1997: Der Weg durch den Sturm. Weltarbeit im Konfliktfeld der Zeitgeister. Via Nova, Petersberg.
Mindell, Arnold, 1997: Mitten im Feuer. Gruppenkonflikte kreativ nutzen. Hugendubel, München.

xx Diamond, Julie, 2016: Power – A user's Guide. Belly Song Press.

xxi Mindell, Arnold, 2014: The Leader as a Martial Artist. Deep Democracy Exchange Florence.

xxii Diamond, Julie, 2023: The not using of power. Newsletter-Beitrag vom 1.6.23, leider nirgendwo anders so veröffentlicht gefunden.
Von mir selber übersetzt mit ihrer freundlichen Genehmigung hier veröffentlicht: https://www.gemeinschaftskompass.de/wp-content/uploads/2023/06/SeltenEinfluss-Nehmen.pdf

xxiii https://diamondleadership.com/newsletter/the-not-doing-of-power/ abgerufen am 14.07.24

xxiv Mindell, Arnold, 2014: Sitting in the Fire. Large Group Transformation Using Conflict and Diversity. Florence, Oregon.

xxv Gygax, Pascal et alt, 2008: Generically intended but specifically intepreted. When beauticians, musicians and mechanics are all men. Veröffentlicht bei „Language and Cognitive Processes", 2008, 23 (3), 464-485.
https://www.researchgate.net/profile/Pascal-Gygax/publication/233795019_Generically_intended_but_specifically_interpreted_When_beauticians_musicians_and_mechanics_are_all_men/links/55f81e2e08aec948c47838c9/Generically-intended-but-specifically-interpreted

xxvi https://de.statista.com/statistik/daten/studie/1129852/umfrage/frauenanteil-unter-den-lehrkraeften-in-deutschland-nach-schulart/

xxvii https://medium.com/@johanneshochholzer/mit-bewusstsein-für-die-quelle-n-gemeinschaftliche-initiativen-stärken-d6937471ab6a

xxviii Merckelbach, Stefan: Das kleine rote Buch von der Quelle. 2020.

xxix https://medium.com/@ahojnadjeschda/who-s-idea-was-it-anyway-the-role-of-source-in-organizations-843b407e2879 Blog von Nadjeschda Taranczewski, abgerufen am 01.04.2024

xxx Koglin, Ilona mit Kommerell, Julia, 2022: Das Dragon Dreaming Playbook. Vahlen-Verlag.

xxxi https://pioneersofchange.org/quellenkraft/ Interview mit Peter Koenig, abgerufen am 23.4.2024

xxxii Merckelbach, Stefan: Das kleine rote Buch von der Quelle. 2020, S. 23.

xxxiii https://pioneersofchange.org/quellenkraft/ Peter Koenig im Interview mit Martin Kirchner, abgerufen am 23.4.2024

xxxiv Lindenblatt Nr. 144. Rundbrief des Freundeskreis Ökodorf eV, Frühjahr / Sommer 2018, S. 26.

xxxv Lindenblatt Nr. 144. Rundbrief des Freundeskreis Ökodorf eV, Frühjahr / Sommer 2018, S. 28.

xxxvi Dweck, Carol (2007): Mindset. The New Psychology of Success.

xxxvii Diamond, Julie, 2016: Power – A user's Guide. Belly Song Press.

xxxviii https://www.youtube.com/@juliediamond8131

[xxxvix] Diamond, Julie, 2024: Use it for the Right Reasons. https://www.linkedin.com/pulse/use-right-reasons-julie-diamond-dyyhe/

[xl] Cohn, Ruth, 1975: Von der Psychoanalyse zur Themenzentrierten Interaktion. Stuttgart.

[xli] Ogette, Tupoka, 2017: Exit Racism. Rassismuskritisch denken lernen. Unrast-Verlag, Münster.

[xlii] Gregersen, Hal, 2020: Tipps für Führungskräfte: Fragen sind die Antwort. Harvard Business Manager, 30.6.2020.
Brendel, David, 2022: Wie offene Fragen helfen, Vertrauen aufzubauen. Harvard Business Manager, 23.5.2022.

[xliii] Stützel, Eva, 2021: Der Gemeinschaftskompass. Eine Orientierungshilfe für kollektives Leben und Arbeiten. Oekom-Verlag, München.
Stützel, Eva, 2023: Gemeinsam die Welt verändern - Aber wie? Ein Praxishandbuch. Oekom-Verlag, München.

[xliv] Schichl, Ronja & Rudolph, Lucie, 2024: Einfluss von Rängen auf die Gleichstellung von gemeinschaftlich geführten Ökolandbaubetrieben in Deutschland. Bachelorarbeit zur Erlangung des Bachelor of Science an der Hochschule für Nachhaltige Entwicklung Eberswalde, Fachbereich Landschaftsnutzung und Naturschutz, Ökolandbau und Vermarktung. Eberswalde.

[xlv] https://www.radicalcandor.com/our-approach/

[xlvi] https://karpmandramatriangle.com/

[xlvii] Freitag, Silke: Handbuch Konfliktmoderation in sozialen Bewegungen und selbstverwalteten Projekten. Kurve Wustrow, 2020.

[xlviii] Lewis, Myrna: Inside the No.

[xlvix] Mindell, Arnold, 2014: Sitting in the Fire. Large Group Transformation Using Conflict and Diversity. Florence, Oregon.

[l] Diamond, Julie: The Not-Doing of Power. Newsletter von julie@diamondleadership.com vom 1.6.23

[li] Green, Cecile, 2013: The Organizational Power Matrix. Towards a Metapraxis of Power. Journal of Integral Theory and Practice. Vol 8 (1&2) p. 87-105.

[lii] Standardwerke der Soziokratie:
Strauch, Barbara, 2022: Soziokratie, Vahlen.
Koch-Gonzales, Robert/Rau, Ted J., 2018: Many voices one song, Eigenverlag.
Buck, John/Villines, Sharon 2017: We the people. Consenting to a deepter democracy,.
Rau, Ted J, 2021: Who decides who decides. The First Meetings of your new Group, Eigenverlag. Rau, Ted J, 2023.: Collective Power. Patterns for a Self-Organized Future. Eigenverlag. Christian Rüther, 2022: KonsenT-Moderation. Gemeinsam effektiv auf Augenhöhe entscheiden. Ein Lehrbuch und Praxisleitfaden. Hamburg.

[liii] Christian Rüther, 2022: KonsenT-Moderation. Gemeinsam effektiv auf Augenhöhe entscheiden. Ein Lehrbuch und Praxisleitfaden. Hamburg.

[liv] Koch-Gonzales, Robert/Rau, Ted J., 2018: Many voices one song, Eigenverlag.

[lv] Visotschnig Erich & Schrotta, Siegfried: Das SK-Prinzip. Wie man Konflikte ohne Machtkämpfe löst. 2005.

[lvi] https://sk-prinzip.eu/methode/

Zur Autorin

Eva Stützel, Jahrgang 1964, hat ihr gesamtes bisheriges Leben Initiativen gewidmet, die sich für einen Wandel in unserer Gesellschaft einsetzen:

Als Jugendliche friedensbewegt bei den Pfadfinder:innen, später umweltbewegt beim BUND und seit 1993 gemeinschaftsbewegt beim Aufbau des Ökodorfs Sieben Linden, eines der bekanntesten deutschen Gemeinschaftsprojekte. Dort war sie lange als Vorständin und/oder Geschäftsführerin, sowie in diversen regionalen Initiativen und dem Gemeinderat aktiv. Seit 2004 berät und begleitet sie zunächst neben-, später hauptberuflich andere Projekte.

Ihr Studium der Psychologie, ihre Gemeinschaftserfahrung und die Erfahrung aus vielen Jahren in verantwortlicher Position in Projekten, die weitgehend hierarchiefrei arbeiten wollen, flossen zunächst in die Entwicklung des Gemeinschaftskompass ein.

Durch die Begegnung mit der Prozessorientierten Psychologie/Deep Democracy eröffneten sich ihr neue Perspektiven zu der schwierigen persönlichen Frage, wie sie als eine Person mit viel Gestaltungskraft ihre Kraft in Projekten einbringen kann, in denen Gestaltungskraft schnell auf die Angst vor Machtmissbrauch trifft.

Seit sie sich mit diesem Thema beschäftigt, kommen immer mehr Gruppen und Einzelpersonen auf sie zu, die mit ihr zu dem Themenkomplex „Macht“ arbeiten wollen.

Aus ihren persönlichen Erfahrungen, Studium und diversen Fortbildungen sowie den Erfahrungen von vielen Projektbegleitungen zum Thema ist dieses Buch entstanden.

Ihr persönliches Anliegen ist es, zu einer Welt beizutragen, in der alle Menschen ihr Potenzial voll entfalten können!

Weitere Bücher von Eva Stützel

Der Gemeinschaftskompass.

Eine Orientierungshilfe für kollektives Leben und Arbeiten.

Der "Gemeinschaftskompass" ist 2021 erschienen. Auf 240 Seiten führt Eva Stützel in den von ihr entwickelten Gemeinschaftskompass ein. Die sieben Aspekte Individuen, Gemeinschaft, Intention, Struktur, Praxis, Ernte und Welt, die wesentlich sind, um gemeinschaftliche Projekte zum Blühen zu bringen, werden anschaulich und mit vielen Praxisbeispielen untermalt eingeführt.

Der Gemeinschaftskompass hat sich inzwischen als wichtige Orientierungshilfe als **ein Standardwerk in der Wohnprojekte- und Lebensgemeinschaftsszene** etabliert.

24€, erhältlich im Buchhandel und über den Eurotopia-Versand.

Gemeinsam die Welt verändern – aber wie?

Ein Praxishandbuch.

Dieses Buch verbindet auf 350 Seiten zwei Ziele: Es ist zum einen ein **Methodenhandbuch** zum Gemeinschaftskompass und damit besonders geeignet für Menschen, die in ihren Projekten selber Prozesse halten und gestalten. 75 % des Buches sind methodische Überlegungen und konkrete Werkzeuge, wie inspiriert vom Gemeinschaftskompass Gruppenprozesse gestaltet werden können.

Zum anderen ist es aber auch **eine Einführung in den Gemeinschaftskompass für eine weitere Zielgruppe** als das erste Buch. Der Gemeinschaftskompass wird kompakt eingeführt, mit vielen Beispielen aus unterschiedlichsten Initiativen der Wandelbewegung.

32€, erhältlich im Buchhandel und über den Eurotopia-Versand.